ITALIAN TEXTS

Luigi Pirandello Three
Enrico IV, Sei personnaggi

CW00376845

ITALIAN TEXTS

general editor	Professor David Robey, Department of Italian Studies, University of Manchester
founding editor	Kathleen Speight

The Italian Texts series aims to make accessible to university and sixth-form students a wide range of modern writing, both literary and non-literary. The emphasis is on 20th-century texts in a variety of registers and voices, with a special interest in the relationship to Italian society and politics. In line with contemporary conceptions of Italian studies, the texts are chosen not only as an introduction to creative writing, but also as an introduction to the study of modern Italy. All texts are accompanied by a critical introduction in English, which sets the material in its social and cultural contexts, and by notes that elucidate the more complex linguistic constructions, as well as by an extensive vocabulary

currently available

Boccaccio *The Decameron:* a selection
Pirandello *Novelle per un anno:* an anthology
Pirandello Three Plays: *Enrico IV, Sei personaggi in cerca d'autore, La giara*
Silone *Fontamara*
Novelle del novecento: an anthology

forthcoming

Italian women writing

Luigi Pirandello

Three plays

Enrico IV, Sei personnaggi in cerca d'autore, La giara

edited with an introduction, notes and vocabulary by

Felicity Firth

Senior Lecturer in Italian, University of Bristol

Manchester University Press

Manchester and New York

distributed in the USA and Canada by St. Martin's Press

© Manchester University Press, 1969

Published by Manchester University Press
Oxford Road, Manchester M13 9PL, UK
and Room 400, 175 Fifth Avenue,
New York, NY 10010, USA

Distributed exclusively in the USA and Canada by
St. Martin's Press, Inc.,
175 Fifth Avenue, New York, NY 10010, USA

First published 1969
Reprinted 1974 (with minor corrections), 1984, 1990, 1993

ISBN 0 7190 0346-6

A CIP catalogue record for this book is available from the British Library

Printed in Great Britain
by BPCC Wheatons Ltd, Exeter

PREFACE

This edition of three plays by Pirandello has been prepared with two ends in view: to present the student of the Italian language and the general reader with interesting and comparatively contemporary reading matter which with the help of notes and vocabulary will not be too difficult for them; and for the student of Italian thought and literature to act as an introduction to the work of Pirandello as a whole. The two full-length plays here chosen are his best-known works, and as classic statements of the controversial approach to drama and to life which came to be known as *pirandellismo*, form the basis of the author's claim to an international reputation.

I am greatly indebted to the Amministrazione degli eredi di Luigi Pirandello, Roma, for permission to produce this English edition, and to Arnoldo Mondadori Editore for permission to use their texts of the plays.

I am indebted to many friends and colleagues for illumination on specific points of information, in particular to Professor F. Donini of the Italian Institute, London, to Dr Barbara Reynolds of Nottingham University, to Marialisa Bertagnoni of Vicenza and to Professor T. S. Hewer of Bristol University.

I especially wish to thank Dr Kathleen Speight, the General Editor, for her painstaking help, advice and encouragement, and for inviting me to collaborate in this series.

FELICITY FIRTH

Bristol, 1968

CONTENTS

INTRODUCTION

Today, a hundred years after his birth, the ideas of Luigi Pirandello are accepted as the commonplaces of drama, in the theatre, in the 'serious' cinema, and on television. They form perhaps the greatest single influence to which our dramatic writers are subjected. The influence has come to England via France and is often unacknowledged. But, such concepts as the impossibility of communication and the inadequacy of language; the relativity of truth; the elusiveness of identity; the escape behind the mask in order to avoid the sense of meaninglessness; the formlessness of life and the lifelessness of form, are the distinguishing features of an outlook which informs the contemporary European theatre. They are concepts which have filtered through increasingly into more popular dramatic media, so that today they are almost axiomatic in fashionable thought. This is meant in no derogatory sense; fashion has always ruled the theatre, and to say that Pirandello boosted a fashion in his analysis of anguish is not to belittle either the anguish or the analysis.

His claim to have converted the intellect into passion, often contested by his early critics who tended to consider that he had done the opposite of this, can now be seen to have had a literal and far-reaching validity in the light of subsequent theatrical history. Ideas which had previously belonged only to philosophers, notably to Bergson and Nietzsche, or to the experimental psychologists in Paris, to Charcot and more especially to his student Alfred Binet, are presented in their day-to-day implications on the stage in terms of passion in its true sense of suffering. The obtrusively cerebral quality which marred some of his lesser plays as after-dinner entertainments was a significant imperfection, in that it accompanied the launching of the theatre as a vehicle for philosophic protest. In his best plays, intellect and passion are perfectly fused, as they

are in the best pieces of the modern Existentialist theatre and
of the Absurdists. The ideas that Pirandello injected into the
theatre have permeated it for forty years and more and are to
be recognized today, assimilated, in the works of such writers
as Anouilh, Sartre, Giraudoux, Beckett, Ionesco and Genet in
France, of Pinter in England and Albee in America, to mention
only a few outstanding names. It would be a matter for lengthy
research to analyse the debt of each of these to Pirandello, but
it is such as to be evident to the theatre-goer, and to make a
knowledge of his work essential to the student of contemporary
Western drama.

The affinity between his climate of thought and our own
makes it difficult to remember that his father and three of his
uncles fought with Garibaldi, and that his place of upbringing
on his own evidence was not just obscure or provincial but
barbaric. He was born in 1867 at Càvusu, a region near
Agrigento in Sicily, the second child of the owner of a sulphur-
mine. In his novel *I vecchi e i giovani*, he paints a picture of
Sicily as he knew it, in which the human beings share the
volcanic nature of the landscape. It is not the Sicily of Pindar
and Theocritus, nor the blessed island of Carducci's *Primavere
Elleniche*, but a dead land where the mode of living is a
paralysed acceptance of extreme poverty, unemployment,
injustice, and work under bestial conditions. Violence breaks
out in incongruously divergent forms, in the orgiastic delirium
of a religious festival, in sudden strife and in premeditated
vendetta. It is a picture of humanity even at its most abject
adopting a mask in order to numb its pain.

His early life must have presented his young consciousness
with many contradictions. The sheltered child of well-to-do
parents, he heard tales of violence and superstition from the
servants. The house itself backed onto a lane used for duelling.
Within the family his father, fiery and impetuous and himself
involved in four duels, maintained a reign of terror while his
mother was kind and understanding, even conspiratorial with
her children. Luigi's break with the Catholic faith at the age of
nine came about as the result of a near-traumatic experience

which shattered his trust in his parish priest;[1] on a previous occasion he had been baffled by his parents' anger at his literal obedience to the Christian injunction to clothe the naked, when he had given his brand-new Sunday suit to an urchin; his first encounter with sex was even more incongruous, the fortuitous witnessing of a couple enlaced on the floor of a mortuary and in the presence of a corpse. Càvusu, the name of his birthplace, is the Sicilian dialect word for chaos. It was not for nothing that Pirandello made play of this, saying 'Io dunque son figlio del Caos'.

It is usual among critics to attribute Pirandello's keen sense of the contradictions of existence to the kind of double life he later came to feel that he lived with his paranoid wife. Obviously this experience intensified the famous *sentimento del contrario*, but it must have taken root in his mind far earlier; in few times and places can it have been given to a child to see with such clarity the distinction between the seething raw material of life and the superficial crust of form.

Formality proved too much for him when as a student at Palermo (1886–7) he became engaged to his cousin Lina who had been the passion of his early adolescence. This love seems to have been real to him while it remained a fantasy, but once he was made to assume the public front of an official fiancé, enthusiasm cooled, and it was partly to escape this rôle that he decided to continue his studies in Rome.

Here another paradoxical situation perplexed him. This was the political apathy and economic corruption of the newly established capital, and the post-war demoralization of a generation of heroes. The disillusion that was Rome in the 1880's is described in *I vecchi e i giovani*. He found the academic world too unsatisfactory; he quarrelled with his professors, and

[1] In a Sunday school lottery Luigi, in accordance with Christian principles, had given his ticket to a child who had never been able to afford one. To please the son of his wealthiest parishioner, the priest announced Luigi's name as being on the winning ticket. The appalled child was accompanied home by a triumphal procession singing hymns, and having been a devout and regular member of his Church, never entered its doors again.

on the advice of Ernesto Monaci, the professor of Romance Philology, he left for Bonn and the discipline of a German university. Here for his doctorate thesis he wrote a treatise on the dialect of his native Girgenti. In his spare time he explored the country, wrote poetry, dined with his professor the philologist Wendelin Foerster, and formed light-hearted friendships, notably with Jenny Schulz-Lander, to whom he dedicated a book of poems, *Pasqua di Gea*. This friendship which retained the spontaneous gaiety of its initiation in a mountain café on the Drachenfels, seems to have been one of the truly happy episodes in Pirandello's life. It was, however, unfavourably regarded by his Sicilian fiancée, and the engagement was broken off.

In Rome again in 1893 Pirandello was persuaded by the novelist Luigi Capuana to try his hand at prose. For a brief period now he tasted freedom of a sort that must be a rare and coveted experience among creative artists. In a monastery turned guest-house on the peak of Monte Cave a few miles south of Rome he wrote his first novel *L'Esclusa*. Finding himself almost unnaturally freed from practical responsibilities and personal associations, he wrote a study in the inescapability of relationship and association, propounding for the first time and in concrete terms his theme that there is no such thing as objective personality. It is the story of a young bride wrongly supposed by local society to have betrayed her husband. The events of the story are the direct outcome of the ever-increasing pressure of this opinion, and finally the girl is driven to become what she is thought to be.

The story of Pirandello's eventual betrothal in 1894 to Maria Antonietta Portulano, a business transaction in which the last persons to be consulted were the prospective partners, is one of embarrassment and rigid bourgeois protocol. For an official month of courtship the couple met in the presence of their relations, any degree of acquaintance between them being prevented by the double fact that Luigi was tongue-tied in the presence of his future father-in-law, and that propriety forbade the girl to raise her eyes. The incongrousness of the surface of gentility formed by Sicilian bourgeois society over the squalor and violence beneath it remained for Pirandello a lasting source of inspiration both comic and philosophic. The grotesque rigidity of behaviour within the family circle, the stiff backs and pursed lips, the deaf ear turned to the rumour of murder in the back lane; these were the stuff of his personal background. The victims of this way of life, with their emphasis on form and appearance, were to provide him with the best illustrations of his recurring motif of the conflict that he saw to exist between appearance and reality, form and life.

Two public events impressed him at this time: the scandal of the Roman bank (1894), and four years later the suppression of the peasant uprising at Palermo which involved the murder of many of the rebels in the name of martial law; events both which made mockery of man as administrative animal, his efforts to cover up, and his pretence of being in control.

After his marriage Pirandello settled in Rome, which at that time was divided, approximately, into two literary camps. There were those who followed D'Annunzio and the aesthetic ideal, and who in the cult of the superman saw man as potential master of his destiny; and there were those who followed Verga and the verist ideal, whose cult was that of literal truth and who regarded man with compassion as the victim of circumstance. Although not strictly a verist, Pirandello found himself in tune with this second group and was quickly a recognized member of it, receiving encouragement and praise in the press from its central figure, Capuana.

It was still the great age of periodicals in Italy, when these served as the battlegrounds in which the nation's literary and artistic disputes were decided. In contributing an article in praise of Verga to the Florentine and D'Annunzian journal *Il Marzocco*, Pirandello sparked off a polemic which brought him a mild fame but in which he was on the losing side. His anti-D'Annunzianism was to spoil his literary chances for many years, while novels, stories and plays accumulated unpublished in the drawer of his desk.

The early years of his marriage were apparently happy. With

an allowance from his father and with Antonietta's dowry in-
vested in the Pirandello sulphur-mines he was able to provide
financial security for his family. Three children were born,
Stefano, Lietta, and Fausto. Then in 1903 a letter came from
Sicily telling of his father's complete ruin through the flooding
of the mines and urging Luigi to return to Girgenti. He pre-
ferred to stay in Rome, and to manage financially by taking a
teaching post, giving private lessons, and insisting on back pay-
ments for his articles published in *Il Marzocco*. The more lasting significance of the shock lay in its effect on Donna Antonietta, who as a result of it suffered from a mental illness which
was to change the pattern of both their lives.

At this time he wrote quickly, to order, and for money, his
best-known novel *Il fu Mattia Pascal*, again on the theme of
personal identity. A vividly entertaining and ingenious story
is built up here on an unobtrusive foundation of despair, on the
conviction that every individual is totally cut off from the very
nature of life by his aspiration to understand it. Beneath the
outward intrigue of adventure lies the message that there is no
fixed knowable reality outside us, and that the flickering light
of reason aspires to interpret a purely illusory darkness sur-
rounding it, which it has itself brought into being.

Il fu Mattia Pascal was published in 1904 and immediately
met with success. Donna Antonietta's illness began to be
characterized by a paranoid jealousy, of her husband's work,
and of his pupils at the Istituto Superiore di Magistero
Femminile where he became Professor of Italian language and
stylistics in 1908. Living a life of 'desperate probity', as his
biographer Nardelli puts it, he was accused by his wife of every
sort of subterfuge and infidelity. His own imagination became
preoccupied with the gulf that separated the person he thought
he was from the version of himself that he discerned in the
mind of Antonietta. From the consideration of this gulf
developed the view of life later known as *pirandellismo*, of
which the core is a belief in the relativity of truth.

In 1910 Pirandello was persuaded by the Sicilian playwright
Nino Martoglio, to dig out two of his plays, *La Morsa* and

Lumie di Sicilia, for presentation at the Teatro Metastasio in
Rome. The nine years which followed were a time of acute
domestic stress. Several times his wife tried to leave him but
returned on each occasion and remained with him until 1919,
when she was transferred to a nursing-home. Perhaps the
worst year was 1915 when Pirandello's mother died, his son
Stefano was wounded and taken prisoner by the Austrians, his
other son, Fausto, was ill, and his wife obsessed now with the
idea that their daughter Lietta was trying to poison her. It was
at this point that the Sicilian actor Angelo Musco came to
Pirandello and asked him to write a purely comic play. The
request was reiterated several times in vain (although in a letter
to his son at this time we find the historic phrase 'Mi stanno in
mente sei personaggi...'), until in 1916 he suddenly wrote nine
plays in one year: *Pensaci, Giacomino!* (written in three days),
*Il berretto a sonagli, Liolà, Il piacere dell'onestà, Così è (se vi
pare), L'innesto, Il giuoco delle parti, L'uomo, la bestia e la
virtú* and *Ma non è una cosa seria,* plays born of the mixed
marriage of comic and tragic inspiration, all bearing traces of
Pirandello's unique view of humour as pity.

Three more plays (*Come prima, meglio di prima; Tutto per
bene; La Signora Morli, una e due*) preceded the sensational
success of *Sei personaggi in cerca d'autore* in 1921, whose
opening night was so controversial that it gave rise to fighting
in the streets of Rome. The morning after he finished writing
this he embarked upon *Enrico IV*, which is probably his
masterpiece. With these two plays came international fame.
After this came *Vestire gli ignudi* (1922), *La vita che ti diedi*
(1923), *Ciascuno a suo modo* (1924), and the stream continued as
a steady flow for the rest of his life. His output of short stories,
which until 1916 had been abundant, fell sharply once he
embarked on work for the theatre. In September 1924 the
Teatro d'Arte di Roma was founded, with Pirandello as
director and Marta Abba as resident leading lady. This venture
was successful in that the company toured England, Germany,
France, Austria, Czechoslovakia, Hungary and South America,
but it failed to pay its way and was dissolved in August 1928.

From that year until his death in Rome in December 1936 Pirandello spent long periods of time abroad, in Paris and Berlin. His last years seem characterized by a desolation more complete than ever. He was not possessed by his honourable passion for Marta Abba; towards the end of his life he seemed to recoil from the principle of possession. A celebrity living out of two suitcases, a Nobel prize-winner who typed all his plays with one finger, he seems to have extended his liking for the incongruous even to the instructions he left for his funeral. He requested that his body be cremated and his ashes given a pauper's burial. He had a horror of the fuss and clutter that surrounds a public person and, in death as in life, was intent on stripping away the mask.

*　　*　　*

A brief look at trends in the Italian theatre from 1870 to 1920 will help to show how Pirandellian drama, with its bloom of bright paradox and roots of quiet despair, found terrain ready for its brilliant flowering in the years that immediately followed the First World War.

In Pirandello's youth the theatre was largely ruled by the so-called bourgeois tradition. It abounded in works in the manner of Ibsen and of the French nineteenth-century *pièce à thèse*. People wrote plays on social and humanitarian questions, accepting with readier understanding this facet of Ibsen's genius than his concern with the disintegration of human personality. Also in vogue were the plays of Verga and the *veristi*, whose aim was the presentation of an unadorned record of truth. But more numerous than the works of either of these two groups were plays combining both approaches, where a naturalistic drama was loaded with a social or moralistic argument. The playwright Giacosa was convinced that the theatre should be used as an influence for moral good; Roberto Bracco, like Ibsen, used it to propagate his ideas on the place of woman in society; other names in this group are those of Marco Praga, Enrico Butti, Gerolamo Rovetta, and the brothers Camillo and Giannino Antona-Traversi. The predominant mood of these writers was one of distrust and disillusion, and their work can be counted among the fruits of that climate of European thought known as decadentism which marked the collapse of nineteenth-century optimism; a sad, negative drama of reaction, significant as a symptom rather than as a force, but sharing with Pirandello a recognition of the impossibility of the task that faces man when he tries to impose his rational and idealistic systems upon the basic disorder of life.

D'Annunzio and his followers provide a colourful dead-end in the history of the theatre. Also reacting against the establishment values of the nineteenth century and the outmoded idealism of the Romantics, they had no interest in the consideration of social problems and were content to be convinced by Nietzsche of the uselessness of the intellect and the irrelevance of morality. D'Annunzio himself in his fanatical pursuit of the aesthetic ideal, in his exploitation of the senses and his search for ecstasy, produced fierce, primitive, elemental plays which had a strong appeal and attracted imitators. His kind of drama gave a fillip to the still-flourishing vogue for historical costume plays in verse, heavily laced with local colour, for which the Italians seem to have fostered a fondness of long duration. But while his work is compelling and sometimes brilliant, in the genealogy of theatrical evolution his branch represents an exotic species doomed to extinction as the culmination of a tendency with nothing to offer to succeeding generations.

Two other fully developed genres, which must be mentioned because they have a legitimate place in the history of the theatre, are the ordinary commercial entertainment and the dialect play. Masters of the first were Dario Niccodemi, Sabatino Lopez and Guglielmo Zorzi, competent dramatists, the Terence Rattigans of their day. Their well-made plays were commercial successes, the more so for not being tendentious. The dialect theatre is peculiarly interesting on account of its integrity. With its roots in the improvisations of the Commedia dell'Arte and its intention the pleasure of the local population it has no literary pretensions. Written to be acted and not read, its success depends on the live relation between dramatist and actor and between actor and audience. In spite of its obvious limitations it attracted Pirandello for a short time, and *Il berretto a sonagli*, *Liolà* and *La giara* were all first written in Sicilian.

One last group that can be numbered among the playwrights of the traditional theatre is that of the dramatists of the *crepuscolare* movement, notably Fausto Mario Martini and Cesare Vico Lodovici, exponents of the *teatro in sordina*, whose grey muted dramas of insignificant people at best produce only faint echoes of Chekhov.

All these trends can be defined as representational, realistic in intention if not in effect, and, apart from D'Annunzio's contribution, ideologically bourgeois. At the same time an anti-bourgeois theatre was being produced by intellectuals more consciously aware of the tensions of the time, of the various conflicts between liberalism and authority; between positivism and Christian belief for example (though both were considered relative failures by fashionable thinkers); between socialism and the growing spirit of fascism; and between individualism and the established moral and social code. Such intellectual restlessness gave rise to various self-consciously revolutionary dramatic fashions. It was felt that something more drastic was required than the gloomy protests of the conventional theatre.

The most pretentious solution was that offered by Marinetti and his *Teatro Futurista*, formed in 1915. The Futurists' creed was based on the abolition of tradition, both cultural and moral. Aping the Surrealists and Dadaists of France it was remarkable for its stunts, its experiments in sound and colour, its forays into the realms of the instinctive and the subconscious, and indeed for its competent and precocious science fiction. But it was an oddly superficial vogue, in spite of being the only theatrical group of its time to offer a message not entirely negative. It offered a constructive creed of a kind, in its cult of the machine, speed, noise and war, and in its dream, now an outmoded cliché, of a brave new world of concrete, glass and steel. It created a mood in tune with fascism and its theatre lasted for nearly twenty-five years, but for all its noise it seems to have achieved little more than to succeed in its intention of shocking the bourgeois.

The first 'Pirandellian' play to meet with acclaim in Italy was not by Pirandello. Luigi Chiarelli's *La Maschera e il volto*, written in 1913 and first played in 1916, is a bittersweet comedy about the gulf which separates a man from his public image. Chiarelli writes cynically and amusingly, but does not go deeply into his theme; the fallible mask is shown in this play to be necessary, but only for social acceptance, and not, as with Pirandello, as a device by which to make tolerable the very fact of existence. But Chiarelli is an able dramatist who knows how to delight and surprise, and his play which he defined as a *grottesco* lent this title to a manner in the theatre at which many playwrights tried their hand.

The *Teatro del Grottesco* differed from the Futurist theatre in that its problems were those of personality rather than those of civilization. Stress was laid on the puppet-like quality of man, the principle of the machine applied to the individual consciousness. Most of the works in this genre do not approach the standard set by Chiarelli's masterpiece. They fail because too often they are pure abstractions, and if drama is to succeed it must have some measure of emotional content. The *grotesque* dramatists Luigi Antonelli and Ernesto Cavacchioli too often use an unnecessarily fantastic framework to demonstrate a commonplace truth, and while they may dazzle us, their plays leave us unmoved.

One other playwright must be mentioned here whose despair and sense of unreality ally him to the movement: Rosso di San Secondo. His plays are written in a non-naturalistic vein, his tone is lyrical and his message is the pain of living. He is of greater stature than Antonelli and Cavacchioli, partly on account of his command of language, and partly because his plays are given life by the warmth and integrity of his feeling. Here we have puppets, but tormented puppets, and perhaps the essence of his theatre is summed up in the title of his best-known play *Marionette, che passione!*, a study in rejection and desolation.

The *grotesque* theatre has several points of kinship with Pirandello, notably its recurring theme of things not being what they seem, and its characteristic blending of humour and despair. Doubtless it received inspiration from his early work, especially from *Il fu Mattia Pascal*, whose mood coincides so closely with its own. If influences are being discussed, it is important to remember that Pirandello's philosophy of life was well formulated before any of these anti-bourgeois movements in the theatre came into being, and is to be found more or less complete in his early novels, short stories and personal letters.

Grotesques and Futurists shared the fault of being weakened by a sense of their own novelty, but both played an important part in theatrical history in their contribution to the liberation of the theatre from conventional forms. Seen in retrospect the *grotteschi* were pioneers too in that they were, with Pirandello, among the first to try to represent meaninglessness upon the stage, and in this they helped to create a dramatic mode which is still flourishing today.

It is impossible to say to what extent Futurism, the *grotesque* movement and Pirandello's work acted upon each other. It is probably far more to the point to see all three as different reactions to a general dissolution in European thought and culture caused by the explosive doctrines of Darwin, Einstein and Freud, who were all popularly interpreted as destroying the eternal values. Add to this shaking of the foundations the dismay which followed the first war in history about which it was not felt possible to foster heroic illusions, and the mood of the early twenties is established. In this light the splendid nonsense of the Futurists can be seen as a valiant if childish substitute for the sense no longer to be found in life; the *grotesque* theatre seems to represent a rather more mature reaction, displaying a kind of undergraduate cerebral virtuosity in much of its output; and yet a third reaction is found in the infinitely mature and sophisticated work of Pirandello. Here the explosive elements have been long assimilated. It is as if the framework no longer needs to be crazy; the craziness has sifted down to the foundations and a theatre emerges in which sense-lessness and naturalism, idea and action, are perfectly fused.

*   *   *

In his preface to *Sei personaggi in cerca d'autore* Pirandello describes himself as a 'philosophical' rather than a 'historical' writer in that his works are all imbued with a 'particolar senso della vita'. *Pirandellismo* is not a philosophical system although certain of its concepts are to do with the nature of truth and the nature of knowledge. In its narrowest sense and by tradi-tional definition it is the author's belief that truth is relative; the story is told of Einstein coming up to Pirandello after the performance of one of his plays and saying to him: 'We are kindred souls'. But if the essence of Pirandellism is relativity the artistic expression of it is far from abstract, being concerned with practical situations which arise out of the frustrations and contortions of the spirit, the mental pains and physical pre-tences, to which human beings are driven in the absence of an absolute truth.

The Pirandellian theme par excellence, that each individual creates for himself a personal version of the truth in order to make life bearable, is to be found in some form in almost all the plays and stories. It occurs light-heartedly in *Liolà*, grimly in *Il berretto a sonagli*, pathetically in *Vestire gli ignudi*, fantastically in *La vita che ti diedi*. Its most streamlined state-ment is in the play *Così è (se vi pare)*, where it is illustrated with superb lightness of touch. A metaphysical romp with an absurd theme stretched to extremes, it moves us to mockery until we find ourselves the butt of our own laughter. We are presented with two characters, Signora Frola and Signor Ponza, and their contradictory versions of a domestic tangle. Alternately they hold the stage, each explaining away not only the other's version, but the other's explanation of his own version. Avidly we try to discover which is telling the 'truth' in order to form a version for ourselves. But the laugh is on us. Signora Frola and Signor Ponza are unshakeable. They each possess the only kind of truth that there is, and our own opinion, swinging like a pendulum as the play proceeds, is equally subjective. The final lack of a dénouement comes as a gentle reprimand for our lack of respect for the private truth of others.

Not only is it impossible to know the truth about other people, it is impossible to know it about ourselves. The play *Ciascuno a suo modo*, something of a study in the failure of human reason, opens with a series of dialogues successively demonstrating as fallacies the concepts 'opinion', 'character' and 'conscience', and proceeds to show, again, two versions of one situation. Two young men disagree in their interpretation of the behaviour of the actress Delia Morello. They argue, convince each other, reverse positions, even prepare to fight a duel. The honourable interpretation is suggested to Delia and she jumps at it, professing to recognize her own unconscious motives. But when the unfavourable version is put before her, she buries her face in her hands, pauses, and then utters in desolation the question: 'E chi sa, amico mio, ch'io non l'abbia fatto veramente per questo?'

The absence of an absolute truth makes nonsense of the notion of constant personality. Pirandello puts forward various arguments to prove this, showing how what we think of as our 'personality' changes in time from one day to the next, changes with changing company, and is seen in a different light by different people according to the prejudices of their own, equally fluctuating, 'personalities'. He gives a full exposition of this idea in the novel *Uno, nessuno e centomila*, in which Vitangelo Moscarda arrives through a chance incident at an awareness of his own multiplicity. He decides to free himself from the hundred thousand people he perceives himself to be, by doing violence to his image in society, in his family and within his own mind. He finally achieves a state of nonentity, of 'non-being', to replace the illusion of identity, of 'being the same'. For Moscarda it is a liberation; he now exists not 'for' anybody, not even 'for' himself, free even of the self-awareness that is as crippling and unjust as the judgement of others. In the final phase he experiences a state of ecstasy, of standing outside himself, in a world no longer cluttered with subjective meaning. *Uno, nessuno e centomila* serves as a rider to the argument of *Il fu Mattia Pascal*. In the earlier work Pirandello had set out to prove that one cannot break free from the ties of one's previous image and associations. In the later novel he shows that one can, at the cost of renouncing society and of being commonly considered mad.

The fluctuations within the self are a source of torment to man. A character in *Ciascuno a suo modo* says:

E come sono? Non lo so piú? Ti giuro che non lo so piú! Tutto mobile, labile senza peso. Mi volto di qua, di là, rido; m'apparto in un angolo per piangere. Che smania! Che angoscia! E continuamente mi nascondo la faccia, davanti a me stessa, tanto mi vergogno di vedermi cambiare!

The moment of self-awareness brings pain and mortification. Several of Pirandello's plays and many of his stories depend for their plot on this sudden glimpse in the mirror, revealing the chaos beneath the form. The pattern was recognized by Adriano Tilgher who dubbed this part of Pirandello's theatre his *teatro dello specchio*. Often quoted is the extract from an interview Pirandello gave to the *Corriere della Sera* on 2 February 1920:

When a man lives, he lives and does not see himself. Well, put a mirror before him and make him see himself in the act of living, under the sway of his passions: either he remains astonished and dumbfounded at his own appearance, or else he turns away his eyes so as not to see himself, or else in his disgust he spits at his image, or again clenches his fist to break it; and if he has been weeping, he can weep no more; if he had been laughing he can laugh no more, and so on. In a word, there arises a crisis and that crisis is my theatre.[1]

---

[1] Quoted and translated by W. Starkie, *Pirandello*, London, 1926.

The measure used by most men to prevent such a crisis arising in their lives is referred to by Pirandello as *il costruirsi*, the deliberate construction of a fixed attitude and consistent personality. This is explained in the novels *Uno, nessuno e centomila* and *Quaderni di Serafino Gubbio, operatore*, and its common adoption by humanity is a major Pirandellian theme. It is an elaboration of the idea of the mask as refuge. Our worst dread is that the mask may be stripped off. The more intellectual and theatrical a man is the better he is able to maintain his façade. Leone Gala in *Il giuoco delle parti* is so successful at it that he is perhaps the most frequently misunderstood of Pirandello's characters. Simple and instinctive people like Ersilia Drei in *Vestire gli ignudi* fail miserably. The most dramatic situations arise when a man is torn between the truth and the pretence, as are Martino Lori in *Tutto per bene*, Ciampa in *Il berretto a sonagli* and Enrico IV.

The key to Pirandello's attitude to the mask is to be found in his essay *L'umorismo*. Humour here has nothing to do with laughter. It is rather a form of perception, a sense of the contradictions of life, which he illustrates with a graphic example:

Vedo una vecchia signora, coi capelli ritinti, tutti unti di non si sa quale orribile manteca, e poi tutta goffamente imbellettata e parata d'abiti giovanili. Mi metto a ridere. *Avverto* che quella vecchia signora è *il contrario* di ciò che una vecchia rispettabile signora dovrebbe essere. Posso cosí, a prima giunta e superficialmente, arrestarmi a questa impressione comica. Il comico è appunto un avvertimento del contrario. Ma se ora interviene in me la riflessione, e mi suggerisce che quella vecchia signora non prova forse nessun piacere a pararsi cosí come un pappagallo, ma che forse ne soffra e lo fa soltanto perché pietosamente s'inganna che, parata cosí, nascondendo cosí le rughe e le canizie, riesca a trattenere a sè l'amore del marito molto piú giovine di lei, ecco che io non posso piú riderne come prima, perché appunto la riflessione, lavorando in me, mi ha fatto andar oltre a quel primo avvertimento, o piuttosto, piú addentro: da quel primo avvertimento *del contrario* mi ha fatto passare a questo *sentimento del contrario*. Ed è qui tutta la differenza tra il comico e l'umoristico. (Pirandello's italics.)

The humorist as understood by Pirandello must be compassionate; humour is almost pity.

The conflict between life and form was implicit in Pirandello's work from the start but was more consciously expressed after the publication of an essay by Tilgher in 1922 in his *Studi sul teatro contemporaneo* in which he points to this dualism as being the mainspring of Pirandello's thought. The human tendency is always to formulate. Just as we try to fit our faces into rigid masks for the benefit of others, so for ourselves we reduce life to concepts in order to avoid the anguish and shame of experiencing it direct. In the short story *La Trappola* Pirandello shows how even in the act of procreation we are fixing a fragment of life into a human form, falsifying it by confining it to an alien mode of existence which will finally result in its death. The plays, stories and novels abound in the expression of the sentiment: 'ogni forma è una morte', 'conoscersi è morire', etc. Art itself is the very type of formulation, and in the play *Diana e la Tuda* we are shown its mortifying effect upon life. The artist seizes the instinctive living moment in the hope of immortalizing it, and finds that he has killed the thing he had hoped to create.

Of more interest to the student of the theatre is the effect that this conflict has on Pirandello's understanding of the function of drama itself. It was natural that of all art forms the theatre should have appealed to him, for it alone combines within itself the fluidity of life and the static quality of form, the actor and the script. He was anxious to blend the two elements as far as possible, hence his fondness for improvisation and his experiments in breaking the barrier between stage and auditorium. Dr Hinkfuss in *Questa sera si recita a soggetto* defines the art of theatre as: 'Arte, sí, ma anche vita. Creazione sí, ma non durevole: momentanea. Un prodigio; la forma che si muove.'

Pirandello was fascinated by the dynamics of theatrical

representation and these are explored in his experimental trilogy *Sei personaggi in cerca d'autore*, *Ciascuno a suo modo* and *Questa sera si recita a soggetto*. Most of his plays maintained with the naturalistic theatre the fiction of the 'fourth wall', of the audience as unacknowledged witness of the events taking place on the stage. But in this *teatro sul teatro* he discards the fiction and admits the swindle. Oscar Büdel has shown us how in breaking the dramatic illusion, in foregoing the patterns and coincidences and neat endings, Pirandello is not intent on destroying an ancient institution but on reinstating the theatre as a valid vehicle for truth.[1] By admitting that the theatrical conventions creak he is claiming honesty, and inviting our serious consideration of his themes. In this, Büdel points out, he has paved the way for those dramatists who today aim at a direct poetic expression of a spiritual truth.

Neatly, Pirandello applies to the theatre the same principle that he applies to human personality. The old theatre asked us to believe in its mask of sense and causality. In his trilogy Pirandello holds a mirror up to art, strips the mask off the theatre itself and shows it the unbearable truth: that it can no longer convince. No longer able to parade as a self-contained art form, it needs a new dimension, so he makes it spill chaotically into the audience and draw the audience up onto the stage. Modern playwrights are deeply indebted to Pirandello for this twofold unmasking, on the one hand for using the theatre to examine the mental mechanics by which one arrives at despair, clearing the way for Samuel Beckett and others to show us directly the void Pirandello dared not contemplate, the 'qualcos'altro, a cui l'uomo non può affacciarsi se non a costo di morire o d'impazzire'; and on the other hand for revealing the flaws in the dramatic medium itself, so that again the Absurdists begin where he left off, aiming as they do at an art which does not bamboozle, but presents its bleak philosophy in frankly non-representational terms.

The two full-length plays in this book would certainly seem to support Raymond Williams' definition of tragedy as 'loss of

[1] Oscar Büdel, *Luigi Pirandello*, Bowes and Bowes, 1966.

connection'. It is Pirandello's genius to break down, to take to pieces, and *Sei personaggi in cerca d'autore* shows us life in all its disconnectedness. Time is seen to be an artificial imposition; the struggle of the individual to realize a constant personality is shown thwarted by the similar struggle of other individuals; communication between persons is impossible and the pain of misunderstanding is the common lot.

A trick is here played on the audience in much the same way as in *Cosí è (se vi pare)*. Although the Father begs us – and his plea is the most poignant passage in the play – not to judge him, not to 'hook him and suspend him' from the shameful moment on which the action hinges, we find that we do, as the author knows that we shall. We are made to reflect that we in turn must already be fixedly associated in the minds of others with equally random actions of our own. We are shown in this way that it is not the Father's tragedy nor the stepdaughter's, but humanity's. The play achieves greatness because the protagonists, little people, undistinguished, even drab, are able to project the universal quality of their despair. In the stage directions we are told that they are wearing masks, black and white faceless creatures in a world of apparent colour and flesh. Their agony breaks through their shadowy presence, and while they lack realism they have reality, and they speak for us in a way that affords us, though not themselves, a sense of liberation.

Enrico IV is also on a universal theme, and Pirandello is at pains to state as much in the text itself. In Pirandello's thought the pretence of assumed madness is not essentially different from the pretence of assumed rationality. The first device is even the saner of the two in that it involves no element of presumption nor effort at self-deceit. It is the honest man's refuge from reality taken to logical extremes, and differs only in degree from Leone Gala's front of indifference or Ciampa's pretence of ignorance. When in the second act the King has analysed the now familiar elements of Pirandellian despair, we are directed in an author's note, audience and actors alike behind our several masks, to recognize the truth spoken by the 'grande Mascherato, rimasto assorto a contemplare una spaventosa miseria che non è di lui solo, ma di tutti'.

Henry himself seems the most fully realized of all Pirandello's characters. For while his predicament invites argument and cerebration, Henry himself is no abstraction and his story moves on the superficial level with as much power and vitality as it does on the philosophical level. It is an exceptional part from the actor's point of view, offering unlimited scope for sensitive and sophisticated acting. He intrigues us dramatically as the figure who holds the key to the puzzle; he reveals an ever-increasing power and stature; *si fa terribile*, and is yet pathetic with his dyed hair and rouged cheeks. He is at once Hamlet and Petrouchka, theatrical in conception and stirring in his impact as he suffers, struts and bullies, intelligent enquiring man his own painted puppet.

Our admiration in both these full-length plays is compelled by the command of form shown by an apostle of formlessness, by the mastery with which Pirandello handles the technical business of construction and climax, the precision with which he uses the theatre to communicate his message of non-communication.

Little need be said about *La Giara*. It is that rare thing, a convincing rustic comedy. Extravert and earthy, it is placed at the end of this volume to act as a *scacciapensieri*. The comic effects are visual and sure. This is humour rather than *umorismo*, and we exchange our wry smiles for physical laughter. There is a Bacchic element as well; the whole is infused with the heady air of the harvest season and in the final scene where the peasants dance clumsily round the jar by moonlight we have a sense of timeless ritual exaltation.

In his own day Pirandello's work was considered pessimistic. Today this is not so, for his so-called 'despair' represents an outlook which has become the prerequisite of the modern dramatist, an awareness of the horror of meaninglessness and a refusal to accept illusion on authority. He was also criticized for what was held to be the excessively cerebral quality of his plays, by audiences who assumed that feeling and philosophic reflection must be mutually exclusive. A third accusation was that of cruelty and contempt in his attitude to human society. It seems that time has given us a new perspective, that trends in the theatre inspired by Pirandello's art have also served to illuminate it. Perhaps it is that having seen in recent years a really cruel drama and a true theatre of despair, we are the better able to appreciate the warmth of feeling in Pirandello's work, the depth of his anguish and the sincerity of his respect for the qualities of honesty and humility. But the motivating impulse of his work and perhaps the key to the understanding of it, is to be found in his compassion. At the root of the famed *umorismo* is the idea that we cannot afford to laugh at the frailty of other people. It is indeed an awareness of the illusory nature of their reality, but on the part of one who feels his own reality to be just as hollow.

SELECT BIBLIOGRAPHY

WORKS OF PIRANDELLO

Poetry

Mal giocondo, Palermo, 1889.
Pasqua di Gea, Milan, 1891.
Pier Gudrò, Rome, 1894.
Elegie renane, Rome, 1895.
Elegie romane, Leghorn, 1896 (translation from Goethe's *Römische Elegien*).
Zampogna, Rome, 1901.
Scamandro, Rome, 1909 (verse play).
Fuori di chiave, Genoa, 1912.

Pirandello's poetry is available in Manlio Lo Vecchio-Musti's edition of the *Saggi, poesie, e scritti varii*, Milan, 1960. This is the sixth and final volume of Mondadori's definitive edition of the works of Pirandello in the series *I Classici Contemporanei Italiani* (1956–60).

Criticism and essays

Laute und Lautentwickelung der Mundart von Girgenti, Halle a. S., 1891 (Pirandello's doctorate thesis).

Arte e Scienza, Rome, 1908.
L'umorismo, Lanciano, 1908; second edition, Florence, 1920.

These critical writings and other essays are to be found in Lo Vecchio-Musti's edition of the *Saggi, poesie, e scritti varii*, op. cit.

Short stories

The short stories were for the most part first published in newspapers and periodicals, many of them in the *Corriere della Sera*. They first appeared in book form in fifteen volumes between the years 1894 and 1919:

Amori senza amore, Rome, 1894.
Beffe della morte e della vita, Florence, 1902.
Quand'ero matto..., Turin, 1902.
Beffe della morte e della vita. Seconda serie, Florence, 1903.
Bianche e nere, Turin, 1904.
Erma bifronte, Milan, 1906.
La vita nuda, Milan, 1910.
Terzetti, Milan, 1912.
Le due maschere, Florence, 1914.
La trappola, Milan, 1915.
Erba del nostro orto, Milan, 1915.
E domani, lunedì..., Milan, 1917.
Un cavallo nella luna, Milan, 1918.
Berecche e la guerra, Milan, 1919.
Il carnevale dei morti, Florence, 1919.

Later Pirandello rearranged his short stories into a totally different fifteen-volume collection under the title *Novelle per un anno*. The intention was to write three hundred and sixty-five stories, one for every day in the year. The *Novelle per un anno* are available today in the *Biblioteca Moderna Mondadori* series (most recent edition 1960). The two volumes of short stories (1956 and 1957), edited by Corrado Alvaro, in Mondadori's definitive edition of the works cit. include in addition some titles previously rejected by Pirandello.

For a complete list of the individual stories, see the appendix of Luigi Pirandello, *Short Stories*, selected, translated and introduced by Frederick May, Oxford University Press, 1965. See also Pirandello, *Short Stories*, edited and introduced by C. Mc-Cormick, in this series, Manchester University Press, 1969.

Novels

Dates refer to the year of publication in book form. Some of the novels first appeared in instalments in periodicals.

L'esclusa, Milan, 1908 (written in 1894).
Il turno, Catania, 1902.
Il fu Mattia Pascal, Rome, 1904.
Suo marito, Florence, 1911 (later published as *Giustino Roncella nato Boggiòlo*).
I vecchi e i giovani, Milan, 1913.
Si gira..., Milan, 1916 (later published as *Quaderni di Serafino Gubbio, operatore*).
Uno, nessuno e centomila, Florence, 1926.

The novels are available as single volumes in the *Biblioteca Moderna Mondadori* series, and as the third volume (1957), edited by Corrado Alvaro, of Mondadori's definitive edition cit.

Plays

Dates given refer to year of first publication.

La Morsa, 1898 (under title *L'epilogo*).
Lumíe di Sicilia, 1911.
Il dovere del medico, 1912.
Liolà, 1917 (Sicilian text. Italian text 1928).
Pensaci, Giacomino!, 1917.
Il berretto a sonagli, 1918.
Il piacere dell'onestà, 1918.
La patente, 1918.
Cosí è (se vi pare), 1918.
Ma non è una cosa seria, 1919.
Il giuoco delle parti, 1919.
Tutto per bene, 1920.
La ragione degli altri, 1921.
Come prima, meglio di prima, 1921.
L'innesto, 1921.
Sei personaggi in cerca d'autore, 1921.
Enrico IV, 1922.
L'uomo, la bestia e la virtú, 1922.
La signora Morli, una e due, 1922.
Vestire gli ignudi, 1923.
La vita che ti diedi, 1924.

Ciascuno a suo modo, 1924.
La giara, 1925.
L'altro figlio, 1925.
Sagra del Signore della Nave, 1925.
Cecè, 1926.
All'uscita, 1926.
L'imbecille, 1926.
L'uomo dal fiore in bocca, 1926.
Diana e la Tuda, 1927.
L'amica delle mogli, 1927.
La nuova colonia, 1928.
O di uno o di nessuno, 1929.
Lazzaro, 1929.
Come tu mi vuoi, 1930.
Questa sera si recita a soggetto, 1930.
Trovarsi, 1932.
Quando si è qualcuno, 1933.
Non si sa come, 1935.
Sogno (ma forse no), 1936.
Bellavita, 1937.
La favola del figlio cambiato, 1938.
I giganti della montagna, 1938 (First act with title *I fantasmi*,
    1931; second act, 1934).

Pirandello's plays have been published in various editions
under the collective title of *Maschere nude*. The most easily
obtainable editions are the *Biblioteca Moderna Mondadori* one
in seventeen volumes (1948–51) and the two volumes of the
plays, edited by Silvio d'Amico (1958) in the Mondadori
definitive edition cit.

BIBLIOGRAPHY

Lo Vecchio-Musti, M. *Bibliografia di Pirandello*, Milan:
    Mondadori, two volumes, 1937–40. Second edition, 1952.
    This bibliography is also to be found in Lo Vecchio-
    Musti's edition of the *Saggi, poesie, e scritti varii*, cit.

BIOGRAPHY

Nardelli, F. V. *L'uomo segreto: Vita e croci di Luigi Pirandello*,
    Verona, 1932 and 1944. Third revised and enlarged edition
    Vita segreta di Pirandello, Rome, 1962.
Giudice, G. *Luigi Pirandello*, Turin: UTET, 1963.

RECOMMENDED CRITICAL WORKS
ON PIRANDELLO

Details of most recent editions have been given and in brackets the date of first publication.

CANTORO, U. *Luigi Pirandello e il problema della personalità*, Bologna: N. Ugo Gallo, 1954 (1939).

DE CASTRIS, A. L. *Storia di Pirandello*, Bari: Laterza, 1966 (1962).

JANNER, A. *Luigi Pirandello*, Florence: La Nuova Italia, 1964 (1948).

SCIASCIA, L. *Pirandello e la Sicilia*, Rome, 1961.

STARKIE, W. *Luigi Pirandello*, Berkeley–Los Angeles: University of California Press, 1965 (1926).

TILGHER, A. *Studi sul teatro contemporaneo*, Rome, 1922.

VITTORINI, D. *The Drama of Luigi Pirandello*, New York: Dover Publications, 1957 (1935).

For Pirandello's place in the European theatre

BISHOP, T. *Pirandello and the French Theatre*, London: Peter Owen, 1961 (1960).

BRUSTEIN, R. *The Theatre of Revolt: An Approach to Modern Drama*, London: Methuen, 1965.

BÜDEL, O. *Pirandello*, London: Bowes and Bowes, 1966.

MACLINTOCK, L. *The Age of Pirandello*, Bloomington: Indiana University Press, 1951.

STYAN, J. L. *The Dark Comedy: The Development of Modern Comic Tragedy*, Cambridge University Press, 1962.

WILLIAMS, R. *Drama from Ibsen to Eliot*, London: Penguin Books, 1964 (1952).

—— *Modern Tragedy*, London: Chatto & Windus, 1966.

ON THE HISTORICAL BACKGROUND TO ENRICO IV

BARRACLOUGH, G. *Mediaeval Germany 911–1250*. Translation of essays by German historians. Oxford: Blackwell, 1948.

BROOKE, C. *Europe in the Central Middle Ages 962–1154*. London: Longmans, 1964.

BROOKE, Z. N. *A History of Europe 911–1198*. London: Methuen, 1938.

STEPHENS, W. R. W. *Hildebrand and his Times*. London: Longmans, 1888.

TELLENBACH, G. *Church, State and Christian Society at the time of the Investiture Contest*, translated by R. F. Bennett, Oxford: Blackwell, 1940.

ULLMANN, W. *The Growth of Papal Government in the Middle Ages*. London: Methuen, 1955.

SEI PERSONAGGI
IN CERCA D'AUTORE

I PERSONAGGI
DELLA COMMEDIA DA FARE[1]

Il Padre · La Madre · La Figliastra · Il Figlio · Il Giovinetto · La Bambina (*questi ultimi due non parlano*) · (*Poi, evocata*[2]) Madama Pace.

*

GLI ATTORI DELLA COMPAGNIA

Il Direttore-Capocomico[3] · La Prima Attrice · Il Primo Attore · La Seconda Donna · L'Attrice Giovane · L'Attore Giovane · Altri Attori e Attrici · Il Direttore di scena · Il Suggeritore · Il Trovarobe · Il Macchinista · Il Segretario del Capocomico · L'Uscere del teatro · Apparatori e Servi di scena.

Di giorno,
su un palcoscenico di teatro di prosa.[4]

N.B. La commedia non ha atti né scene. La rappresentazione sarà interrotta una prima volta, senza che il sipario s'abbassi, allorché il Direttore-Capocomico e il capo dei personaggi[5] *si ritireranno per concertar lo scenario e gli Attori sgombreranno il palcoscenico; una seconda volta, allorché per isbaglio il Macchinista butterà giú il sipario.*

Troveranno[6] gli spettatori, entrando nella sala del teatro, alzato il sipario, e il palcoscenico com'è di giorno, senza quinte né scena, quasi al bujo e vuoto, perché abbiano fin da principio l'impressione d'uno spettacolo non preparato.

Due scalette, una a destra e l'altra a sinistra, metteranno in comunicazione il palcoscenico con la sala.

Sul palcoscenico il cupolino del suggeritore, messo da parte, accanto alla buca.

Dall'altra parte, sul davanti, un tavolino e una poltrona con la spalliera voltata verso il pubblico, per il Direttore-Capocomico. Altri due tavolini, uno più grande, uno più piccolo, con parecchie sedie attorno, messi lì sul davanti per averli pronti, a un bisogno, per la prova. Altre sedie, qua e là, a destra e a sinistra, per gli Attori, e un pianoforte in fondo, da un lato, quasi nascosto.

Spenti i lumi della sala, si vedrà entrare dalla porta del palcoscenico il Macchinista in camiciotto turchino e sacca appesa alla cintola; prendere da un angolo in fondo alcuni assi d'attrezzatura; disporli sul davanti e mettersi in ginocchio a inchiodarli. Alle martellate accorrerà dalla porta dei camerini il Direttore di scena.

IL DIRETTORE DI SCENA. Oh! Che fai?
IL MACCHINISTA. Che faccio? Inchiodo.
IL DIRETTORE DI SCENA. A quest'ora?

Guarderà l'orologio.

Sono già le dieci e mezzo. A momenti sarà qui il Direttore per la prova.
IL MACCHINISTA. Ma dico, dovrò avere anch'io il mio tempo per lavorare!
IL DIRETTORE DI SCENA. L'avrai, ma non ora.
IL MACCHINISTA. E quando?
IL DIRETTORE DI SCENA. Quando non sarà più l'ora della prova.

3

Su, su, pòrtati via tutto, e lasciami disporre la scena per il secondo atto del *Giuoco delle parti*.[7]

Il Macchinista, sbuffando, borbottando, raccatterà gli assi e andrà via. Intanto dalla porta del palcoscenico cominceranno a venire gli Attori della Compagnia, uomini e donne, prima uno, poi un altro, poi due insieme, a piacere: nove o dieci, quanti si suppone che debbano prender parte alle prove della commedia di Pirandello Il giuoco delle parti, *segnata all'ordine del giorno.[8] Entreranno, saluteranno il Direttore di scena e si saluteranno tra loro augurandosi il buon giorno. Alcuni si avvieranno ai loro camerini; altri, fra cui il Suggeritore che avrà il copione arrotolato sotto il braccio, si fermeranno sul palcoscenico in attesa del Direttore per cominciar la prova, e intanto, o seduti a crocchio, o in piedi, scambieranno tra loro qualche parola; e chi accenderà una sigaretta, chi si lamenterà della parte che gli è stata assegnata, chi leggerà forte ai compagni qualche notizia in un giornaletto teatrale. Sarà bene che tanto le Attrici quanto gli Attori siano vestiti d'abiti piuttosto chiari e gai, e che questa prima scena a soggetto abbia, nella sua naturalezza, molta vivacità. A un certo punto, uno dei comici potrà sedere al pianoforte e attaccare un ballabile; i più giovani tra gli Attori e le Attrici si metteranno a ballare.*

IL DIRETTORE DI SCENA (*battendo le mani per richiamarli alla disciplina*). Via, via, smettetela! Ecco il signor Direttore!

Il suono e la danza cesseranno d'un tratto. Gli Attori si volteranno a guardare verso la sala del teatro, dalla cui porta si vedrà entrare il Direttore-Capocomico, il quale, col cappello duro in capo, il bastone sotto il braccio e un grosso sigaro in bocca, attraverserà il corridojo tra le poltrone e, salutato dai comici, salirà per una delle due scalette sul palcoscenico. Il Segretario gli porgerà la posta: qualche giornale, un copione sottofascia.

IL CAPOCOMICO. Lettere?

IL SEGRETARIO. Nessuna. La posta è tutta qui.

IL CAPOCOMICO (*porgendogli il copione sottofascia*). Porti in camerino.

Poi, guardandosi attorno e rivolgendosi al Direttore di scena:

Oh, qua non ci si vede.[9] Per piacere, faccia dare un po' di luce.

IL DIRETTORE DI SCENA. Subito.

Si recherà a dar l'ordine. E poco dopo, il palcoscenico sarà illuminato in tutto il lato destro, dove staranno gli Attori, d'una viva luce bianca. Nel mentre, il Suggeritore avrà preso posto nella buca, accesa la lampadina e steso avanti a sé il copione.

IL CAPOCOMICO (*battendo le mani*). Su, su, cominciamo.

Al Direttore di scena:

Manca qualcuno?

IL DIRETTORE DI SCENA. Manca la Prima Attrice.

IL CAPOCOMICO. Al solito!

Guarderà l'orologio.

Siamo già in ritardo di dieci minuti. La segni, mi faccia il piacere. Cosí imparerà a venire puntuale alla prova.

Non avrà finito la riprensione, che dal fondo della sala si udrà la voce della Prima Attrice.

LA PRIMA ATTRICE. No, no, per carità! Eccomi! Eccomi!

È tutta vestita di bianco, con un cappellone spavaldo in capo e un grazioso cagnolino tra le braccia; correrà attraverso il corridojo delle poltrone e salirà in gran fretta una delle scalette.

IL CAPOCOMICO. Lei ha giurato di farsi sempre aspettare.

LA PRIMA ATTRICE. Mi scusi. Ho cercato tanto una automobile per fare a tempo! Ma vedo che non avete ancora cominciato. E io non sono subito di scena.

*Poi, chiamando per nome il Direttore di scena e consegnan-
dogli il cagnolino:*

Per piacere, me lo chiuda nel camerino.

IL CAPOCOMICO (*borbottando*). Anche il cagnolino! Come se
fossimo pochi i cani qua.[10]

Batterà di nuovo le mani e si rivolgerà al Suggeritore:

Su, su, il secondo atto del *Giuoco delle parti.*

Sedendo sulla poltrona:

Attenzione, signori. Chi è di scena?

*Gli Attori e le Attrici sgombreranno il davanti del palco-
scenico e andranno a sedere da un lato, tranne i tre che prin-
cipieranno la prova e la Prima Attrice, che, senza badare
alla domanda del Capocomico, si sarà messa a sedere davanti
ad uno dei due tavolini.*

IL CAPOCOMICO (*alla Prima Attrice*). Lei dunque è di scena?
LA PRIMA ATTRICE. Io, nossignore.
IL CAPOCOMICO (*seccato*). E allora si levi, santo Dio!

*La Prima Attrice si alzerà e andrà a sedere accanto agli altri
Attori che si saranno già tratti in disparte.*

IL CAPOCOMICO (*al Suggeritore*). Cominci, cominci.
IL SUGGERITORE (*leggendo nel copione*). « In casa di Leone Gala.
Una strana sala da pranzo e da studio. »
IL CAPOCOMICO (*volgendosi al Direttore di scena*). Metteremo
la sala rossa.
IL DIRETTORE DI SCENA (*segnando su un foglio di carta*). La
rossa. Sta bene.
IL SUGGERITORE (*seguitando a leggere nel copione*). « Tavola
apparecchiata e scrivania con libri e carte. Scaffali di libri e
vetrine con ricche suppellettili da tavola. Uscio in fondo per
cui si va nella camera da letto di Leone. Uscio laterale a
sinistra per cui si va nella cucina. La comune è a destra. »
IL CAPOCOMICO (*alzandosi e indicando*). Dunque, stiano bene
attenti: di là, la comune. Di qua, la cucina.

Rivolgendosi all'Attore che farà la parte di Socrate:[11]

Lei entrerà e uscirà da questa parte.

Al Direttore di scena:

Applicherà la bussola in fondo, e metterà le tendine.

Tornerà a sedere.

IL DIRETTORE DI SCENA (*segnando*). Sta bene.

IL SUGGERITORE (*leggendo c. s.*[12]). « Scena Prima. Leone Gala, Guido Venanzi, Filippo detto Socrate. »

Al Capocomico:

Debbo leggere anche la didascalia?

IL CAPOCOMICO. Ma sí! sí! Gliel'ho detto cento volte!

IL SUGGERITORE (*leggendo c. s.*). « Al levarsi della tela, Leone Gala, con berretto da cuoco e grembiule, è intento a sbattere con un mestolino di legno un uovo in una ciotola. Filippo ne sbatte un altro, parato anche lui da cuoco. Guido Venanzi ascolta, seduto. »

IL PRIMO ATTORE (*al Capocomico*). Ma scusi, mi devo mettere proprio il berretto da cuoco in capo?

IL CAPOCOMICO (*urtato dall'osservazione*). Mi pare! Se sta scritto lí!

Indicherà il copione.

IL PRIMO ATTORE. Ma è ridicolo, scusi!

IL CAPOCOMICO (*balzando in piedi sulle furie*). « Ridicolo! ridicolo! » Che vuole che le faccia io se dalla Francia[13] non ci viene più una buona commedia, e ci siamo ridotti a mettere in iscena commedie di Pirandello, che chi l'intende è bravo,[14] fatte apposta di maniera che né attori né critici né pubblico ne restino mai contenti?

Gli Attori rideranno. E allora egli, alzandosi e venendo presso il Primo Attore, griderà:

Il berretto da cuoco, sissignore! E sbatta le uova! Lei crede, con codeste uova che sbatte, di non aver poi altro per le

mani? Sta fresco! Ha da rappresentare il guscio delle uova
che sbatte![15]

*Gli Attori torneranno a ridere e si metteranno a far commenti
tra loro ironicamente.*

Silenzio! E prestino ascolto quando spiego!

Rivolgendosi di nuovo al Primo Attore:

Sissignore, il guscio: vale a dire la vuota forma della ragione,
senza il pieno dell'istinto che è cieco! Lei è la ragione, e sua
moglie l'istinto: in un giuoco di parti assegnate, per cui lei
che rappresenta la sua parte è volutamente il fantoccio di sé
stesso.[16] Ha capito?

IL PRIMO ATTORE (*aprendo le braccia*). Io no!

IL CAPOCOMICO (*tornandosene al suo posto*). E io nemmeno!
Andiamo avanti, che poi mi loderete la fine!

In tono confidenziale:

Mi raccomando, si metta di tre quarti,[17] perché se no, tra le
astruserie del dialogo e lei che non si farà sentire dal pubblico, addio ogni cosa!

Battendo di nuovo le mani:

Attenzione, attenzione! Attacchiamo!

IL SUGGERITORE. Scusi, signor Direttore, permette che mi
ripari col cupolino? Tira una cert'aria![18]

IL CAPOCOMICO. Ma sí, faccia, faccia!

*L'Uscere del teatro sarà intanto entrato nella sala, col berretto
gallonato in capo e, attraversato il corridojo fra le poltrone, si
sarà appressato al palcoscenico per annunziare al Direttore-
Capocomico l'arrivo dei Sei Personaggi, che, entrati anch'essi
nella sala, si saranno messi a seguirlo, a una certa distanza, un
po' smarriti e perplessi, guardandosi attorno.*

*Chi voglia tentare una traduzione scenica di questa commedia
bisogna che s'adoperi con ogni mezzo a ottenere tutto l'effetto
che questi* Sei Personaggi *non si confondano con gli Attori*

della Compagnia. La disposizione degli uni e degli altri, indicata nelle didascalie, allorché quelli saliranno sul palcoscenico, gioverà senza dubbio; come[19] una diversa colorazione luminosa per mezzo di appositi riflettori. Ma il mezzo più efficace e idoneo, che qui si suggerisce, sarà l'uso di speciali maschere per i Personaggi: *maschere espressamente costruite d'una materia che per il sudore non s'afflosci e non pertanto sia lieve agli Attori che dovranno portarle: lavorate e tagliate in modo che lascino liberi gli occhi, le narici e la bocca. S'interpreterà così anche il senso profondo della commedia. I* Personaggi *non dovranno infatti apparire come* fantasmi, *ma come* realtà *create, costruzioni della fantasia immutabili: e dunque più reali e consistenti della volubile naturalità degli Attori. Le maschere ajuteranno a dare l'impressione della figura costruita per arte e fissata ciascuna immutabilmente nell'espressione del proprio sentimento fondamentale, che è il* rimorso *per il Padre, la* vendetta *per la Figliastra, lo* sdegno *per il Figlio, il* dolore *per la Madre con fisse lagrime di cera nel livido delle occhiaje e lungo le gote, come si vedono nelle immagini scolpite e dipinte della* Mater dolorosa[20] *nelle chiese. E sia anche il vestiario di stoffa e foggia speciale, senza stravaganza, con pieghe rigide e volume quasi statuario, e insomma di maniera che non dia l'idea che sia fatto d'una stoffa che si possa comperare in una qualsiasi bottega della città e tagliato e cucito in una qualsiasi sartoria.*

Il Padre sarà sulla cinquantina: stempiato, ma non calvo, fulvo di pelo, con baffetti folti quasi acchiocciolati attorno alla bocca ancor fresca, aperta spesso a un sorriso incerto e vano. Pallido, segnatamente nell'ampia fronte; occhi azzurri ovati, lucidissimi e arguti; vestirà calzoni chiari e giacca scura: a volte sarà mellifluo, a volte avrà scatti aspri e duri.

La Madre sarà come atterrita e schiacciata da un peso intollerabile di vergogna e d'avvilimento. Velata da un fitto crespo vedovile, vestirà umilmente di nero, e quando solleverà il velo, mostrerà un viso non patito, ma come di cera, e terrà sempre gli occhi bassi.

*La Figliastra, di diciotto anni, sarà spavalda, quasi impu-
dente. Bellissima, vestirà a lutto anche lei, ma con vistosa
eleganza. Mostrerà dispetto per l'aria timida, afflitta e quasi
smarrita del fratellino, squallido Giovinetto di quattordici
anni, vestito anch'esso di nero; e una vivace tenerezza, invece, per la sorellina, Bambina di circa quattro anni, vestita
di bianco con una fascia di seta nera alla vita.*

*Il Figlio, di ventidue anni, alto, quasi irrigidito in un con-
tenuto sdegno per il Padre e in un'accigliata indifferenza per
la Madre, porterà un soprabito viola e una lunga fascia verde
girata attorno al collo.*

L'USCERE (*col berretto in mano*). Scusi, signor Commendatore.[21]
IL CAPOCOMICO (*di scatto, sgarbato*). Che altro c'è?
L'USCERE (*timidamente*). Ci sono qua certi signori, che chiedono
di lei.

*Il Capocomico e gli Attori si volteranno stupiti a guardare
dal palcoscenico giù nella sala.*

IL CAPOCOMICO (*di nuovo sulle furie*). Ma io qua provo! E sapete
bene che durante la prova non deve passar nessuno!

Rivolgendosi in fondo:

Chi sono lor signori? Che cosa vogliono?
IL PADRE (*facendosi avanti, seguito dagli altri, fino a una delle due
scalette*). Siamo qua in cerca d'un autore.
IL CAPOCOMICO (*fra stordito e irato*). D'un autore? Che autore?
IL PADRE. D'uno qualunque, signore.
IL CAPOCOMICO. Ma qui non c'è nessun autore, perché non
abbiamo in prova nessuna commedia nuova.
LA FIGLIASTRA (*con gaja vivacità, salendo di furia la scaletta*).
Tanto meglio, tanto meglio, allora, signore! Potremmo
esser noi la loro commedia nuova.
QUALCUNO DEGLI ATTORI (*fra i vivaci commenti e le risate degli
altri*). Oh, senti, senti!
IL PADRE (*seguendo sul palcoscenico la Figliastra*). Già, ma se non
c'è l'autore!

Al Capocomico:

Tranne che non voglia esser lei...

La Madre, con la Bambina per mano, e il Giovinetto sali-
ranno i primi scalini della scaletta e resteranno lì in attesa.
Il Figlio resterà sotto, scontroso.

IL CAPOCOMICO. Lor signori vogliono scherzare?

IL PADRE. No, che dice mai, signore! Le portiamo al contrario
un dramma doloroso.

LA FIGLIASTRA. E potremmo essere la sua fortuna!

IL CAPOCOMICO. Ma mi facciano il piacere d'andar via, che non
abbiamo tempo da perdere coi pazzi!

IL PADRE (*ferito e mellifluo*). Oh, signore, lei sa bene che la vita
è piena d'infinite assurdità, le quali sfacciatamente non han
neppure bisogno di parer verosimili; perché sono vere.

IL CAPOCOMICO. Ma che diavolo dice?

IL PADRE. Dico che può stimarsi realmente una pazzia, sissignore, sforzarsi di fare il contrario; cioè, di crearne di
verosimili, perché pajano vere. Ma mi permetta di farle
osservare che, se pazzia è, questa è pur l'unica ragione del
loro mestiere.

Gli Attori si agiteranno, sdegnati.

IL CAPOCOMICO (*alzandosi e squadrandolo*). Ah sí? Le sembra
un mestiere da pazzi, il nostro?

IL PADRE. Eh, far parer vero quello che non è; senza bisogno,.
signore: per giuoco... Non è loro ufficio dar vita sulla scena
a personaggi fantasticati?

IL CAPOCOMICO (*subito, facendosi voce dello sdegno crescente dei*
suoi Attori). Ma io la prego di credere che la professione del
comico, caro signore, è una nobilissima professione! Se
oggi come oggi[22] i signori commediografi nuovi ci dànno da
rappresentare stolide commedie e fantocci invece di uomini,
sappia che è nostro vanto aver dato vita — qua, su queste
tavole — a opere immortali!

Gli Attori, soddisfatti, approveranno e applaudiranno il
loro Capocomico.

IL PADRE (*interrompendo e incalzando con foga*). Ecco! benissimo! a esseri vivi, piú vivi di quelli che respirano e vestono panni! Meno reali, forse; ma piú veri! Siamo dello stessissimo parere!

Gli Attori si guardano tra loro, sbalorditi.

IL DIRETTORE. Ma come! Se prima diceva...

IL PADRE. No, scusi, per lei dicevo, signore, che ci ha gridato di non aver tempo da perdere coi pazzi, mentre nessuno meglio di lei può sapere che la natura si serve da strumento della fantasia umana per proseguire, piú alta, la sua opera di creazione.

IL CAPOCOMICO. Sta bene, sta bene. Ma che cosa vuol concludere con questo?

IL PADRE. Niente, signore. Dimostrarle che si nasce alla vita in tanti modi, in tante forme: albero o sasso, acqua o farfalla... o donna. E che si nasce anche personaggi![23]

IL CAPOCOMICO (*con finto ironico stupore*). E lei, con codesti signori attorno, è nato personaggio?

IL PADRE. Appunto, signore. E vivi, come ci vede.

Il Capocomico e gli Attori scoppieranno a ridere, come per una burla.

IL PADRE (*ferito*). Mi dispiace che ridano cosí, perché portiamo in noi, ripeto, un dramma doloroso, come lor signori possono argomentare da questa donna velata di nero.

Cosí dicendo porgerà la mano alla Madre per ajutarla a salire gli ultimi scalini e, seguitando a tenerla per mano, la condurrà con una certa tragica solennità dall'altra parte del palcoscenico, che s'illuminerà subito di una fantastica luce. La Bambina e il Giovinetto seguiranno la Madre; poi il Figlio, che si terrà discosto, in fondo; poi la Figliastra, che s'apparterà anche lei sul davanti, appoggiata all'arcoscenico. Gli Attori, prima stupefatti, poi ammirati di questa evoluzione, scoppieranno in applausi come per uno spettacolo che sia stato loro offerto.

IL CAPOCOMICO (*prima sbalordito, poi sdegnato*). Ma via! Facciano silenzio!

Poi, rivolgendosi ai Personaggi:

E loro si levino! Sgombrino di qua!

Al Direttore di scena:

Perdio, faccia sgombrare!

IL DIRETTORE DI SCENA (*facendosi avanti, ma poi fermandosi, come trattenuto da uno strano sgomento*). Via! Via!

IL PADRE (*al Capocomico*). Ma no, veda, noi...

IL CAPOCOMICO (*gridando*). Insomma, noi qua dobbiamo lavorare!

IL PRIMO ATTORE. Non è lecito farsi beffe cosí...

IL PADRE (*risoluto, facendosi avanti*). Io mi faccio maraviglia della loro incredulità! Non sono forse abituati lor signori a vedere balzar vivi quassú, uno di fronte all'altro, i personaggi creati da un autore? Forse perché non c'è là

indicherà la buca del Suggeritore

un copione che ci contenga?

LA FIGLIASTRA (*facendosi avanti al Capocomico, sorridente, lusingatrice*). Creda che siamo veramente sei personaggi, signore, interessantissimi! Quantunque, sperduti.

IL PADRE (*scartandola*). Sí, sperduti, va bene!

Al Capocomico subito:

Nel senso, veda, che l'autore che ci creò, vivi, non volle poi, o non poté materialmente, metterci al mondo dell'arte.[24] E fu un vero delitto, signore, perché chi ha la ventura di nascere personaggio vivo, può ridersi anche della morte. Non muore piú! Morrà l'uomo, lo scrittore, strumento della creazione; la creatura non muore piú! E per vivere eterna non ha neanche bisogno di straordinarie doti o di compiere prodigi. Chi era Sancho Panza? Chi era don Abbondio? Eppure vivono eterni, perché — vivi germi — ebbero la ventura di trovare una matrice feconda, una fantasia che li seppe allevare e nutrire, far vivere per l'eternità![25]

IL CAPOCOMICO. Tutto questo va benissimo! Ma che cosa
vogliono loro qua?

IL PADRE. Vogliamo vivere, signore!

IL CAPOCOMOCO (*ironico*). Per l'eternità?

IL PADRE. No, signore: almeno per un momento, in loro.

UN ATTORE. Oh, guarda, guarda!

LA PRIMA ATTRICE. Vogliono vivere in noi!

L'ATTOR GIOVANE (*indicando la Figliastra*). Eh, per me volentieri, se mi toccasse quella lí!

IL PADRE. Guardino, guardino: la commedia è da fare;

al Capocomico:

ma se lei vuole e i suoi attori vogliono, la concerteremo
subito tra noi!

IL CAPOCOMICO (*seccato*). Ma che vuol concertare! Qua non si
fanno di questi concerti![26] Qua si recitano drammi e
commedie!

IL PADRE. E va bene! Siamo venuti appunto per questo qua da
lei!

IL CAPOCOMICO. E dov'è il copione?

IL PADRE. È in noi, signore.

Gli Attori rideranno.

Il dramma è in noi; siamo noi; e siamo impazienti di
rappresentarlo, cosí come dentro ci urge la passione!

LA FIGLIASTRA (*schernevole, con perfida grazia di caricata
impudenza*). La passione mia, se lei sapesse, signore! La
passione mia... per lui!

*Indicherà il Padre e farà quasi per abbracciarlo; ma scop-
pierà poi in una stridula risata.*

IL PADRE (*con scatto iroso*). Tu statti a posto, per ora! E ti prego
di non ridere cosí!

LA FIGLIASTRA. No? E allora mi permettano: benché orfana da
appena due mesi,[27] stiano a vedere lor signori come canto e
come danzo!

Accennerà con malizia il « Prends garde à Tchou-Thin-Tchou » di Dave Stamper ridotto a Fox-trot o One-Step lento da Francis Salabert: la prima strofa, accompagnandola con passo di danza.

Les chinois sont un peuple malin,
De Shangaï à Pekin,
Ils ont mis des écriteaux partout:
Prenez garde à Tchou-Thin-Tchou![28]

Gli Attori, segnatamente i giovani, mentre ella canterà e ballerà, come attratti da un fascino strano, si moveranno verso lei e leveranno appena le mani quasi a ghermirla. Ella sfuggirà; e, quando gli Attori scoppieranno in applausi, resterà, alla riprensione del Capocomico, come astratta e lontana.

GLI ATTORI E LE ATTRICI (*ridendo e applaudendo*). Bene! Brava! Benissimo!

IL CAPOCOMICO (*irato*). Silenzio! Si credono forse in un caffè-concerto?

Tirandosi un po' in disparte il Padre, con una certa costernazione:

Ma dica un po', è pazza?

IL PADRE. No, che pazza! È peggio!

LA FIGLIASTRA (*subito accorrendo al Capocomico*). Peggio! Peggio! Eh altro, signore! Peggio! Senta, per favore: ce lo faccia rappresentar subito, questo dramma, perché vedrà che a un certo punto, io — quando questo amorino qua

prenderà per mano la Bambina che se ne starà presso la Madre e la porterà davanti al Capocomico

— vede come è bellina?

la prenderà in braccio e la bacerà

cara! cara!

*La rimetterà a terra e aggiungerà, quasi senza volere,
commossa:*

ebbene, quando quest'amorino qua, Dio la toglierà d'improvviso a quella povera madre: e quest'imbecillino qua

*spingerà avanti il Giovinetto, afferrandolo per una manica
sgarbatamente*

farà la piú grossa delle corbellerie, proprio da quello
stupido che è[29]

> *lo ricaccerà con una spinta verso la Madre*

— allora vedrà che io prenderò il volo! Sissignore! prenderò
il volo! il volo! E non mi par l'ora, creda, non mi par
l'ora![30] Perché, dopo quello che è avvenuto di molto intimo
tra me e lui

> *indicherà il Padre con un orribile ammiccamento*

non posso piú vedermi in questa compagnia, ad assistere allo
strazio di quella madre per quel tomo[31] là

> *indicherà il Figlio*

— lo guardi! lo guardi! — indifferente, gelido lui, perché è
il figlio legittimo, lui! pieno di sprezzo per me, per quello là,

> *indicherà il Giovinetto*

per quella creaturina; ché siamo bastardi — ha capito?
bastardi.

> *Si avvicinerà alla Madre e l'abbraccerà*

E questa povera madre — lui — che è la madre comune di
noi tutti — non la vuol riconoscere per madre anche sua —
e la considera dall'alto in basso, lui, come madre soltanto di
noi tre bastardi — vile!

*Dirà tutto questo, rapidamente, con estrema eccitazione, e
arrivata al « vile » finale, dopo aver gonfiato la voce sul
« bastardi », lo pronunzierà piano, quasi sputandolo.*

LA MADRE (*con infinita angoscia al Capocomico*). Signore, in nome di queste due creaturine, la supplico...

si sentirà mancare e vacillerà

— oh Dio mio...

IL PADRE (*accorrendo a sorreggerla con quasi tutti gli Attori sbalorditi e costernati*). Per carità una sedia, una sedia a questa povera vedova!

GLI ATTORI (*accorrendo*). — Ma è dunque vero? — Sviene davvero?

IL CAPOCOMICO. Qua una sedia, subito!

Uno degli Attori offrirà una sedia; gli altri si faranno attorno premurosi. La Madre, seduta, cercherà d'impedire che il Padre le sollevi il velo che le nasconde la faccia.

IL PADRE. La guardi, signore, la guardi...

LA MADRE. Ma no, Dio, smettila!

IL PADRE. Làsciati vedere!

Le solleverà il velo.

LA MADRE (*alzandosi e recandosi le mani al volto, disperatamente*). Oh, signore, la supplico d'impedire a questo uomo di ridurre a effetto il suo proposito, che per me è orribile!

IL CAPOCOMICO (*soprappreso, stordito*). Ma io non capisco più dove siamo, né di che si tratti!

Al Padre:

Questa è la sua signora?

IL PADRE (*subito*). Sissignore, mia moglie!

IL CAPOCOMICO. E com'è dunque vedova, se lei è vivo?

Gli Attori scaricheranno tutto il loro sbalordimento in una fragorosa risata.

IL PADRE (*ferito, con aspro risentimento*). Non ridano! Non ridano cosí, per carità! È appunto questo il suo dramma, signore. Ella ebbe un altro uomo. Un altro uomo che dovrebbe esser qui!

LA MADRE (*con un grido*). No! No!

LA FIGLIASTRA. Per sua fortuna è morto: da due mesi, glie l'ho detto. Ne portiamo ancora il lutto, come vede.

IL PADRE. Ma non è qui, veda, non già perché sia morto. Non è qui perché — la guardi, signore, per favore, e lo comprenderà subito! — Il suo dramma non poté consistere nell'amore di due uomini, per cui ella, incapace, non poteva sentir nulla — altro, forse, che un po' di riconoscenza (non per me: per quello!) — Non è una donna; è una madre![32] — E il suo dramma — (potente, signore, potente!) — consiste tutto, difatti, in questi quattro figli dei due uomini ch'ella ebbe.

LA MADRE. Io, li ebbi? Hai il coraggio di dire che fui io ad averli, come se li avessi voluti? Fu lui, signore! Me lo diede lui, quell'altro, per forza.[33] Mi costrinse, mi costrinse ad andar via con quello!

LA FIGLIASTRA (*di scatto, indignata*). Non è vero!

LA MADRE (*sbalordita*). Come non è vero?

LA FIGLIASTRA. Non è vero! Non è vero!

LA MADRE. E che puoi saperne tu?

LA FIGLIASTRA. Non è vero!

Al Capocomico:

Non ci creda! Sa perché lo dice? Per quello lí

indicherà il Figlio

lo dice! Perché si macera, si strugge per la noncuranza di quel figlio lí, a cui vuol dare a intendere che, se lo abbandonò di due anni, fu perché lui

indicherà il Padre

la costrinse.

LA MADRE (*con forza*). Mi costrinse, mi costrinse, e ne chiamo Dio in testimonio!

Al Capocomico

Lo domandi a lui

indicherà il marito

se non è vero! Lo faccia dire a lui!... Lei

indicherà la Figlia

non può saperne nulla.

LA FIGLIASTRA. So che con mio padre, finché visse, tu fosti sempre in pace e contenta. Negalo, se puoi!

LA MADRE. Non lo nego, no...

LA FIGLIASTRA. Sempre pieno d'amore e di cure per te!

Al Giovinetto, con rabbia:

Non è vero? Dillo! Perché non parli, sciocco?

LA MADRE. Ma lascia questo povero ragazzo! Perché vuoi farmi credere un'ingrata, figlia? Io non voglio mica offendere tuo padre! Ho risposto a lui, che non per mia colpa né per mio piacere abbandonai la sua casa e mio figlio!

IL PADRE. È vero, signore. Fui io.

Pausa.

IL PRIMO ATTORE (ai suoi compagni). Ma guarda che spettacolo!

LA PRIMA ATTRICE. Ce lo dànno loro, a noi![34]

L'ATTOR GIOVANE. Una volta tanto!

IL CAPOCOMICO (*che comincerà a interessarsi vivamente*). Stiamo a sentire! stiamo a sentire!

E così dicendo, scenderà per una delle scalette nella sala e resterà in piedi davanti al palcoscenico, come a cogliere, da spettatore, l'impressione della scena.

IL FIGLIO (*senza muoversi dal suo posto, freddo, piano, ironico*). Sí, stíano a sentire che squarcio di filosofia, adesso! Parlerà loro del Dèmone dell'Esperimento.[35]

IL PADRE. Tu sei un cinico imbecille, e te l'ho detto cento volte!

Al Capocomico già nella sala:

Mi deride, signore, per questa frase che ho trovato in mia scusa.

IL FIGLIO (*sprezzante*). Frasi.

IL PADRE. Frasi! Frasi! Come se non fosse il conforto di tutti, davanti a un fatto che non si spiega, davanti a un male che ci consuma, trovare una parola che non dice nulla, e in cui ci si acquieta!

LA FIGLIASTRA. Anche il rimorso, già! sopra tutto.

IL PADRE. Il rimorso? Non è vero; non l'ho acquietato in me soltanto con le parole.

LA FIGLIASTRA. Anche con un po' di danaro, sí, sí, anche con un po' di danaro! Con le cento lire che stava per offrirmi in pagamento, signori!

Movimento d'orrore degli Attori.

IL FIGLIO (*con disprezzo alla sorellastra*). Questo è vile!

LA FIGLIASTRA. Vile? Erano là, in una busta cilestrina sul tavolino di mogano, là nel retrobottega di Madama Pace. Sa, signore? una di quelle Madame che con la scusa di vendere *Robes et Manteaux* attirano nei loro *ateliers* noi ragazze povere, di buona famiglia.[36]

IL FIGLIO. E s'è comperato il diritto di tiranneggiarci tutti, con quelle cento lire che lui stava per pagare, e che per fortuna non ebbe poi motivo — badi bene — di pagare.

LA FIGLIASTRA. Eh, ma siamo stati proprio lí lí,[37] sai!

Scoppia a ridere.

LA MADRE (*insorgendo*). Vergogna, figlia! Vergogna!

LA FIGLIASTRA (*di scatto*). Vergogna? È la mia vendetta! Sto fremendo, signore, fremendo di viverla, quella scena! La camera... qua la vetrina dei mantelli; là, il divano-letto; la specchiera; un paravento; e davanti la finestra, quel tavolino di mogano con la busta cilestrina delle cento lire. La vedo! Potrei prenderla! Ma lor signori si dovrebbero voltare: son quasi nuda! Non arrossisco piú, perché arrossisce lui adesso!

Indicherà il Padre.

Ma vi assicuro ch'era molto pallido, molto pallido, in quel momento!

Al Capocomico:

Creda a me, signore!

IL CAPOCOMICO. Io non mi raccapezzo piú!

IL PADRE. Sfido! Assaltato cosí! Imponga un po' di ordine, e lasci che parli io, senza prestare ascolto all'obbrobrio, che con tanta ferocia costei le vuol dare a intendere di me, senza le debite spiegazioni.

LA FIGLIASTRA. Qui non si narra! qui non si narra![38]

IL PADRE. Ma io non narro! voglio spiegargli.

LA FIGLIASTRA. Ah, bello, sí! A modo tuo!

Il Capocomico, a questo punto, risalirà sul palcoscenico, per rimettere l'ordine.

IL PADRE. Ma se è tutto qui il male.[39] Nelle parole! Abbiamo tutti dentro un mondo di cose; ciascuno un suo mondo di cose! E come possiamo intenderci, signore, se nelle parole ch'io dico metto il senso e il valore delle cose come sono dentro di me; mentre chi le ascolta, inevitabilmente le assume col senso e col valore che hanno per sé, del mondo com'egli l'ha dentro? Crediamo d'intenderci; non c'intendiamo mai! Guardi: la mia pietà, tutta la mia pietà per questa donna

indicherà la Madre

è stata assunta da lei come la piú feroce delle crudeltà!

LA MADRE. Ma se m'hai scacciata!

IL PADRE. Ecco, la sente? Scacciata! Le è parso ch'io l'abbia scacciata!

LA MADRE. Tu sai parlare; io non so... Ma creda, signore, che dopo avermi sposata... chi sa perché! (ero una povera, umile donna...)

IL PADRE. Ma appunto per questo, per la tua umiltà ti sposai, che amai in te, credendo...

S'interromperà alle negazioni di lei; aprirà le braccia, in atto disperato, vedendo l'impossibilità di farsi intendere da lei, e si rivolgerà al Capocomico:

No, vede? Dice di no! Spaventevole, signore, creda, spaventevole, la sua

si picchierà sulla fronte

sordità, sordità mentale! Cuore, sí, per i figli! Ma sorda, sorda di cervello, sorda, signore, fino alla disperazione!

LA FIGLIASTRA. Sí, ma si faccia dire, ora, che fortuna è stata per noi la sua intelligenza.[40]

IL PADRE. Se si potesse prevedere tutto il male che può nascere dal bene che crediamo di fare!

A questo punto la Prima Attrice, che si sarà macerata vedendo il Primo Attore civettare con la Figliastra, si farà avanti e domanderà al Capocomico:

LA PRIMA ATTRICE. Scusi, signor Direttore, seguiterà la prova?

IL CAPOCOMICO. Ma sí! ma sí! Mi lasci sentire adesso!

L'ATTOR GIOVANE. È un caso cosí nuovo!

L'ATTRICE GIOVANE. Interessantissimo!

LA PRIMA ATTRICE. Per chi se n'interessa!

E lancerà un'occhiata al Primo Attore.

IL CAPOCOMICO (*al Padre*). Ma bisogna che lei si spieghi chiaramente.

Si metterà a sedere.

IL PADRE. Ecco, sí. Veda, signore, c'era con me un pover'uomo, mio subalterno, mio segretario, pieno di devozione, che se la intendeva in tutto e per tutto con lei,

indicherà la Madre

senz'ombra di male — badiamo! — buono, umile come lei, incapaci l'uno e l'altra, non che di farlo, ma neppure di pensarlo, il male!

LA FIGLIASTRA. Lo pensò lui, invece, per loro — e lo fece!

IL PADRE. Non è vero! Io intesi di fare il loro bene — e anche il mio, sí, lo confesso! Signore, ero arrivato al punto che non potevo dire una parola all'uno o all'altra, che subito non si scambiassero tra loro uno sguardo d'intelligenza; che l'una non cercasse subito gli occhi dell'altro per consigliarsi, come si dovesse prendere quella mia parola, per non farmi arrabbiare. Bastava questo, lei lo capisce, per tenermi in una rabbia continua, in uno stato di esasperazione intollerabile!

IL CAPOCOMICO. E perché non lo cacciava via, scusi, quel suo segretario?

IL PADRE. Benissimo! Lo cacciai difatti, signore! Ma vidi allora questa povera donna restarmi per casa come sperduta, come una di quelle bestie senza padrone, che si raccolgono per carità.

LA MADRE. Eh, sfido!

IL PADRE (*subito, voltandosi a lei, come per prevenire*). Il figlio, è vero?[41]

LA MADRE. Mi aveva tolto prima dal petto il figlio, signore!

IL PADRE. Ma non per crudeltà! Per farlo crescere sano e robusto, a contatto della terra!

LA FIGLIASTRA (*additandolo, ironica*). E si vede!

IL PADRE (*subito*). Ah, è anche colpa mia, se poi è cresciuto cosí? Lo avevo dato a balia, signore, in campagna, a una contadina, non parendomi lei forte abbastanza, benché di umili natali. È stata la stessa ragione, per cui avevo sposato lei. Ubbie, forse; ma che ci vuol fare? Ho sempre avuto di queste maledette aspirazioni a una certa solida sanità morale!

La Figliastra, a questo punto, scoppierà di nuovo a ridere fragorosamente.

Ma la faccia smettere! È insopportabile!

IL CAPOCOMICO. La smetta! Mi lasci sentire, santo Dio!

Subito, di nuovo, alla riprensione del Capocomico, ella resterà come assorta e lontana, con la risata a mezzo. Il Capocomico ridiscenderà dal palcoscenico per cogliere l'impressione della scena.

IL PADRE. Io non potei piú vedermi accanto questa donna.

Indicherà la Madre.

Ma non tanto, creda, per il fastidio, per l'afa — vera afa — che ne avevo io, quanto per la pena — una pena angosciosa — che provavo per lei.

LA MADRE. E mi mandò via!

IL PADRE. Ben provvista di tutto, a quell'uomo, sissignore, — per liberarla di me!

LA MADRE. E liberarsi lui!

IL PADRE. Sissignore, anch'io — lo ammetto! E n'è seguito un gran male. Ma a fin di bene io lo feci... e piú per lei che per me: lo giuro!

Incrocerà le braccia sul petto; poi, subito, rivolgendosi alla Madre:

Ti perdei mai d'occhio, di', ti perdei mai d'occhio, finché colui non ti portò via, da un giorno all'altro, a mia insaputa, in un altro paese, scioccamente impressionato di quel mio interessamento puro, puro, signore, creda, senza il minimo secondo fine. M'interessai con una incredibile tenerezza della nuova famigliuola che le cresceva. Glielo può attestare anche lei!

Indicherà la Figliastra.

LA FIGLIASTRA. Eh, altro! Piccina piccina, sa? con le treccine sulle spalle e le mutandine piú lunghe della gonna — piccina cosí — me lo vedevo davanti al portone della scuola, quando ne uscivo. Veniva a vedermi come crescevo...

IL PADRE. Questo è perfido! Infame!

LA FIGLIASTRA. No, perché?

IL PADRE. Infame! Infame!

Subito, concitatamente, al Capocomico, in tono di spiegazione:

La mia casa, signore, andata via lei,

indicherà la Madre

mi parve subito vuota. Era il mio incubo; ma me la riempiva! Solo, mi ritrovai per le stanze come una mosca senza capo. Quello lí,

indicherà il Figlio

allevato fuori — non so — appena ritornato in casa, non mi parve piú mio. Mancata tra me e lui la madre, è cresciuto per sé, a parte, senza nessuna relazione né affettiva né intellettuale con me. E allora (sarà strano, signore, ma è cosí), io fui incuriosito prima, poi man mano attratto verso la famigliuola di lei, sorta per opera mia: il pensiero di essa cominciò a riempire il vuoto che mi sentivo attorno. Avevo bisogno, proprio bisogno di crederla in pace, tutta intesa alle cure piú semplici della vita, fortunata perché fuori e lontana dai complicati tormenti del mio spirito. E per averne una prova, andavo a vedere quella bambina all'uscita della scuola.

LA FIGLIASTRA. Già! Mi seguiva per via: mi sorrideva e, giunta a casa, mi salutava con la mano — cosí! Lo guardavo con tanto d'occhi, scontrosa. Non sapevo chi fosse! Lo dissi alla mamma. E lei dovette subito capire ch'era lui.

La Madre farà cenno di sí col capo.

Dapprima non volle mandarmi piú a scuola, per parecchi giorni. Quando ci tornai, lo rividi all'uscita — buffo! — con un involtone di carta tra le mani. Mi s'avvicinò, mi carezzò; e trasse da quell'involto una bella, grande paglia di Firenze[42] con una ghirlandina di roselline di maggio — per me!

IL CAPOCOMICO. Ma tutto questo è racconto, signori miei!

IL FIGLIO (*sprezzante*). Ma sí, letteratura! letteratura!

IL PADRE. Ma che letteratura! Questa è vita, signore! Passione!

IL CAPOCOMICO. Sarà! Ma irrappresentabile![43]

IL PADRE. D'accordo, signore! Perché tutto questo è antefatto. E io non dico di rappresentar questo. Come vede, infatti, lei

indicherà la Figliastra

non è piú quella ragazzetta con le treccine sulle spalle —

LA FIGLIASTRA. — e le mutandine fuori della gonna!

IL PADRE. Il dramma viene adesso, signore! Nuovo, complesso. —

LA FIGLIASTRA (*cupa, fiera, facendosi avanti*). — Appena morto mio padre. —

IL PADRE (*subito, per non darle tempo di parlare*). ...la miseria, signore! Ritornano qua, a mia insaputa. Per la stolidaggine di lei.

Indicherà la Madre.

Sa scrivere appena; ma poteva farmi scrivere dalla figlia, da quel ragazzo, che erano in bisogno!

LA MADRE. Mi dica lei, signore, se potevo indovinare in lui tutto questo sentimento.

IL PADRE. Appunto questo è il tuo torto, di non aver mai indovinato nessuno dei miei sentimenti!

LA MADRE. Dopo tanti anni di lontananza, e tutto ciò che era accaduto...

IL PADRE. E che è colpa mia, se quel brav'uomo vi portò via cosí?

Rivolgendosi al Capocomico:

Le dico, da un giorno all'altro... perché aveva trovato fuori non so che collocamento. Non mi fu possibile rintracciarli; e allora per forza venne meno il mio interessamento, per tanti anni. Il dramma scoppia, signore, impreveduto e violento, al loro ritorno; allorché io, purtroppo, condotto dalla miseria della mia carne ancora viva... Ah, miseria, miseria veramente, per un uomo solo, che non abbia voluto legami avvilenti; non ancor tanto vecchio da poter fare a meno della donna, e non piú tanto giovane da poter facilmente e senza vergogna andarne in cerca! Miseria? che dico! orrore, orrore: perché nessuna donna piú gli può dare amore. — E quando si capisce questo, se ne dovrebbe fare a meno... Mah! Signore, ciascuno — fuori, davanti agli altri — è vestito di dignità: ma dentro di sé sa bene tutto ciò che nell'intimità con sé stesso si passa d'inconfessabile. Si cede, si cede alla tentazione; per rialzarcene subito dopo, magari, con una gran fretta di ricomporre intera e solida, come una pietra su una fossa, la nostra dignità, che nasconde e seppellisce ai nostri stessi occhi ogni segno e il ricordo stesso della vergogna. È cosí di tutti! Manca solo il coraggio di dirle, certe cose!

LA FIGLIASTRA. Perché quello di farle, poi, lo hanno tutti!

IL PADRE. Tutti! Ma di nascosto! E perciò ci vuol piú coraggio a dirle! Perché basta che uno le dica — è fatta! — gli s'appioppa la taccia di cinico. Mentre non è vero, signore: è come tutti gli altri; migliore, migliore anzi, perché non ha paura di scoprire col lume dell'intelligenza il rosso della vergogna, là, nella bestialità umana, che chiude sempre gli occhi per non vederlo. La donna — ecco — la donna, infatti, com'è? Ci guarda, aizzosa, invitante. La afferri! Appena stretta, chiude subito gli occhi. È il segno della sua dedizione. Il segno con cui dice all'uomo: «Accècati, io son cieca!».

LA FIGLIASTRA. E quando non li chiude piú? Quando non sente piú il bisogno di nascondere a sé stessa, chiudendo gli occhi, il rosso della sua vergogna, e invece vede, con occhi ormai aridi e impassibili, quello dell'uomo, che pur senz'-amore s'è accecato? Ah, che schifo, allora, che schifo di tutte codeste complicazioni intellettuali, di tutta codesta filosofia che scopre la bestia e poi la vuol salvare, scusare... Non posso sentirlo signore! Perché quando si è costretti a «semplificarla» la vita — cosí, bestialmente — buttando via tutto l'ingombro «umano» d'ogni casta aspirazione, d'ogni puro sentimento, idealità, doveri, il pudore, la vergogna, niente fa piú sdegno e nausea di certi rimorsi: lagrime di coccodrillo!

IL CAPOCOMICO. Veniamo al fatto, veniamo al fatto, signori miei! Queste son discussioni!

IL PADRE. Ecco, sissignore! Ma un fatto è come un sacco: vuoto, non si regge.[44] Perché si regga, bisogna prima farci entrar dentro la ragione e i sentimenti che lo han determinato. Io non potevo sapere che, morto là quell'uomo, e ritornati essi qua in miseria, per provvedere al sostentamento dei figliuoli, ella

indicherà la Madre

si fosse data attorno a lavorare da sarta, e che giusto fosse andata a prender lavoro da quella... da quella Madama Pace!

LA FIGLIASTRA. Sarta fina, se lor signori lo vogliono sapere! Serve in apparenza le migliori signore, ma ha tutto disposto, poi, perché queste migliori signore servano vice-versa a lei... senza pregiudizio delle altre cosí cosí!

LA MADRE. Mi crederà, signore, se le dico che non mi passò neppur lontanamente per il capo il sospetto che quella megera mi dava lavoro perché aveva adocchiato mia figlia...

LA FIGLIASTRA. Povera mamma! Sa, signore, che cosa faceva quella lí, appena le riportavo il lavoro fatto da lei? Mi faceva notare la roba che aveva sciupata, dandola a cucire a mia madre; e diffalcava, diffalcava. Cosicché, lei capisce, pagavo io, mentre quella poverina credeva di sacrificarsi per me e per quei due, cucendo anche di notte la roba di Madama Pace!

Azione ed esclamazioni di sdegno degli Attori.

IL CAPOCOMICO (*subito*). E là, lei, un giorno, incontrò —

LA FIGLIASTRA (*indicando il Padre*). — lui, lui, sissignore! vecchio cliente! Vedrà che scena da rappresentare! Superba!

IL PADRE. Col sopravvenire di lei, della madre —

LA FIGLIASTRA (*subito, perfidamente*). — quasi a tempo! —

IL PADRE (*gridando*). — no, a tempo, a tempo! Perché, per fortuna, la riconosco a tempo! E me li riporto tutti a casa, signore! Lei s'immagini, ora, la situazione mia e la sua, una di fronte all'altro: ella, cosí come la vede; e io che non posso piú alzarle gli occhi in faccia!

LA FIGLIASTRA. Buffissimo! Ma possibile, signore, pretendere da me — « dopo » — che me ne stessi come una signorinetta modesta, bene allevata e virtuosa, d'accordo con le sue maledette aspirazioni « a una solida sanità morale »?

IL PADRE. Il dramma per me è tutto qui,[45] signore: nella coscienza che ho, che ciascuno di noi — veda — si crede « uno » ma non è vero: è « tanti », signore, « tanti » secondo tutte le possibilità d'essere che sono in noi: « uno » con questo, « uno » con quello — diversissimi! E con l'illusione, intanto, d'esser sempre « uno per tutti », e sempre « quest'uno » che ci crediamo, in ogni nostro atto. Non è vero! non è vero! Ce n'accorgiamo bene, quando in qualcuno dei nostri atti, per un caso sciaguratissimo, restiamo all'improvviso come agganciati e sospesi: ci accorgiamo, voglio dire, di non esser tutti in quell'atto, e che dunque una atroce ingiustizia[46] sarebbe giudicarci da quello solo, tenerci agganciati e sospesi, alla gogna, per una intera esistenza, come se questa fosse assommata tutta in quell'atto! Ora lei intende la perfidia di questa ragazza? M'ha sorpreso in un luogo, in un atto, dove e come non doveva conoscermi, come io non potevo essere per lei; e mi vuol dare una realtà, quale io non potevo mai aspettarmi che dovessi assumere per lei, in un momento fugace, vergognoso, della mia vita! Questo, questo, signore, io sento sopratutto. E vedrà che da questo il dramma acquisterà un grandissimo valore. Ma c'è poi la situazione degli altri! Quella sua...

indicherà il Figlio.

Il FIGLIO (*scrollandosi sdegnosamente*). Ma lascia star me, ché io non c'entro!

Il PADRE. Come non c'entri?

Il FIGLIO. Non c'entro, e non voglio entrarci, perché sai bene che non son fatto per figurare qua in mezzo a voi!

La FIGLIASTRA. Gente volgare, noi! — Lui, fino! — Ma lei può vedere, signore, che tante volte io lo guardo per inchiodarlo col mio disprezzo, e tante volte egli abbassa gli occhi — perché sa il male che m'ha fatto.

Il FIGLIO (*guardandola appena*). Io?

La FIGLIASTRA. Tu! tu! Lo devo a te, caro, il marciapiedi![47] a te!

Azione d'orrore degli Attori

Vietasti, sí o no, col tuo contegno — non dico l'intimità della casa — ma quella carità che leva d'impaccio gli ospiti? Fummo gli intrusi, che venivamo a invadere il regno della tua « legittimità »! Signore, vorrei farla assistere a certe scenette a quattr'occhi tra me e lui! Dice che ho tiranneggiato tutti. Ma vede? È stato proprio per codesto suo contegno, se mi sono avvalsa di quella ragione ch'egli chiama « vile »; la ragione per cui entrai nella casa di lui con mia madre — che è anche sua madre — da padrona!

IL FIGLIO (*facendosi avanti lentamente*). Hanno tutti buon giuoco, signore, una parte facile tutti contro di me. Ma lei s'immagini un figlio, a cui un bel giorno, mentre se ne sta tranquillo a casa, tocchi di veder arrivare, tutta spavalda, cosí « con gli occhi alti », una signorina che gli chiede del padre, a cui ha da dire non so che cosa; e poi la vede ritornare, sempre con la stessa aria, accompagnata da quella piccolina là; e infine trattare il padre — chi sa perché — in modo molto ambiguo e « sbrigativo » chiedendo danaro, con un tono che lascia supporre che lui deve, deve darlo, perché ha tutto l'obbligo di darlo —

IL PADRE. — ma l'ho difatti davvero, quest'obbligo: è per tua madre!

IL FIGLIO. E che ne so io? Quando mai l'ho veduta, io, signore? Quando mai ne ho sentito parlare? Me la vedo comparire, un giorno, con lei,

indicherà la Figliastra

con quel ragazzo, con quella bambina; mi dicono: « Oh sai? è anche tua madre! » Riesco a intravedere dai suoi modi

indicherà di nuovo la Figliastra

per qual motivo, cosí da un giorno all'altro, sono entrati in casa... Signore, quello che io provo, quello che sento, non posso e non voglio esprimerlo. Potrei al massimo confidarlo, e non vorrei neanche a me stesso. Non può dunque dar luogo, come vede, a nessuna azione da parte mia. Creda, creda, signore, che io sono un personaggio non « realizzato »[48] drammaticamente; e che sto male, malissimo, in loro compagnia! — Mi lascino stare!

IL PADRE. Ma come? Scusa! Se proprio perché tu sei cosí —

IL FIGLIO (*con esasperazione violenta*). — e che ne sai tu, come sono? quando mai ti sei curato di me?

IL PADRE. Ammesso! Ammesso! E non è una situazione anche questa? Questo tuo appartarti cosí crudele per me, per tua madre che, rientrata in casa, ti vede quasi per la prima volta, cosí grande, e non ti conosce, ma sa che tu sei suo figlio...

Additando la Madre al Capocomico:

Eccola, guardi: piange!

LA FIGLIASTRA (*con rabbia, pestando un piede*). Come una stupida!

IL PADRE (*subito additando anche lei al Capocomico*). E lei non può soffrirlo, si sa!

Tornando a riferirsi al Figlio:

— Dice che non c'entra, mentre è lui quasi il pernio dell'azione! Guardi quel ragazzo, che se ne sta sempre presso la madre, sbigottito, umiliato... È cosí per causa di lui! Forse la situazione piú penosa è la sua: si sente estraneo, piú di tutti; e prova, poverino, una mortificazione angosciosa di essere accolto in casa — cosí per carità...

In confidenza:

Somiglia tutto al padre! Umile; non parla...

IL CAPOCOMICO. Eh, ma non è mica bello! Lei non sa che impaccio dànno i ragazzi sulla scena.

IL PADRE. Oh, ma lui glielo leva subito, l'impaccio, sa![49] E anche quella bambina, che è anzi la prima ad andarsene...

IL CAPOCOMICO. Benissimo, sí! E le assicuro che tutto questo m'interessa, m'interessa vivamente. Intuisco, che c'è materia da cavarne un bel dramma!

LA FIGLIASTRA (*tentando d'intromettersi*). Con un personaggio come me!

IL PADRE (*scacciandola, tutto in ansia come sarà, per la decisione del Capocomico*). Stai zitta, tu!

IL CAPOCOMICO (*seguitando, senza badare all'interruzione*). Nuova, sí...

IL PADRE. Eh, novissima, signore!

IL CAPOCOMICO. Ci vuole un bel coraggio però — dico — venire a buttarmelo davanti cosí...

IL PADRE. Capirà, signore: nati, come siamo, per la scena...

IL CAPOCOMICO. Sono comici dilettanti?

IL PADRE. No: dico nati per la scena, perché...

IL CAPOCOMICO. Eh via, lei deve aver recitato!

IL PADRE. Ma no, signore: quel tanto che ciascuno recita nella parte che si è assegnata, o che gli altri gli hanno assegnato nella vita. E in me, poi, è la passione stessa, veda, che diventa sempre, da sé, appena si esalti — come in tutti — un po' teatrale...[50]

IL CAPOCOMICO. Lasciamo andare, lasciamo andare! — Capirà, caro signore, che senza l'autore... — Io potrei indirizzarla a qualcuno...

IL PADRE. Ma no, guardi: sia lei!

IL CAPOCOMICO. Io? Ma che dice?

IL PADRE. Sí, lei! lei! Perché no?

IL CAPOCOMICO. Perché non ho mai fatto l'autore, io!

IL PADRE. E non potrebbe farlo adesso, scusi? Non ci vuol niente. Lo fanno tanti! Il suo compito è facilitato dal fatto che siamo qua, tutti, vivi davanti a lei.

IL CAPOCOMICO. Ma non basta!

IL PADRE. Come non basta? Vedendoci vivere il nostro dramma...

IL CAPOCOMICO. Già! Ma ci vorrà sempre qualcuno che lo scriva!

IL PADRE. No — che lo trascriva, se mai, avendolo cosí davanti — in azione — scena per scena. Basterà stendere in prima, appena appena, una traccia — e provare!

IL CAPOCOMICO (*risalendo, tentato, sul palcoscenico*). Eh... quasi quasi, mi tenta... Cosí, per un giuoco... Si potrebbe veramente provare...

IL PADRE. Ma sí, signore! Vedrà che scene verranno fuori! Gliele posso segnar subito io!

IL CAPOCOMICO. Mi tenta... mi tenta. Proviamo un po'... Venga qua con me nel mio camerino.

Rivolgendosi agli Attori:

— Loro restano per un momento in libertà; ma non s'allontanino di molto. Fra un quarto d'ora, venti minuti, siano di nuovo qua.

Al Padre:

Vediamo, tentiamo... Forse potrà venir fuori veramente qualcosa di straordinario...

IL PADRE. Ma senza dubbio! Sarà meglio, non crede? far venire anche loro.

Indicherà gli altri Personaggi.

IL CAPOCOMICO. Sí, vengano, vengano!

S'avvierà; ma poi tornando a rivolgersi agli Attori:

— Mi raccomando, eh! puntuali! Fra un quarto d'ora.

Il Capocomico e i Sei Personaggi attraverseranno il palcoscenico e scompariranno. Gli Attori resteranno, come storditi, a guardarsi tra loro.

IL PRIMO ATTORE. Ma dice sul serio? Che vuol fare?

L'ATTOR GIOVANE. Questa è pazzia bell'e buona!

UN TERZO ATTORE. Ci vuol fare improvvisare un dramma, cosí su due piedi?

L'ATTOR GIOVANE. Già! Come i Comici dell'Arte![51]

LA PRIMA ATTRICE. Ah, se crede che io debba prestarmi a simili scherzi...

L'ATTRICE GIOVANE. Ma non ci sto neanch'io!

UN QUARTO ATTORE. Vorrei sapere chi sono quei là.

Alluderà ai Personaggi.

IL TERZO ATTORE. Che vuoi che siano! Pazzi o imbroglioni!

L'ATTOR GIOVANE. E lui si presta a dar loro ascolto?

L'ATTRICE GIOVANE. La vanità! La vanità di figurare da autore...

IL PRIMO ATTORE. Ma cose inaudite! Se il teatro, signori miei, deve ridursi a questo...

UN QUINTO ATTORE. Io mi ci diverto!

IL TERZO ATTORE. Mah! Dopo tutto, stiamo a vedere che cosa ne nasce.

*E così conversando tra loro, gli Attori sgombreranno il
palcoscenico, parte uscendo dalla porticina in fondo, parte
rientrando nei loro camerini.*

Il sipario resterà alzato.

*La rappresentazione sarà interrotta per una ventina di
minuti.*

*I campanelli del teatro avviseranno che la rappresentazione
ricomincia.*

*Dai camerini, dalla porta e anche dalla sala ritorneranno sul
palcoscenico gli Attori, il Direttore di scena, il Macchinista, il
Suggeritore, il Trovarobe e, contemporaneamente, dal suo
camerino il Direttore-Capocomico coi Sei Personaggi.*

*Spenti i lumi della sala, si rifarà sul palcoscenico la luce di
prima.*

IL CAPOCOMICO. Su, su, signori! Ci siamo tutti? Attenzione,
attenzione, Si comincia! — Macchinista!

IL MACCHINISTA. Eccomi qua!

IL CAPOCOMICO. Disponga subito la scena della saletta.
Basteranno due fiancate e un fondalino con la porta. Subito,
mi raccomando!

*Il Macchinista correrà subito ad eseguire, e mentre il Capo-
comico s'intenderà col Direttore di scena, col Trovarobe, col
Suggeritore e con gli Attori intorno alla rappresentazione
imminente, disporrà quel simulacro di scena indicata: due
fiancate e un fondalino con la porta, a strisce rosa e oro.*

IL CAPOCOMICO (*al Trovarobe*). Lei veda un po' se c'è in
magazzino un letto a sedere.

IL TROVAROBE. Sissignore, c'è quello verde.

LA FIGLIASTRA. No no, che verde! Era giallo, fiorato, di
« peluche », molto grande! Comodissimo.

IL TROVAROBE. Eh, cosí non c'è.

IL CAPOCOMICO. Ma non importa! metta quello che c'è.

LA FIGLIASTRA. Come non importa? La greppina famosa di Madama Pace!

IL CAPOCOMICO. Adesso è per provare! La prego, non s'immischi!

Al Direttore di scena:

Guardi se c'è una vetrina piuttosto lunga e bassa.

LA FIGLIASTRA. Il tavolino, il tavolino di mogano per la busta cilestrina!

IL DIRETTORE DI SCENA (*al Capocomico*). C'è quello piccolo, dorato.

IL CAPOCOMICO. Va bene, prenda quello!

IL PADRE. Una specchiera.

LA FIGLIASTRA. E il paravento! Un paravento, mi raccomando: se no, come faccio?

IL DIRETTORE DI SCENA. Sissignora, paraventi ne abbiamo tanti, non dubiti.

IL CAPOCOMICO (*alla Figliastra*). Poi qualche attaccapanni, è vero?

LA FIGLIASTRA. Sí, molti, molti!

IL CAPOCOMICO (*al Direttore di scena*). Veda quanti ce n'è, e li faccia portare.

IL DIRETTORE DI SCENA. Sissignore, penso io!

Il Direttore di scena correrà anche lui a eseguire: e, mentre il Capocomico seguiterà a parlare col Suggeritore e poi coi Personaggi e gli Attori, farà trasportare i mobili indicati dai Servi di scena e li disporrà come crederà piú opportuno.

IL CAPOCOMICO (*al Suggeritore*). Lei, intanto, prenda posto. Guardi: questa è la traccia delle scene, atto per atto.

Gli porgerà alcuni fogli di carta.

Ma bisogna che ora lei faccia una bravura.[52]

IL SUGGERITORE. Stenografare?

IL CAPOCOMICO (*con lieta sorpresa*). Ah, benissimo! Conosce la stenografia?

IL SUGGERITORE. Non saprò suggerire; ma la stenografia...[53]
IL CAPOCOMICO. Ma allora di bene in meglio!

> *Rivolgendosi a un Servo di scena:*

> Vada a prendere la carta nel mio camerino — molta, molta
> — quanta ne trova!

> *Il Servo di scena correrà, e ritornerà poco dopo con un bel
> fascio di carta, che porgerà al Suggeritore.*

IL CAPOCOMICO (*seguitando, al Suggeritore*). Segua le scene, man
mano che saranno rappresentate, e cerchi di fissare le
battute, almeno le piú importanti!

> *Poi, rivolgendosi agli Attori:*

> Sgombrino, signori! Ecco, si mettano da questa parte

> *indicherà la sinistra*

e stiano bene attenti!
LA PRIMA ATTRICE. Ma, scusi, noi...
IL CAPOCOMICO (*prevenendola*). Non ci sarà da improvvisare,
stia tranquilla!
IL PRIMO ATTORE. E che dobbiamo fare?
IL CAPOCOMICO. Niente! Stare a sentire e guardare per ora!
Avrà ciascuno, poi, la sua parte scritta. Ora si farà, cosí alla
meglio, una prova! La faranno loro!

> *Indicherà i Personaggi.*

IL PADRE (*come cascato dalle nuvole, in mezzo alla confusione del
palcoscenico*). Noi? Come sarebbe a dire, scusi, una prova?
IL CAPOCOMICO. Una prova — una prova per loro!

> *Indicherà gli Attori.*

IL PADRE. Ma se i personaggi siamo noi...
IL CAPOCOMICO. E va bene: «i personaggi»; ma qua, caro
signore, non recitano i personaggi. Qua recitano gli attori.
I personaggi stanno lí nel copione

indicherà la buca del Suggeritore

— quando c'è un copione!

IL PADRE. Appunto! Poiché non c'è e lor signori hanno la fortuna d'averli qua vivi davanti, i personaggi...

IL CAPOCOMICO. Oh bella! Vorrebbero far tutto da sé? recitare, presentarsi loro davanti al pubblico?

IL PADRE. Eh già, per come siamo.

IL CAPOCOMICO. Ah, le assicuro che offrirebbero un bellissimo spettacolo!

IL PRIMO ATTORE. E che ci staremmo a far nojaltri, qua, allora?

IL CAPOCOMICO. Non s'immagineranno mica di saper recitare loro! Fanno ridere...[54]

Gli Attori, difatti, rideranno.

Ecco, vede, ridono!

Sovvenendosi:

Ma già, a proposito! bisognerà assegnar le parti. Oh, è facile: sono già di per sé assegnate:

alla Seconda Donna:

lei, signora, LA MADRE.

Al Padre:

Bisognerà trovarle un nome.

IL PADRE. Amalia, signore.

IL CAPOCOMICO. Ma questo è il nome della sua signora. Non vorremo mica chiamarla col suo vero nome!

IL PADRE. E perché no, scusi? se si chiama cosí... Ma già, se dev'essere la signora...

Accennerà appena con la mano alla Seconda Donna.

Io vedo questa

accennerà alla Madre

come Amalia, signore. Ma faccia lei...

Si smarrirà sempre piú.

Non so piú che dirle... Comincio già... non so, a sentir come false, con un altro suono, le mie stesse parole.

IL CAPOCOMICO. Ma non se ne curi, non se ne curi, quanto a questo! Penseremo noi a trovare il tono giusto! E per il nome, se lei vuole « Amalia », sarà Amalia; o ne troveremo un altro. Per adesso designeremo i personaggi cosí:

all'Attor Giovane:

lei IL FIGLIO;

alla Prima Attrice:

lei, signorina, s'intende, LA FIGLIASTRA.

LA FIGLIASTRA (*esilarata*). Come come? Io, quella lí?

Scoppierà a ridere.

IL CAPOCOMICO (*irato*). Che cos'ha da ridere?

LA PRIMA ATTRICE (*indignata*). Nessuno ha mai osato ridersi di me! Pretendo che mi si rispetti, o me ne vado!

LA FIGLIASTRA. Ma no, scusi, io non rido di lei.

IL CAPOCOMICO (*alla Figliastra*). Dovrebbe sentirsi onorata d'esser rappresentata da...

LA PRIMA ATTRICE (*subito, con sdegno*). — « quella lí! »

LA FIGLIASTRA. Ma non dicevo per lei, creda! dicevo per me, che non mi vedo affatto in lei, ecco. Non so, non... non m'assomiglia per nulla!

IL PADRE. Già, è questo; veda, signore! La nostra espressione —

IL CAPOCOMICO. — ma che loro espressione! Credono d'averla in sé, loro, l'espressione? Nient'affatto!

IL PADRE. Come! Non abbiamo la nostra espressione?

IL CAPOCOMICO. Nient'affatto! La loro espressione diventa materia qua, a cui dan corpo e figura, voce e gesto gli attori, i quali — per sua norma — han saputo dare espressione a ben piú alta materia: dove la loro è cosí piccola, che se si reggerà sulla scena, il merito, creda pure, sarà tutto dei miei attori.

IL PADRE. Non oso contraddirla, signore. Ma creda che è una sofferenza orribile per noi che siamo cosí come ci vede, con questo corpo, con questa figura —

IL CAPOCOMICO (*troncando, spazientito*). — ma si rimedia col trucco, si rimedia col trucco, caro signore, per ciò che riguarda la figura!

IL PADRE. Già; ma la voce, il gesto —

IL CAPOCOMICO. — oh, insomma! Qua lei, come lei, non può essere! Qua c'è l'attore che lo rappresenta; e basta!

IL PADRE. Ho capito, signore. Ma ora forse indovino anche perché il nostro autore, che ci vide vivi cosí, non volle poi comporci per la scena. Non voglio fare offesa ai suoi attori. Dio me ne guardi! Ma penso che a vedermi adesso rappresentato... — non so da chi...

IL PRIMO ATTORE (*con alterigia alzandosi e venendogli incontro, seguito dalle gaje giovani Attrici che rideranno*). Da me, se non le dispiace.

IL PADRE (*umile e mellifluo*). Onoratissimo, signore.

S'inchinerà.

Ecco, penso che, per quanto il signore s'adoperi con tutta la sua volontà e tutta la sua arte ad accogliermi in sé...

Si smarrirà.

IL PRIMO ATTORE. Concluda, concluda.

Risata delle Attrici.

IL PADRE. Eh, dico, la rappresentazione che farà, anche forzandosi col trucco a somigliarmi... — dico, con quella statura...

tutti gli Attori rideranno

difficilmente potrà essere una rappresentazione di me, com'io realmente sono. Sarà piuttosto — a parte la figura — sarà piuttosto com'egli interpreterà ch'io sia, com'egli mi sentirà — se mi sentirà — e non com'io dentro di me mi sento. E mi pare che di questo, chi sia chiamato a giudicare di noi, dovrebbe tener conto.

IL CAPOCOMICO. Si dà pensiero dei giudizi della critica adesso? E io che stavo ancora a sentire! Ma lasci che dica, la critica. E noi pensiamo piuttosto a metter su la commedia, se ci riesce!

Staccandosi e guardando in giro:

Su, su! È già disposta la scena?

Agli Attori e ai Personaggi:

Si levino, si levino d'attorno! mi lascino vedere.

Discenderà dal palcoscenico

Non perdiamo altro tempo!

Alla Figliastra:

Le pare che la scena stia bene così?
LA FIGLIASTRA. Mah! io veramente non mi ci ritrovo.[55]
IL CAPOCOMICO. E dàlli![56] Non pretenderà che le si edifichi qua, tal quale, quel retrobottega che lei conosce, di Madama Pace!

Al Padre:

M'ha detto una saletta a fiorami?
IL PADRE. Sissignore. Bianca.
IL CAPOCOMICO. Non è bianca; è a strisce; ma poco importa! Per i mobili, su per giú, mi pare che ci siamo! Quel tavolinetto, lo portino un po' piú qua davanti!

I Servi di scena eseguiranno.

Al Trovarobe:

Lei provveda intanto una busta, possibilmente cilestrina, e la dia al signore.

Indicherà il Padre.

IL TROVAROBE. Da lettere?
IL CAPOCOMICO E IL PADRE. Da lettere, da lettere.
IL TROVAROBE. Subito!

Uscirà.

IL CAPOCOMICO. Su, su! La prima scena è della Signorina.

La prima Attrice si farà avanti.

Ma no, aspetti, lei! dicevo alla Signorina.

Indicherà la Figliastra.

Lei starà a vedere —

LA FIGLIASTRA (*subito aggiungendo*). — come la vivo!

LA PRIMA ATTRICE (*risentita*). Ma saprò viverla anch'io, non dubiti, appena mi ci metto!

IL CAPOCOMICO (*con le mani alla testa*). Signori miei, non facciamo altre chiacchiere! Dunque, la prima scena è della Signorina con Madama Pace. Oh,

si smarrirà, guardandosi attorno e risalirà sul palcoscenico

e questa Madama Pace?

IL PADRE. Non è con noi, signore.

IL CAPOCOMICO. E come si fa?

IL PADRE. Ma è viva, viva anche lei!

IL CAPOCOMICO. Già! Ma dov'è?

IL PADRE. Ecco, mi lasci dire.

Rivolgendosi alle Attrici:

Se loro signore mi volessero far la grazia di darmi per un momento i loro cappellini.

LE ATTRICI (*un po' sorprese, un po' ridendo, a coro*). — Che?

— I cappellini?

— Che dice?

— Perché?

— Ah, guarda!

IL CAPOCOMICO. Che vuol fare coi cappellini delle signore?

Gli Attori rideranno.

IL PADRE. Oh nulla, posarli per un momento su questi attacca-panni. E qualcuna dovrebbe essere cosí gentile di levarsi anche il mantello.

GLI ATTORI (*c.s.*). — Anche il mantello?
— E poi?
— Dev'esser matto!
QUALCHE ATTRICE (*c.s.*). — Ma perché?
— Il mantello soltanto?
IL PADRE. Per appenderli, un momentino... Mi facciano questa grazia. Vogliono?
LE ATTRICI (*levandosi i cappellini e qualcuna anche il mantello, seguiteranno a ridere, ed andando ad appenderli qua e là agli attaccapanni*). — E perché no?
— Ecco qua!
— Ma badate che è buffo sul serio!
— Dobbiamo metterli in mostra?
IL PADRE. Ecco, appunto, sissignora: cosí in mostra!
IL CAPOCOMICO. Ma si può sapere per che farne?
IL PADRE. Ecco, signore: forse, preparandole meglio la scena, attratta dagli oggetti stessi del suo commercio, chi sa che non venga tra noi...

Invitando a guardare verso l'uscio in fondo della scena.

Guardino! guardino!

L'uscio in fondo s'aprirà e verrà avanti di pochi passi Madama Pace,[57] *megera d'enorme grassezza, con una pomposa parrucca di lana color carota e una rosa fiammante da un lato, alla spagnola; tutta ritinta, vestita con goffa eleganza di seta rossa sgargiante, un ventaglio di piume in una mano e l'altra mano levata a sorreggere tra due dita la sigaretta accesa. Subito, all'apparizione, gli Attori e il Capocomico schizzeranno via dal palcoscenico con un urlo di spavento, precipitandosi alla scaletta e accenneranno di fuggire per il corridojo. La Figliastra, invece, accorrerà a Madama Pace, umile, come davanti a una padrona.*

LA FIGLIASTRA (*accorrendo*). Eccola! Eccola!
IL PADRE (*raggiante*). È lei! Lo dicevo io? Eccola qua!
IL CAPOCOMICO (*vincendo il primo stupore, indignato*). Ma che trucchi son questi?

IL PRIMO ATTORE (*quasi contemporaneamente*). Ma dove siamo, insomma?

L'ATTOR GIOVANE (*c.s.*). Di dove è comparsa quella lí?

L'ATTRICE GIOVANE (*c.s.*). La tenevano in serbo!

LA PRIMA ATTRICE (*c.s.*). Questo è un giuoco di bussolotti!

IL PADRE (*dominando le proteste*). Ma scusino! Perché vogliono guastare, in nome d'una verità volgare, di fatto, questo prodigio di una realtà che nasce, evocata, attratta, formata dalla stessa scena, e che ha piú diritto di viver qui, che loro; perché assai piú vera di loro? Quale attrice fra loro rifarà poi Madama Pace? Ebbene: Madama Pace è quella! Mi concederanno che l'attrice che la rifarà, sarà meno vera di quella —che è lei in persona! Guardino: mia figlia l'ha riconosciuta e le si è subito accostata! Stiano a vedere, stiano a vedere la scena!

Titubanti, il Capocomico e gli Attori risaliranno sul palcoscenico.

Ma già la scena tra la Figliastra e Madama Pace, durante la protesta degli Attori e la risposta del Padre, sarà cominciata, sottovoce, pianissimo, insomma naturalmente, come non sarebbe possibile farla avvenire su un palcoscenico. Cosicché, quando gli Attori, richiamati dal Padre all'attenzione, si volteranno a guardare, e vedranno Madama Pace che avrà già messo una mano sotto il mento alla Figliastra per farle sollevare il capo, sentendola parlare in un modo affatto inintelligibile, resteranno per un momento intenti; poi, subito dopo, delusi.

IL CAPOCOMICO. Ebbene?

IL PRIMO ATTORE. Ma che dice?

LA PRIMA ATTRICE. Cosí non si sente nulla!

L'ATTORE GIOVANE. Forte! forte!

LA FIGLIASTRA (*lasciando Madama Pace che sorriderà di un impagabile sorriso, e facendosi avanti al crocchio degli Attori*). «Forte», già! Che forte? Non son mica cose che si possano dir forte! Le ho potute dir forte io per la sua vergogna, *indicherà il Padre*

che è la mia vendetta! Ma per Madama è un'altra cosa, signori: c'è la galera![58]

IL CAPOCOMICO. Oh bella! Ah, è così? Ma qui bisogna che si facciano sentire, cara lei! Non sentiamo nemmeno noi, sul palcoscenico! Figurarsi quando ci sarà il pubblico in teatro! Bisogna far la scena.[59] E del resto possono ben parlar forte tra loro, perché noi non saremo mica qua, come adesso, a sentire: loro fingono d'esser sole, in una stanza, nel retrobottega, che nessuno le sente.

La Figliastra, graziosamente, sorridendo maliziosa, farà più volte cenno di no, col dito.

IL CAPOCOMICO. Come no?

LA FIGLIASTRA (*sottovoce, misteriosamente*). C'è qualcuno che ci sente, signore, se lei

indicherà Madama Pace

parla forte!

IL CAPOCOMICO (*costernatissimo*). Deve forse scappar fuori qualche altro?

Gli Attori accenneranno di scappar di nuovo dal palcoscenico.

IL PADRE. No, no, signore. Allude a me. Ci debbo esser io, là dietro quell'uscio, in attesa; e Madama lo sa. Anzi, mi permettano! Vado per esser subito pronto.

Farà per avviarsi.

IL CAPOCOMICO (*fermandolo*). Ma no, aspetti! Qua bisogna rispettare le esigenze del teatro![60] Prima che lei sia pronto...

LA FIGLIASTRA (*interrompendolo*). Ma sí, subito! subito! Mi muojo, le dico, dalla smania di viverla, di viverla questa scena! Se lui vuol esser subito pronto, io sono prontissima!

IL CAPOCOMICO (*gridando*). Ma bisogna che prima venga fuori, ben chiara, le scena tra lei e quella lí!

Indicherà Madama Pace.

Lo vuol capire?

LA FIGLIASTRA. Oh Dio mio, signore: m'ha detto quel che lei già sa: che il lavoro della mamma ancora una volta è fatto male; la roba è sciupata; e che bisogna ch'io abbia pazienza, se voglio che ella seguiti ad ajutarci nella nostra miseria.

MADAMA PACE (*facendosi avanti, con una grand'aria di importanza*). Eh cià, señor; porqué yò nó quero aproveciarme... avantaciarme...[61]

IL CAPOCOMICO (*quasi atterrito*). Come come? Parla cosí?

Tutti gli Attori scoppieranno a ridere fragorosamente.

LA FIGLIASTRA (*ridendo anche lei*). Sí, signore, parla cosí, mezzo spagnolo e mezzo italiano, in un modo buffissimo!

MADAMA PACE. Ah, no me par bona crianza che loro ridano de mi, si yò me sfuerzo del hablar, como podo, italiano, señor![62]

IL CAPOCOMICO. Ma no! Ma anzi! Parli cosí! parli cosí, signora! Effetto sicuro! Non si può dar di meglio, anzi, per rompere un po' comicamente la crudezza della situazione. Parli, parli cosí! Va benissimo!

LA FIGLIASTRA. Benissimo! Come no? Sentirsi fare con un tal linguaggio certe proposte: effetto sicuro, perché par quasi una burla, signore! Ci si mette a ridere a sentirsi dire che c'è un « vièchio señor » che vuole « amusarse con migo » — non è vero, Madama?

MADAMA PACE. Viejito, cià! viejito, linda; ma mejor para ti; ché se no te dà gusto, te porta prudencia![63]

LA MADRE (*insorgendo, tra lo stupore e la costernazione di tutti gli Attori, che non badavano a lei, e che ora balzeranno al grido a trattenerla ridendo, poiché essa avrà intanto strappato a Madama Pace la parrucca e l'avrà buttata a terra*). Strega! strega! assassina! La figlia mia!

LA FIGLIASTRA (*accorrendo a trattenere la Madre*). No, no, mamma, no! per carità!

IL PADRE (*accorrendo anche lui, contemporaneamente*). Sta' buona, sta' buona! A sedere!

LA MADRE. Ma levatemela davanti, allora!

LA FIGLIASTRA (*al Capocomico accorso anche lui*). Non è possibile, non è possibile che la mamma stia qui!

IL PADRE (*anche lui al Capocomico*). Non possono stare insieme! E per questo, vede, quella lí, quando siamo venuti, non era con noi! Stando insieme, capirà, per forza s'anticipa tutto.[64]

IL CAPOCOMICO. Non importa! Non importa! È per ora come un primo abbozzo! Serve tutto, perché io colga anche cosí, confusamente, i varii elementi.

Rivolgendosi alla Madre e conducendola per farla sedere di nuovo al suo posto:

Via, via, signora, sia buona, sia buona: si rimetta a sedere!

Intanto la Figliastra, andando di nuovo in mezzo alla scena, si rivolgerà a Madama Pace:

LA FIGLIASTRA. Su, su, dunque, Madama.

MADAMA PACE (*offesa*). Ah no, gracie tante! Yò aqui no fado piú nada con tua madre presente.[65]

LA FIGLIASTRA. Ma via, faccia entrare questo « vièchio señor, porqué se amusi con migo! »

Voltandosi a tutti imperiosa:

Insomma, bisogna farla, questa scena! — Su, avanti!

A Madama Pace:

Lei se ne vada!

MADAMA PACE. Ah, me voj, me voj — me voj seguramente...[66]

Escirà furiosa raccattando la parrucca e guardando fieramente gli Attori che applaudiranno sghignazzando.

LA FIGLIASTRA (*al Padre*). E lei faccia l'entrata! Non c'è bisogno che giri! Venga qua! Finga d'essere entrato! Ecco: io me ne sto qua a testa bassa — modesta! — E su! Metta fuori la voce! Mi dica con voce nuova, come uno che venga da fuori: « Buon giorno, signorina... »

IL CAPOCOMICO (*sceso già dal palcoscenico*). Oh guarda! Ma insomma, dirige lei o dirigo io?

> *Al Padre che guarderà sospeso e perplesso:*

Eseguisca, sí: vada là in fondo, senza uscire, e rivenga avanti.

> *Il Padre eseguirà quasi sbigottito. Pallidissimo ma già investito nella realtà della sua vita creata, sorriderà appressandosi dal fondo, come alieno ancora del dramma che sarà per abbattersi su lui. Gli Attori si faran subito intenti alla scena che comincia.*

IL CAPOCOMICO (*piano, in fretta, al Suggeritore nella buca*). E lei, attento, attento a scrivere, adesso!

LA SCENA

IL PADRE (*avanzandosi con voce nuova*). Buon giorno, signorina.
LA FIGLIASTRA (*a capo chino, con contenuto ribrezzo*). Buon giorno.
IL PADRE (*la spierà un po', di sotto al cappellino che quasi le nasconde il viso, e scorgendo ch'ella è giovanissima, esclamerà quasi tra sé, un po' per compiacenza, un po' anche per timore di compromettersi in un'avventura rischiosa*). Ah... — Ma... dico, non sarà la prima volta, è vero? che lei viene qua.
LA FIGLIASTRA (*c.s.*). No, signore.
IL PADRE. C'è venuta qualche altra volta?

> *E poiché la Figliastra farà cenno di sí col capo:*

Piú d'una?

> *Aspetterà un po' la risposta; tornerà a spiarla di sotto al cappellino: sorriderà; poi dirà:*

E dunque, via... non dovrebbe piú essere cosí... Permette che le levi io codesto cappellino?
LA FIGLIASTRA (*subito, per prevenirlo, non contenendo il ribrezzo*). No, signore: me lo levo da me!

Eseguirà in fretta, convulsa.

La Madre, assisterà alla scena, col Figlio e con gli altri due piú piccoli e piú suoi, i quali se ne staranno sempre accanto a lei, appartati nel lato opposto a quello degli Attori, sarà come sulle spine, e seguirà con varia espressione, di dolore, di sdegno, d'ansia, d'orrore, le parole e gli atti di quei due: e ora si nasconderà il volto, ora metterà qualche gemito.

LA MADRE. Oh Dio! Dio mio!

IL PADRE (*resterà, al gemito, come impietrato per un lungo momento; poi riprenderà il tono di prima*). Ecco, mi dia: lo poso io.

Le toglierà di mano il cappellino.

Ma su una bella, cara testolina come la sua, vorrei che figurasse un piú degno cappellino. Vorrà ajutarmi a sceglierne qualcuno, poi, qua tra questi di Madama? — No?

L'ATTRICE GIOVANE (*interrompendolo*). Oh, badiamo bene! Quelli là sono i nostri cappelli!

IL CAPOCOMICO (*subito, arrabbiatissimo*). Silenzio, perdio! Non faccia la spiritosa! — Questa è la scena!

Rivolgendosi alla Figliastra:

Riattacchi, prego, signorina!

LA FIGLIASTRA (*riattaccando*). No, grazie, signore.

IL PADRE. Eh via, non mi dica di no! Vorrà accettarmelo. Me n'avrei a male...[67] Ce n'è di belli, guardi! E poi faremmo contenta Madama. Li mette apposta qua in mostra!

LA FIGLIASTRA. Ma no, signore, guardi: non potrei neanche portarlo.

IL PADRE. Dice forse per ciò che ne penserebbero a casa, vedendola rientrare con un cappellino nuovo? Eh via! Sa come si fa? Come si dice a casa?

LA FIGLIASTRA (*smaniosa, non potendone piú*). Ma non per questo, signore! Non potrei portarlo, perchè sono... come mi vede: avrebbe già potuto accorgersene!

Mostrerà l'abito nero.

IL PADRE. Il lutto, già! Mi scusi. È vero: vedo. Le chiedo perdono. Creda che sono veramente mortificato.

LA FIGLIASTRA (*facendosi forza e pigliando ardire anche per vincere lo sdegno e la nausea*). Basta, basta, signore! Tocca a me di ringraziarla; e non a lei di mortificarsi o d'affliggersi. Non badi piú, la prego, a quel che le ho detto. Anche per me, capirà...

Si sforzerà di sorridere e aggiungerà:

Bisogna proprio ch'io non pensi, che sono vestita cosí.

IL CAPOCOMICO (*interrompendo, rivolto al Suggeritore nella buca e risalendo sul palcoscenico*). Aspetti, aspetti! Non scriva, tralasci, tralasci quest'ultima battuta!

Rivolgendosi al Padre e alla Figliastra:

Va benissimo! Va benissimo!

Poi al Padre soltanto:

Qua lei poi attaccherà com'abbiamo stabilito!

Agli Attori:

Graziosissima questa scenetta del cappellino, non vi pare?

LA FIGLIASTRA. Eh, ma il meglio viene adesso! perché non si prosegue?

IL CAPOCOMICO. Abbia pazienza un momento!

Tornando a rivolgersi agli Attori:

Va trattata, naturalmente, con un po' di leggerezza —[68]

IL PRIMO ATTORE. — di spigliatezza, già —

LA PRIMA ATTRICE. Ma sí, non ci vuol niente!

Al Primo Attore:

Possiamo subito provarla, no?

IL PRIMO ATTORE. Oh, per me... Ecco, giro per far l'entrata!

Escirà per esser pronto a rientrare dalla porta del fondalino.

IL CAPOCOMICO (*alla Prima Attrice*). E allora, dunque, guardi, è finita la scena tra lei e quella Madama Pace, che penserò poi io a scrivere. Lei se ne sta... No, dove va?

LA PRIMA ATTRICE. Aspetti, mi rimetto il cappello...

> *Eseguirà, andando a prendere il suo cappello*
> *dall'attaccapanni.*

IL CAPOCOMICO. Ah già, benissimo! — Dunque, lei resta qui a capo chino.

LA FIGLIASTRA (*divertita*). Ma se non è vestita di nero!

LA PRIMA ATTRICE. Sarò vestita di nero, e molto piú propriamente di lei!

IL CAPOCOMICO (*alla Figliastra*). Stia zitta, la prego! E stia a vedere! Avrà da imparare!

> *Battendo le mani:*

Avanti! avanti! L'entrata!

> *E ridiscenderà dal palcoscenico per cogliere l'impressione della scena. S'aprirà l'uscio in fondo e verrà avanti il Primo Attore, con l'aria spigliata, sbarazzina d'un vecchietto galante. La rappresentazione della scena, eseguita dagli Attori, apparirà fin dalle prime battute un'altra cosa, senza che abbia tuttavia, neppur minimamente, l'aria di una parodia; apparirà piuttosto come rimessa in bello. Naturalmente, la Figliastra e il Padre, non potendo riconoscersi affatto in quella Prima Attrice e in quel Primo Attore, sentendo proferir le loro stesse parole, esprimeranno in vario modo, ora con gesti, or con sorrisi, or con aperta protesta, l'impressione che ne ricevono di sorpresa, di meraviglia, di sofferenza, ecc., come si vedrà appresso. S'udrà dal cupolino chiaramente la voce del Suggeritore.*

IL PRIMO ATTORE. « Buon giorno, signorina... »

IL PADRE (*subito, non riuscendo a contenersi*). Ma no!

> *La Figliastra, vedendo entrare in quel modo il Primo Attore, scoppierà intanto a ridere.*

IL CAPOCOMICO (*infuriato*). Facciano silenzio! E lei finisca una buona volta di ridere! Cosí non si può andare avanti!

LA FIGLIASTRA (*venendo dal proscenio*). Ma scusi, è naturalissimo, signore! La signorina

indicherà la Prima Attrice

se ne sta lí ferma, a posto; ma se dev'esser me, io le posso assicurare che a sentirmi dire « buon giorno » a quel modo e con quel tono, sarei scoppiata a ridere, proprio cosí come ho riso!

IL PADRE (*avanzandosi un poco anche lui*). Ecco, già... l'aria, il tono...

IL CAPOCOMICO. Ma che aria! Che tono! Si mettano da parte, adesso, e mi lascino veder la prova!

IL PRIMO ATTORE (*facendosi avanti*). Se debbo rappresentare un vecchio, che viene in una casa equivoca...

IL CAPOCOMICO. Ma sí, non dia retta, per carità! Riprenda, riprenda, ché va benissimo!

In attesa che l'Attore riprenda:

Dunque...

IL PRIMO ATTORE. « Buon giorno, signorina... »

LA PRIMA ATTRICE. «Buon giorno... »

IL PRIMO ATTORE (*rifacendo il gesto del Padre, di spiare cioè sotto al cappellino, ma poi esprimendo ben distintamente prima la compiacenza e poi il timore*). « Ah... — Ma... dico, non sarà la prima volta, spero... »

IL PADRE (*correggendo, irresistibilmente*). Non « spero » — « è vero? », « è vero? »

IL CAPOCOMICO. Dice « è vero » — interrogazione.

IL PRIMO ATTORE (*accennando al Suggeritore*). Io ho sentito « spero! »

IL CAPOCOMICO. Ma sí, è lo stesso! « è vero » o « spero ». Prosegua, prosegua. — Ecco, forse un po' meno caricato... Ecco glielo farò io, stia a vedere...

Risalirà sul palcoscenico, poi, rifacendo lui la parte fin dall'entrata:

— « Buon giorno, signorina... »

LA PRIMA ATTRICE. « Buon giorno. »

IL CAPOCOMICO. « Ah, ma... dico... »

rivolgendosi al Primo Attore per fargli notare il modo come avrà guardato la Prima Attrice di sotto al cappellino:

Sorpresa... timore e compiacimento...

Poi, riprendendo, rivolto alla Prima Attrice:

« Non sarà la prima volta, è vero? che lei viene qua... »

Di nuovo, volgendosi con uno sguardo d'intelligenza al Primo Attore:

Mi spiego?

Alla Prima Attrice:

E lei allora: « No, signore ».

Di nuovo, al Primo Attore:

Insomma come debbo dire? *Souplesse!*

E ridiscenderà dal palcoscenico.

LA PRIMA ATTRICE. « No, signore... »

IL PRIMO ATTORE. « C'è venuta qualche altra volta? Più d'una? »

IL CAPOCOMICO. Ma no, aspetti! Lasci far prima a lei

indicherà la Prima Attrice

il cenno di sí. « C'è venuta qualche altra volta? »

La Prima Attrice solleverà un po' il capo socchiudendo penosamente, come per disgusto, gli occhi, e poi a un « Giú » del Capocomico crollerà due volte il capo.

LA FIGLIASTRA (*irresistibilmente*). Oh Dio mio!

E subito si porrà una mano sulla bocca per impedire la risata.

IL CAPOCOMICO (*voltandosi*). Che cos'è?

LA FIGLIASTRA (*subito*). Niente, niente!

IL CAPOCOMICO (*al Primo Attore*). A lei, a lei, séguiti!

IL PRIMO ATTORE. « Piú d'una? E dunque, via... non dovrebbe piú esser cosí... Permette che le levi io codesto cappellino? »

Il Primo Attore dirà quest'ultima battuta con un tal tono, e la accompagnerà con una tal mossa, che la Figliastra, rimasta con le mani sulla bocca, per quanto voglia frenarsi, non riuscirà piú a contenere la risata, che le scoppierà di tra le dita irresistibilmente, fragorosa.[69]

LA PRIMA ATTRICE (*indignata, tornandosene a posto*). Ah, io non sto mica a far la buffona qua per quella lí!

IL PRIMO ATTORE. E neanch'io! Finiamola!

IL CAPOCOMICO (*alla Figliastra, urlando*). La finisca! la finisca!

LA FIGLIASTRA. Si, mi perdoni... mi perdoni...

IL CAPOCOMICO. Lei è una maleducata! ecco quello che è! Una presuntuosa!

IL PADRE (*cercando d'imporsi*). Sissignore, è vero, è vero; ma la perdoni...

IL CAPOCOMICO (*risalendo sul palcoscenico*). Che vuole che perdoni! È un'indecenza!

IL PADRE. Sissignore, ma creda, creda, che fa un effetto cosí strano —

IL CAPOCOMICO. ...strano? che strano? perché strano?

IL PADRE. Io ammiro, signore, ammiro i suoi attori: il Signore là,

indicherà il Primo Attore

la Signorina,

indicherà la Prima Attrice

ma, certamente... ecco, non sono noi...

IL CAPOCOMICO. Eh sfido! Come vuole che sieno « loro », se sono gli attori?

IL PADRE. Appunto, gli attori! E fanno bene, tutti e due, le nostre parti. Ma creda che a noi pare un'altra cosa, che vorrebbe esser la stessa, e intanto non è!

IL CAPOCOMICO. Ma come non è? Che cos'è allora?
IL PADRE. Una cosa, che... diventa di loro; e non piú nostra.
IL CAPOCOMICO. Ma questo, per forza! Gliel'ho già detto!
IL PADRE. Sì, capisco, capisco... —
IL CAPOCOMICO. —e dunque, basta!

> *Rivolgendosi agli Attori:*

Vuol dire che faremo poi le prove tra noi, come vanno fatte. È stata sempre per me una maledizione provare davanti agli autori! Non sono mai contenti!

> *Rivolgendosi al Padre e alla Figliastra:*

Su, riattacchiamo con loro; e vediamo se sarà possibile che lei non rida piú.
LA FIGLIASTRA. Ah, non rido piú, non rido piú! Viene il bello adesso per me; stia sicuro!
IL CAPOCOMICO. Dunque: quando lei dice: « Non badi piú, la prego, a quello che ho detto... Anche per me — capirà! » —

> *rivolgendosi al Padre:*

bisogna che lei attacchi subito: « Capisco, ah capisco... » e che immediatamente domandi —
LA FIGLIASTRA (*interrompendo*). — come! che cosa?
IL CAPOCOMICO. — La ragione del suo lutto!
LA FIGLIASTRA. Ma no, signore! Guardi: quand'io gli dissi che bisognava che non pensassi d'esser vestita cosí, sa come mi rispose lui? « Ah, va bene! E togliamolo, togliamolo via subito, allora, codesto vestitino! »
IL CAPOCOMICO. Bello! Benissimo![70] Per far saltare cosí tutto il teatro?
LA FIGLIASTRA. Ma è la verità!
IL CAPOCOMICO. Ma che verità, mi faccia il piacere! Qua siamo a teatro! La verità, fino a un certo punto!
LA FIGLIASTRA. E che vuol fare lei allora, scusi?
IL CAPOCOMICO. Lo vedrà, lo vedrà! Lasci fare a me adesso!
LA FIGLIASTRA. No, signore! Della mia nausea, di tutte le ragioni, una piú crudele e piú vile dell'altra, per cui io sono

« questa », « cosí », vorrebbe forse cavarne un pasticcetto romantico sentimentale, con lui che mi chiede le ragioni del lutto, e io che gli rispondo lacrimando che da due mesi m'è morto papà? No, no, caro signore! Bisogna che lui mi dica come m'ha detto: « Togliamo via subito, allora, codesto vestitino! ». E io, con tutto il mio lutto nel cuore, di appena due mesi, me ne sono andata là, vede? là, dietro quel paravento, e con queste dita che mi ballano dall'onta, dal ribrezzo, mi sono sganciato il busto, la veste...

IL CAPOCOMICO (*ponendosi le mani tra i capelli*). Per carità! Che dice?

LA FIGLIASTRA (*gridando, frenetica*). La verità! la verità, signore!

IL CAPOCOMICO. Ma sí, non nego, sarà la verità... e comprendo, comprendo tutto il suo orrore, signorina; ma comprenda anche lei che tutto questo sulla scena non è possibile!

LA FIGLIASTRA. Non è possibile? E allora, grazie tante, io non ci sto!

IL CAPOCOMICO. Ma no, veda...

LA FIGLIASTRA. Non ci sto! non ci sto! Quello che è possibile sulla scena ve lo siete combinato insieme tutti e due, di là,[71] grazie! Lo capisco bene! Egli vuol subito arrivare alla rappresentazione

caricando

dei suoi travagli spirituali; ma io voglio rappresentare il mio dramma! il mio!

IL CAPOCOMICO (*seccato, scrollandosi fieramente*). Oh, infine, il suo! Non c'è soltanto il suo, scusi! C'è anche quello degli altri! Quello di lui,

indicherà il Padre

quello di sua madre! Non può stare che un personaggio venga, cosí, troppo avanti, e sopraffaccia gli altri, invadendo la scena. Bisogna contener tutti in un quadro armonico e rappresentare quel che è rappresentabile! Lo so bene anch'io che ciascuno ha tutta una sua vita dentro e che vorrebbe

metterla fuori. Ma il difficile è appunto questo: farne venir
fuori quel tanto che è necessario, in rapporto con gli altri; e
pure in quel poco fare intendere tutta l'altra vita che resta
dentro! Ah, comodo, se ogni personaggio potesse in un bel
monologo, o... senz'altro... in una conferenza venire a
scodellare davanti al pubblico tutto quel che gli bolle in
pentola!

Con tono bonario, conciliativo:

Bisogna che lei si contenga, signorina. E creda, nel suo stesso
interesse; perché può anche fare una cattiva impressione,
glielo avverto, tutta codesta furia dilaniatrice, codesto disgusto esasperato, quando lei stessa, mi scusi, ha confessato
di essere stata con altri, prima che con lui, da Madama Pace,
piú di una volta!

LA FIGLIASTRA (*abbassando il capo, con profonda voce, dopo una
pausa di raccoglimento*). È vero! Ma pensi che quegli altri
sono egualmente lui, per me.

IL CAPOCOMICO (*non comprendendo*). Come, gli altri? Che vuol
dire?

LA FIGLIASTRA. Per chi cade nella colpa, signore, il responsabile
di tutte le colpe che seguono, non è sempre chi, primo,
determinò la caduta? E per me è lui, anche da prima ch'io
nascessi. Lo guardi; e veda se non è vero!

IL CAPOCOMICO. Benissimo! E le par poco il peso di tanto
rimorso su lui? Gli dia modo di rappresentarlo!

LA FIGLIASTRA. E come, scusi? dico, come potrebbe rappresentare tutti i suoi « nobili » rimorsi, tutti i suoi tormenti
« morali », se lei vuol risparmiargli l'orrore d'essersi un bel
giorno trovata tra le braccia, dopo averla invitata a togliersi
l'abito del suo lutto recente, donna e già caduta, quella
bambina, signore, quella bambina ch'egli si recava a vedere
uscire dalla scuola?

Dirà queste ultime parole con voce tremante di commozione.

*La Madre, nel sentirle dire cosí, sopraffatta da un émpito
d'incontenibile ambascia, che s'esprimerà prima in alcuni*

gemiti soffocati, romperà alla fine in un pianto perduto. La
commozione vincerà tutti. Lunga pausa.

LA FIGLIASTRA (*appena la Madre accennerà di quietarsi, soggiungerà, cupa e risoluta*). Noi siamo qua tra noi, adesso, ignorati ancora dal pubblico. Lei darà domani di noi quello spettacolo che crederà, concertandolo a suo modo. Ma lo vuol vedere davvero, il dramma? scoppiare davvero, com'è stato?

IL CAPOCOMICO. Ma sí, non chiedo di meglio, per prenderne fin d'ora quanto sarà possibile!

LA FIGLIASTRA. Ebbene, faccia uscire quella madre.

LA MADRE (*levandosi dal suo pianto, con un urlo*). No, no! Non lo permetta, signore! Non lo permetta!

IL CAPOCOMICO. Ma è solo per vedere, signora!

LA MADRE. Io non posso! non posso!

IL CAPOCOMICO. Ma se è già tutto avvenuto, scusi! Non capisco!

LA MADRE. No, avviene ora, avviene sempre![72] Il mio strazio non è finito, signore! Io sono viva e presente, sempre, in ogni momento del mio strazio, che si rinnova, vivo e presente sempre. Ma quei due piccini là, li ha lei sentiti parlare? Non possono piú parlare, signore! Se ne stanno aggrappati a me, ancora, per tenermi vivo e presente lo strazio: ma essi per sé, non sono, non sono piú! E questa,

indicherà la Figliastra

signore, se n'è fuggita, è scappata via da me e s'è perduta, perduta... Se ora io me la vedo qua è ancora per questo, solo per questo, sempre, sempre, per rinnovarmi sempre, vivo e presente, lo strazio che ho sofferto anche per lei!

IL PADRE (*solenne*). Il momento eterno, com'io le ho detto, signore! Lei

indicherà la Figliastra

è qui per cogliermi, fissarmi, tenermi agganciato e sospeso in eterno, alla gogna, in quel solo momento fuggevole e vergognoso della mia vita.[73] Non può rinunziarvi, e lei, signore, non può veramente risparmiarmelo.

IL CAPOCOMICO. Ma sí, io non dico di non rappresentarlo: formerà appunto il nucleo di tutto il primo atto, fino ad arrivare alla sorpresa di lei —

indicherà la Madre.

IL PADRE. Ecco, sí. Perché è la mia condanna, signore: tutta la nostra passione, che deve culminare nel grido finale di lei!

Indicherà anche lui la Madre.

LA FIGLIASTRA. L'ho ancora qui negli orecchi! M'ha reso folle quel grido! — Lei può rappresentarmi come vuole signore: non importa! Anche vestita; purché abbia almeno le braccia — solo le braccia — nude, perché, guardi, stando cosí,

si accosterà al Padre e gli appoggerà la testa sul petto

con la testa appoggiata cosí, e le braccia cosí al suo collo, mi vedevo pulsare qui, nel braccio qui, una vena; e allora, come se soltanto quella vena viva mi facesse ribrezzo, strizzai gli occhi, cosí, cosí, ed affondai la testa nel suo petto!

Voltandosi verso la Madre:

Grida, grida, mamma!

Affonderà la testa nel petto del Padre, e con le spalle alzate come per non sentire il grido, soggiungerà con voce di strazio soffocato:

Grida, come hai gridato allora!

LA MADRE (*avventandosi per separarli*). No! Figlia, figlia mia!

E dopo averla staccata da lui:

Bruto, bruto, è mia figlia! Non vedi che è mia figlia?

IL CAPOCOMICO (*arretrando, al grido, fino alla ribalta, tra lo sgomento degli Attori*). Benissimo; sí, benissimo! E allora, sipario, sipario!

IL PADRE (*accorrendo a lui, convulso*). Ecco, sí: perché è stato veramente cosí, signore!

IL CAPOCOMICO (*ammirato e convinto*). Ma sí, qua, senz'altro! Sipario! Sipario!

Alle grida reiterate del Capocomico, il Macchinista butterà giú il sipario, lasciando fuori, davanti alla ribalta, il Capocomico e il Padre.

IL CAPOCOMICO (*guardando in alto, con le braccia alzate*). Ma che bestia! Dico sipario per intendere che l'Atto deve finir cosí, e m'abbassano il sipario davvero!

Al Padre, sollevando un lembo della tenda per rientrare nel palcoscenico:

Sí, sí, benissimo! benissimo! Effetto sicuro! Bisogna finir cosí. Garantisco, garantisco, per questo Primo Atto!

Rientrerà col Padre

Riaprendosi il sipario si vedrà che i Macchinisti e Apparatori avranno disfatto quel primo simulacro di scena e messo su, invece, una piccola vasca da giardino.

Da una parte del palcoscenico staranno seduti in fila gli Attori e dall'altra i Personaggi. Il Capocomico sarà in piedi, in mezzo al palcoscenico, con una mano sulla bocca a pugno chiuso in atto di meditare.

IL CAPOCOMICO (*scrollandosi dopo una breve pausa*). Oh, dunque: veniamo al Secondo Atto! Lascino, lascino fare a me, come avevamo prima stabilito, che andrà benone!

LA FIGLIASTRA. La nostra entrata in casa di lui

indicherà il Padre

a dispetto di quello lí!

indicherà il Figlio.

IL CAPOCOMICO (*spazientito*). Sta bene; ma lasci fare a me, le dico!

LA FIGLIASTRA. Purché appaja chiaro il dispetto![74]

LA MADRE (*dal suo canto tentennando il capo*). Per tutto il bene che ce n'è venuto...

LA FIGLIASTRA (*voltandosi a lei di scatto*). Non importa! Quanto piú danno a noi, tanto piú rimorso per lui!

IL CAPOCOMICO (*spazientito*). Ho capito, ho capito! E si terrà conto di questo in principio sopratutto! Non dubiti!

LA MADRE (*supplichevole*). Ma faccia che si capisca bene, la prego, signore, per la mia coscienza, ch'io cercai in tutti i modi —

LA FIGLIASTRA (*interrompendo con sdegno, e seguitando*). — di placarmi, di consigliarmi che questo dispetto non gli fosse fatto!

Al Capocomico:

La contenti, la contenti, perché è vero! Io ne godo moltissimo, intanto, si può vedere: piú lei è cosí supplice, piú tenta d'entrargli nel cuore, e piú quello lí si tien lontano « as-sen-te! » Che gusto![75]

IL CAPOCOMICO. Vogliamo insomma cominciarlo, questo Secondo Atto?

LA FIGLIASTRA. Non parlo piú. Ma badi che svolgerlo tutto nel giardino, come lei vorrebbe, non sarà possibile!

IL CAPOCOMICO. Perché non sarà possibile?

LA FIGLIASTRA. Perché lui

indicherà di nuovo il Figlio

se ne sta sempre chiuso in camera, appartato! E poi, in casa, c'è da svolgere tutta la parte di quel povero ragazzo lí, smarrito, come le ho detto.

IL CAPOCOMICO. Eh già! Ma d'altra parte, capiranno, non possiamo mica appendere i cartellini o cambiar di scena a vista, tre o quattro volte per Atto!

IL PRIMO ATTORE. Si faceva un tempo...[76]

IL CAPOCOMICO. Sí, quando il pubblico era forse come quella bambina lí!

LA PRIMA ATTRICE. E l'illusione, piú facile!

IL PADRE (*con uno scatto, alzandosi*). L'illusione? Per carità, non dicano l'illusione! Non adoperino codesta parola, che per noi è particolarmente crudele!

IL CAPOCOMICO (*stordito*). E perché, scusi?

IL PADRE. Ma sí, crudele! crudele! Dovrebbe capirlo!

IL CAPOCOMICO. E come dovremmo dire allora? L'illusione da creare, qua, agli spettatori —

IL PRIMO ATTORE. — con la nostra rappresentazione —

IL CAPOCOMICO. — l'illusione d'una realtà!

IL PADRE. Comprendo, signore. Forse lei invece, non può comprendere noi. Mi scusi! Perché — veda — qua per lei e per i suoi attori si tratta soltanto — ed è giusto — del loro giuoco.

LA PRIMA ATTRICE (*interrompendo sdegnata*). Ma che giuoco! Non siamo mica bambini! Qua si recita sul serio.

IL PADRE. Non dico di no. E intendo, infatti, il giuoco della loro arte, che deve dare appunto — come dice il signore — una perfetta illusione di realtà.

IL CAPOCOMICO. Ecco, appunto!

IL PADRE. Ora, se lei pensa che noi come noi

indicherà sé e sommariamente gli altri cinque Personaggi

non abbiamo altra realtà fuori di questa illusione!

IL CAPOCOMICO (*stordito, guardando i suoi Attori rimasti anch'essi come sospesi e smarriti*). E come sarebbe a dire?

IL PADRE (*dopo averli un po' osservati, con un pallido sorriso*). Ma sí, signori! Quale altra? Quella che per loro è un'illusione da creare, per noi è invece l'unica nostra realtà.

Breve pausa. Si avanzerà di qualche passo verso il Capocomico, e soggiungerà:

Ma non soltanto per noi, del resto, badi! Ci pensi bene.

Lo guarderà negli occhi.

Mi sa dire chi è lei?

E rimarrà con l'indice appuntato su lui.

IL CAPOCOMICO (*turbato, con un mezzo sorriso*). Come, chi sono? — Sono io!

IL PADRE. E se le dicessi che non è vero, perché lei è me?

IL CAPOCOMICO. Le risponderei che lei è un pazzo!

Gli Attori rideranno.

IL PADRE. Hanno ragione di ridere: perché qua si giuoca;

al Direttore:

e lei può dunque obbiettarmi che soltanto per un giuoco quel signore là,

indicherà il Primo Attore

che è «lui», dev'esser «me», che viceversa sono io, «questo». Vede che l'ho colto in trappola?

Gli Attori torneranno a ridere.

IL CAPOCOMICO (*seccato*). Ma questo s'è già detto poco fa! Daccapo?

IL PADRE. No, no. Non volevo dir questo, infatti. Io la invito anzi a uscire da questo giuoco

guardando la Prima Attrice, come per prevenire

— d'arte! d'arte! — che lei è solito di fare qua coi suoi attori; e torno a domandarle seriamente: chi è lei?

IL CAPOCOMICO (*rivolgendosi quasi strabiliato, e insieme irritato, agli Attori*). Oh, ma guardate che ci vuole una bella faccia tosta! Uno che si spaccia per personaggio, venire a domandare a me, chi sono!

IL PADRE (*con dignità, ma senza alterigia*). Un personaggio, signore, può sempre domandare a un uomo chi è. Perché un personaggio ha veramente una vita sua, segnata di caratteri suoi, per cui è sempre «qualcuno». Mentre un uomo — non dico lei, adesso — un uomo così in genere, può non esser «nessuno».

IL CAPOCOMICO. Già! Ma lei lo domanda a me, che sono il Direttore! il Capocomico! Ha capito?

IL PADRE (*quasi in sordina, con melliflua umiltà*). Soltanto per sapere, signore, se veramente lei com'è adesso, si vede... come vede per esempio, a distanza di tempo, quel che lei era una volta, con tutte le illusioni che allora si faceva; con tutte

le cose, dentro e intorno a lei, come allora le parevano — ed
erano, erano realmente per lei! — Ebbene, signore; ripen-
sando a quelle illusioni che adesso lei non si fa piú; a tutte
quelle cose che ora non le « sembrano » piú come per lei
« erano » un tempo; non si sente mancare, non dico queste
tavole di palcoscenico, ma il terreno, il terreno sotto i piedi,
argomentando che ugualmente « questo » come lei ora si
sente, tutta la sua realtà d'oggi cosí com'è, è destinata a
parerle illusione domani?[77]

IL CAPOCOMICO (*senza aver ben capito, nell'intontimento della
speciosa argomentazione*). Ebbene? E che vuol concludere con
questo?

IL PADRE. Oh, niente, signore. Farle vedere che se noi (*indicherà
di nuovo sé e gli altri Personaggi*) oltre la illusione, non
abbiamo altra realtà, è bene che anche lei diffidi della realtà
sua, di questa che lei oggi respira e tocca in sé, perché —
come quella di jeri — è destinata a scoprirlesi illusione
domani.

IL CAPOCOMICO (*rivolgendosi a prenderla in riso*). Ah, benissimo! E dica per giunta che lei, con codesta commedia che
viene a rappresentarmi qua, è piú vero e reale di me!

IL PADRE (*con la massima serietà*). Ma questo senza dubbio,
signore!

IL CAPOCOMICO. Ah sí?

IL PADRE. Credevo che lei lo avesse già compreso fin da
principio.

IL CAPOCOMICO. Piú reale di me?

IL PADRE. Se la sua realtà può cangiare dall'oggi al domani...

IL CAPOCOMICO. Ma si sa che può cangiare, sfido! Cangia
continuamente; come quella di tutti!

IL PADRE (*con un grido*). Ma la nostra no, signore! Vede? La
differenza è questa! Non cangia, non può cangiare, né esser
altra, mai, perché già fissata — cosí — « questa » — per
sempre — (è terribile, signore!) realtà immutabile, che
dovrebbe dar loro un brivido nell'accostarsi a noi!

IL CAPOCOMICO (*con uno scatto, parandoglisi davanti per un'idea
che gli sorgerà all'improvviso*). Io vorrei sapere però, quando

mai s'è visto un personaggio che, uscendo dalla sua parte, si sia messo a perorarla cosí come fa lei, e a proporla, a spiegarla. Me lo sa dire? Io non l'ho mai visto!

IL PADRE. Non l'ha mai visto, signore, perché gli autori nascondono di solito il travaglio della loro creazione. Quando i personaggi son vivi, vivi veramente davanti al loro autore, questo non fa altro che seguirli nelle parole, nei gesti ch'essi appunto gli propongono; e bisogna ch'egli li voglia com'essi si vogliono; e guai se non fa cosí! Quando un personaggio è nato, acquista subito una tale indipendenza anche dal suo stesso autore, che può esser da tutti immaginato in tant'altre situazioni in cui l'autore non pensò di metterlo, e acquistare anche, a volte, un significato che l'autore non si sognò mai di dargli!

IL CAPOCOMICO. Ma sí, questo lo so!

IL PADRE. E dunque, perché si fa meraviglia di noi? Immagini per un personaggio la disgrazia che le ho detto, d'esser nato vivo dalla fantasia d'un autore che abbia voluto poi negargli la vita, e mi dica se questo personaggio lasciato cosí, vivo e senza vita, non ha ragione di mettersi a fare quel che stiamo facendo noi, ora, qua davanti a loro, dopo averlo fatto a lungo a lungo, creda, davanti a lui per persuaderlo, per spingerlo, comparendogli ora io, ora lei,

indicherà la Figliastra

ora quella povera madre...

LA FIGLIASTRA (*venendo avanti come trasognata*). È vero, anch'io, anch'io, signore, per tentarlo, tante volte, nella malinconia di quel suo scrittojo, all'ora del crepuscolo, quand'egli, abbandonato su una poltrona, non sapeva risolversi a girar la chiavetta della luce e lasciava che l'ombra gl'invadesse la stanza e che quell'ombra brulicasse di noi, che andavamo a tentarlo...

Come se si vedesse ancora là in quello scrittojo e avesse fastidio della presenza di tutti quegli Attori.

Se loro tutti se n'andassero! se ci lasciassero soli! La mamma

lí, con quel figlio — io con quella bambina — quel ragazzo
là sempre solo — e poi io con lui

indicherà appena il Padre

— e poi io sola, io sola... — in quell'ombra

*balzerà a un tratto, come se nella visione che ha di sé, lucente
in quell'ombra e viva, volesse afferrarsi*

ah, la mia vita! Che scene, che scene andavamo a proporgli!
—Io, io lo tentavo piú di tutti!

IL PADRE. Già! Ma forse è stato per causa tua; appunto per
codeste tue troppe insistenze, per le tue troppe incontinenze![78]

LA FIGLIASTRA. Ma che! Se egli stesso m'ha voluta cosí!

Verrà presso al Capocomico per dirgli come in confidenza:

Io credo che fu piuttosto, signore, per avvilimento o per
sdegno del teatro, cosí come il pubblico solitamente lo vede
e lo vuole...[79]

IL CAPOCOMICO. Andiamo avanti, andiamo avanti, santo Dio,
e veniamo al fatto, signori miei!

LA FIGLIASTRA. Eh, ma mi pare, scusi, che di fatti ne abbia fin
troppi, con la nostra entrata in casa di lui!

Indicherà il Padre.

Diceva che non poteva appendere i cartellini o cangiar di
scena ogni cinque minuti!

IL CAPOCOMICO. Già! Ma appunto! Combinarli, aggrupparli in
un'azione simultanea e serrata; e non come pretende lei, che
vuol vedere prima il suo fratellino che ritorna dalla scuola
e s'aggira come un'ombra per le stanze, nascondendosi dietro
gli usci a meditare un proposito, in cui — com'ha detto? —

LA FIGLIASTRA. — si dissuga, signore, si dissuga[80] tutto!

IL CAPOCOMICO. Non ho mai sentito codesta parola! E va bene:
« crescendo soltanto negli occhi », è vero?

LA FIGLIASTRA. Sissignore: eccolo lí!

Lo indicherà presso la Madre.

IL CAPOCOMICO. Brava! E poi, contemporaneamente, vorrebbe anche quella bambina, che giuoca ignara, nel giardino. L'uno in casa, e l'altra nel giardino, è possibile?

LA FIGLIASTRA. Ah, nel sole, signore, felice! È l'unico mio premio, la sua allegria, la sua festa, in quel giardino; tratta dalla miseria, dallo squallore di un'orribile camera, dove dormivamo tutti e quattro — e io con lei — io, pensi! con l'orrore del mio corpo contaminato, accanto a lei che mi stringeva forte forte coi suoi braccini amorosi e innocenti. Nel giardino, appena mi vedeva, correva a prendermi per mano. I fiori grandi non li vedeva; andava a scoprire invece tutti quei « pittoli pittoli »[81] e me li voleva mostrare, facendo una festa, una festa!

Così dicendo, straziata dal ricordo, romperà in un pianto lungo, disperato, abbattendo il capo sulle braccia abbandonate sul tavolino. La commozione vincerà tutti. Il Capocomico le si accosterà quasi paternamente, e le dirà per confortarla:

IL CAPOCOMICO. Faremo il giardino, faremo il giardino, non dubiti: e vedrà che ne sarà contenta! Le scene le aggrupperemo lí!

Chiamando per nome un Apparatore:

Ehi, càlami qualche spezzato[82] d'alberi! Due cipressetti qua davanti a questa vasca!

Si vedranno calare dall'alto del palcoscenico due cipressetti. Il Macchinista, accorrendo, fermerà coi chiodi i due pedani.

IL CAPOCOMICO (*alla Figliastra*). Così alla meglio, adesso, per dare un'idea.

Richiamerà per nome l'Apparatore:

Ehi, dammi ora un po' di cielo!

L'APPARATORE (*dall'alto*). Che cosa?

IL CAPOCOMICO. Un po' di cielo! Un fondalino, che cada qua dietro questa vasca!

Si vedrà calare dall'alto del palcoscenico una tela bianca.

IL CAPOCOMICO. Ma non bianco! T'ho detto cielo! Non fa nulla, lascia: rimedierò io.

Chiamando:

Ehi, elettricista, spegni tutto e dammi un po' di atmosfera... atmosfera lunare... blu, blu alle bilance, e blu sulla tela, col riflettore... Cosí! Basta!

Si sarà fatta, a comando, una misteriosa scena lunare, che indurrà gli Attori a parlare e muoversi come di sera, in un giardino, sotto la luna.

IL CAPOCOMICO (*alla Figliastra*). Ecco, guardi! E ora il giovinetto, invece di nascondersi dietro gli usci delle stanze, potrebbe aggirarsi qua nel giardino, nascondendosi dietro gli alberi. Ma capirà che sarà difficile trovare una bambina che faccia bene la scena con lei, quando le mostra i fiorellini.

Rivolgendosi al Giovinetto:

Venga, venga avanti lei, piuttosto! Vediamo di concretare un po'![83]

E poiché il ragazzo non si muove:

Avanti, avanti!

Poi, tirandolo avanti, cercando di fargli tener ritto il capo che ogni volta ricasca giú:

Ah, dico, un bel guajo, anche questo ragazzo... Ma com'è... Dio mio, bisognerebbe pure che qualche cosa dicesse...

Gli s'appresserà, gli poserà una mano sulla spalla, lo condurrà dietro allo spezzato d'alberi.

Venga, venga un po': mi faccia vedere! Si nasconda un po' qua... Cosí... Si provi a sporgere un po' il capo, a spiare...

Si scosterà per vedere l'effetto: e appena il Giovinetto eseguirà l'azione tra lo sgomento degli Attori che ne restano impressionatissimi:

Ah, benissimo... benissimo...

Rilvolgendosi alla Figliastra:

E dico, se la bambina, sorprendendolo cosí a spiare, accorresse a lui e gli cavasse di bocca almeno qualche parola?

LA FIGLIASTRA (*sorgendo in piedi*). Non speri che parli, finché c'è quello lí!

Indicherà il Figlio.

Bisognerebbe che lei mandasse via, prima, quello lí.

IL FIGLIO (*avviandosi risoluto verso una delle due scalette*). Ma prontissimo! Felicissimo! Non chiedo di meglio!

IL CAPOCOMICO (*subito trattenendolo*). No! Dove va? Aspetti!

La Madre si alzerà, sgomenta, angosciata dal pensiero che egli se ne vada davvero, e istintivamente leverà le braccia quasi per trattenerlo, pur senza muoversi dal suo posto.

IL FIGLIO (*arrivando alla ribalta, al Capocomico che lo tratterrà*). Non ho proprio nulla, io, da far qui! Me ne lasci andare, la prego! Me ne lasci andare!

IL CAPOCOMICO. Come non ha nulla da fare?

LA FIGLIASTRA (*placidamente, con ironia*). Ma non lo trattenga! Non se ne va!

IL PADRE. Deve rappresentare la terribile scena del giardino con sua madre!

IL FIGLIO (*subito, risoluto, fieramente*). Io non rappresento nulla! E l'ho dichiarato fin da principio!

Al Capocomico:

Me ne lasci andare!

LA FIGLIASTRA (*accorrendo, al Capocomico*). Permette, signore?

Gli farà abbassare le braccia, con cui trattiene il Figlio.

Lo lasci!

Poi, rivolgendosi a lui, appena il Capocomico lo avrà lasciato:

Ebbene, vattene!

Il Figlio resterà proteso verso la scaletta, ma, come legato
da un potere occulto, non potrà scenderne gli scalini; poi, tra
lo stupore e lo sgomento ansioso degli Attori, si moverà lenta-
mente lungo la ribalta, diretto all'altra scaletta del pal-
coscenico; ma, giuntovi, resterà anche lí proteso, senza poter
discendere. La Figliastra, che lo avrà seguito con gli occhi in
atteggiamento di sfida, scoppierà a ridere.

— Non può, vede? non può! Deve restar qui, per forza,
legato alla catena, indissolubilmente. Ma se io che prendo
il volo, signore, quando accade ciò che deve accadere —
proprio per l'odio che sento per lui, proprio per non
vedermelo piú davanti — ebbene, se io sono ancora qua,
e sopporto la sua vista e la sua compagnia — si figuri se può
andarsene via lui che deve, deve restar qua veramente con
questo suo bel padre, e quella madre là, senza piú altri figli
che lui...

Rivolgendosi alla Madre:

— E su, su, mamma! Vieni...

Rivolgendosi al Capocomico per indicargliela:

— Guardi, s'era alzata, s'era alzata per trattenerlo...

Alla Madre, quasi attirandola per virtú magica:

— Vieni, vieni...

Poi, al Capocomico:

— Immagini che cuore può aver lei di mostrare[84] qua ai suoi
attori quello che prova; ma è tanta la brama d'accostarsi a
lui, che — eccola — vede? — è disposta a vivere la sua
scena!

Difatti la Madre si sarà accostata, e appena la Figliastra
finirà di proferire le ultime parole, aprirà le braccia per
significare che acconsente.

IL FIGLIO (*subito*). Ah, ma io no! Io no! Se non me ne posso
andare, resterò qua; ma le ripeto che io non rappresento
nulla!

Il padre (*al Capocomico, fremendo*). Lei lo può costringere, signore!

Il filgio. Non può costringermi nessuno!

Il padre. Ti constringerò io!

La figliastra. Aspettate! Aspettate! Prima, la bambina alla vasca!

Correrà a prendere la Bambina, si piegherà sulle gambe davanti a lei, le prenderà la faccina tra le mani.

Povero amorino mio, tu guardi smarrita, con codesti occhioni belli: chi sa dove ti par d'essere! Siamo su un palcoscenico, cara! Che cos'è un palcoscenico? Ma, vedi? un luogo dove si giuoca a far sul serio. Ci si fa la commedia. E noi faremo ora la commedia. Sul serio, sai! Anche tu...

L'abbraccerà, stringendosela sul seno e dondolandosi un po'.

Oh amorino, mio, amorino mio, che brutta commedia farai tu! che cosa orribile è stata pensata per te! Il giardino, la vasca... Eh, finta, si sa! Il guajo è questo, carina: che è tutto finto, qua! Ah, ma già forse a te, bambina, piace piú una vasca finta che una vera; per poterci giocare, eh? Ma no, sarà per gli altri un gioco; non per te, purtroppo, che sei vera, amorino, e che giochi per davvero in una vasca vera, bella, grande, verde, con tanti bambú che vi fanno l'ombra, specchiandovisi, e tante tante anatrelle che vi nuotano sopra, rompendo quest'ombra. Tu la vuoi acchiappare, una di queste anatrelle...

Con un urlo che riempie tutti di sgomento:

no, Rosetta mia, no! La mamma non bada a te,[85] per quella canaglia di figlio là! Io sono con tutti i miei diavoli in testa... E quello lí...

Lascerà la Bambina e si rivolgerà col solito piglio al Giovinetto:

Che stai a far qui, sempre con codest'aria di mendico? Sarà anche per causa tua, se quella piccina affoga: per codesto tuo star cosí, come se io facendovi entrare in casa non avessi pagato per tutti!

Afferrandogli un braccio per forzarlo a cacciar fuori dalla tasca una mano:

Che hai lí? Che nascondi? Fuori, fuori questa mano!

Gli strapperà la mano dalla tasca e, tra l'orrore di tutti, scoprirà ch'essa impugna una rivoltella. Lo mirerà un po' come soddisfatta: poi dirà, cupa:

Ah! Dove, come te la sei procurata?

E, poiché il Giovinetto, sbigottito, sempre con gli occhi sbarrati e vani, non risponderà:

Sciocco, in te,[86] invece d'ammazzarmi, io, avrei ammazzato uno di quei due; o tutti e due: il padre e il figlio!

Lo ricaccerà dietro al cipressetto da cui stava a spiare; poi prenderà la Bambina e la calerà dentro la vasca, mettendovela a giacere in modo che resti nascosta; infine, si accascerà lí, col volto tra le braccia appoggiate all'orlo della vasca.

IL CAPOCOMICO. Benissimo!

Rivolgendosi al Figlio:

E contemporaneamente...

IL FIGLIO (*con sdegno*). Ma che contemporaneamente! Non è vero, signore! Non c'è stata nessuna scena tra me e lei!

Indicherà la Madre.

Se lo faccia dire da lei stessa, come è stato.

Intanto la Seconda Donna e l'Attor Giovane si saranno staccati dal gruppo degli Attori e l'una si sarà messa a osservare con molta attenzione la Madre che le starà di fronte, e l'altro il Figlio, per poterne poi rifare le parti.

LA MADRE. Sí, è vero, signore! Io ero entrata nella sua camera.
IL FIGLIO. Nella mia camera, ha inteso? Non nel giardino!

IL CAPOCOMICO. Ma questo non ha importanza! Bisogna raggruppar l'azione, ho detto!

IL FIGLIO (*scorgendo l'Attor Giovane che l'osserva*). Che cosa vuol lei?

L'ATTOR GIOVANE. Niente; la osservo.

IL FIGLIO (*voltandosi dall'altra parte, alla Seconda Donna*). Ah — e qua c'è lei? Per rifar la sua parte?

Indicherà la Madre.

IL CAPOCOMICO. Per l'appunto! Per l'appunto! E dovrebbe esser grato, mi sembra, di questa loro attenzione!

IL FIGLIO. Ah, sí! Grazie! Ma non ha ancora compreso che questa commedia lei non la può fare? Noi non siamo mica dentro di lei, e i suoi attori stanno a guardarci da fuori. Le par possibile che si viva davanti a uno specchio[87] che, per di piú, non contento d'agghiacciarci con l'immagine della nostra stessa espressione, ce la ridà come una smorfia irriconoscibile di noi stessi?

IL PADRE. Questo è vero! Questo è vero! Se ne persuada!

IL CAPOCOMICO (*all'Attor Giovane e alla Seconda Donna*). Va bene, si levino davanti!

IL FIGLIO. È inutile! Io non mi presto.

IL CAPOCOMICO. Si stia zitto, adesso, e mi lasci sentir sua madre!

Alla Madre:

Ebbene? Era entrata?

LA MADRE. Sissignore, nella sua camera, non potendone piú. Per votarmi il cuore di tutta l'angoscia che m'opprime. Ma appena lui mi vide entrare —

IL FIGLIO. — nessuna scena! Me ne andai; me n'andai per non fare una scena. Perché non ho mai fatto scene, io; ha capito?

LA MADRE. E vero! È cosí. È cosí!

IL CAPOCOMICO. Ma ora bisogna pur farla questa scena tra lei e lui! È indispensabile!

LA MADRE. Per me, signore, io sono qua! Magari mi desse lei il modo di potergli parlare un momento, di potergli dire tutto quello che mi sta nel cuore.

IL PADRE (*appressandosi al Figlio, violentissimo*). Tu la farai! per tua madre! per tua madre!

IL FIGLIO (*piú che mai risoluto*). Non faccio nulla!

IL PADRE (*afferrandolo per il petto, e scrollandolo*). Per Dio, obbedisci! Obbedisci! Non senti come ti parla? Non hai viscere di figlio?

IL FIGLIO (*afferrandolo anche lui*). No! No! e finiscila una buona volta!

    Concitazione generale. La Madre, spaventata, cercherà di interporsi, di separarli.

LA MADRE (*c.s.*). Per carità! Per carità!

IL PADRE (*senza lasciarlo*). Devi obbedire! Devi obbedire!

IL FIGLIO (*colluttando con lui e alla fine buttandolo a terra presso la scaletta, tra l'orrore di tutti*). Ma che cos'è codesta frenesia che t'ha preso? Non ha ritegno di portare davanti a tutti la sua vergogna e la nostra! Io non mi presto! non mi presto! E interpreto cosí la volontà di chi non volle portarci sulla scena!

IL CAPOCOMICO. Ma se ci siete venuti!

IL FIGLIO (*additando il Padre*). Lui, non io!

IL CAPOCOMICO. E non è qua anche lei?

IL FIGLIO. C'è voluto venir lui, trascinandoci tutti e prestandosi anche a combinare di là insieme con lei non solo quello che è realmente avvenuto; ma come se non bastasse, anche quello che non c'è stato!

IL CAPOCOMICO. Ma dica, dica lei almeno che cosa c'è stato! Lo dica a me! Se n'è uscito dalla sua camera, senza dir nulla?

IL FIGLIO (*dopo un momento d'esitazione*). Nulla. Proprio per non fare una scena!

IL CAPOCOMICO (*incitandolo*). Ebbene, e poi? che ha fatto?

IL FIGLIO (*tra l'angosciosa attenzione di tutti, movendo alcuni passi sul palcoscenico*). Nulla... Attraversando il giardino...

    S'interromperà, fosco, assorto.

IL CAPOCOMICO (*spingendolo sempre piú a dire, impressionato dal ritegno di lui*). Ebbene? attraversando il giardino?

IL FIGLIO (*esasperato, nascondendo il volto con un braccio*). Ma perché mi vuol far dire, signore? È orribile!

La Madre tremerà tutta, con gemiti soffocati, guardando verso la vasca.

IL CAPOCOMICO (*piano, notando quello sguardo, si rivolgerà al Figlio con crescente apprensione*). La bambina?

IL FIGLIO (*guardando davanti a sé, nella sala*). Là, nella vasca...

IL PADRE (*a terra, indicando pietosamente la Madre*). E lei lo seguiva, signore!

IL CAPOCOMICO (*al Figlio, con ansia*). E allora, lei?

IL FIGLIO (*lentamente, sempre guardando davanti a sé*). Accorsi; mi precipitai per ripescarla... Ma a un tratto m'arrestai, perché dietro quegli alberi vidi una cosa che mi gelò: il ragazzo, il ragazzo che se ne stava lí fermo, con occhi da pazzo, a guardare nella vasca la sorellina affogata.

La Figliastra, rimasta curva presso la vasca a nascondere la Bambina, risponderà come un'eco dal fondo, singhiozzando perdutamente.

Pausa.

Feci per accostarmi; e allora...

Rintronerà dietro gli alberi, dove il Giovinetto è rimasto nascosto, un colpo di rivoltella.

LA MADRE (*con un grido straziante, accorrendo col Figlio e con tutti gli Attori in mezzo al subbuglio generale*). Figlio! Figlio mio!

E poi, fra la confusione e le grida sconnesse degli altri:

Ajuto! Ajuto!

IL CAPOCOMICO (*tra le grida, cercando di farsi largo, mentre il Giovinetto sarà sollevato da capo e da piedi e trasportato via, dietro la tenda bianca*). S'è ferito? s'è ferito davvero?

Tutti, tranne il Capocomico e il Padre, rimasto per terra presso la scaletta, saranno scomparsi dietro il fondalino, che

fa da cielo, e vi resteranno un po' parlottando angosciosa-
mente. Poi, da una parte e dall'altra di esso, rientreranno in
iscena gli Attori.

LA PRIMA ATTRICE (*rientrando da destra, addolorata*). È morto!
Povero ragazzo! È morto! Oh che cosa!

IL PRIMO ATTORE (*rientrando da sinistra, ridendo*). Ma che
morto! Finzione! finzione! Non ci creda!

ALTRI ATTORI DA DESTRA. Finzione! Realtà! realtà! È morto!

ALTRI ATTORI DA SINISTRA. No! Finzione! Finzione!

IL PADRE (*levandosi e gridando tra loro*). Ma che finzione!
Realtà, realtà, signori! realtà!

E scomparirà anche lui, disperatamente, dietro il fondalino.

IL CAPOCOMICO (*non potendone più*). Finzione! realtà! Andate
al diavolo tutti quanti! Luce! Luce! Luce!

D'un tratto, tutto il palcoscenico e tutta la sala del teatro
sfolgoreranno di vivissima luce. Il Capocomico rifiaterà come
liberato da un incubo, e tutti si guarderanno negli occhi,
sospesi e smarriti.

Ah! Non m'era mai capitata una cosa simile! Mi hanno fatto
perdere una giornata!

Guarderà l'orologio.

Andate, andate! Che volete più fare adesso? Troppo tardi
per ripigliare la prova. A questa sera!

E appena gli Attori se ne saranno andati, salutandolo:

Ehi, elettricista, spegni tutto!

Non avrà finito di dirlo, che il teatro piomberà per un attimo
nella più fitta oscurità.

Eh, perdio! Lasciami almeno accesa una lampadina, per
vedere dove metto i piedi!

Subito, dietro il fondalino, come per uno sbaglio d'attacco,
s'accenderà un riflettore verde, che proietterà, grandi e

*spiccate, le ombre dei Personaggi, meno il Giovinetto e la
Bambina. Il Capocomico, vedendole, schizzerà via dal palcoscenico, atterrito. Contemporaneamente, si spegnerà il
riflettore dietro il fondalino, e si rifarà sul palcoscenico il notturno azzurro di prima. Lentamente, dal lato destro della
tela verrà prima avanti il Figlio, seguito dalla Madre con le
braccia protese verso di lui; poi dal lato sinistro il Padre. Si
fermeranno a metà del palcoscenico, rimanendo lì come forme
trasognate. Verrà fuori, ultima, da sinistra, la Figliastra che
correrà verso una delle scalette; sul primo scalino si fermerà
un momento a guardare gli altri tre e scoppierà in una stridula
risata, precipitandosi poi giù per la scaletta; correrà attraverso il corridojo tra le poltrone; si fermerà ancora una
volta e di nuovo riderà, guardando i tre rimasti lassù; scomparirà dalla sala, e ancora, dal ridotto, se ne andrà la risata.*

Poco dopo calerà la

TELA

ENRICO IV

PERSONAGGI

. . . . . . (ENRICO IV) · *La Marchesa* MATILDE SPINA · *Sua figlia* FRIDA · *Il giovane Marchese* CARLO DI NOLLI · *Il Barone* TITO BELCREDI · *Il Dottor* DIONISIO GENONI · *I quattro finti Consiglieri Segreti:* 1º LANDOLFO (*Lolo*) · 2º ARIALDO (*Franco*) · 3º ORDULFO (*Momo*) · 4º BERTOLDO (*Fino*) · *Il vecchio cameriere* GIOVANNI · DUE VALLETTI *in costume.*

In una villa solitaria della campagna umbra ai nostri giorni.

ATTO PRIMO

(Salone nella villa rigidamente parato in modo da figurare quella che poté essere la sala del trono di Enrico IV nella casa imperiale di Goslar.[1] Ma in mezzo agli antichi arredi due grandi ritratti a olio moderni, di grandezza naturale, avventano dalla parete di fondo, collocati a poca altezza dal suolo su uno zoccolo di legno lavorato che corre lungo tutta la parete (largo e sporgente in modo da potercisi mettere a sedere come su una lunga panconata), uno a destra e uno a sinistra del trono che, nel mezzo della parete, interrompe lo zoccolo e vi si inserisce col suo seggio imperiale e il suo basso baldacchino. I due ritratti rappresentano un signore e una signora, giovani entrambi, camuffati in costume carnevalesco, l'uno da « Enrico IV » e l'altra da « Matilde di Toscana ».[2] Usci a destra e a sinistra.)

Al levarsi della tela i due valletti, come sorpresi, balzano dallo zoccolo su cui stanno sdrajati, e vanno a impostarsi come statue, uno di qua e uno di là ai piedi del trono, con le loro alabarde. Poco dopo dal secondo uscio a destra entrano Arialdo, Landolfo, Ordulfo e Bertoldo: giovani stipendiati dal marchese Carlo di Nolli perché fingano le parti di « Consiglieri segreti »,[3] vassalli regali della bassa aristocrazia alla Corte di Enrico IV. Vestono perciò in costume di cavalieri tedeschi del secolo XI. L'ultimo, Bertoldo, di nome Fino, assume ora per la prima volta il servizio. I tre compagni lo ragguagliano pigliandoselo a godere.[4] Tutta la scena va recitata con estrosa vivacità.

LANDOLFO (*a Bertoldo come seguitando una spiegazione*). E questa è la sala del trono!

ARIALDO. A Goslar!

ORDULFO. O anche, se vuoi, nel Castello dell'Hartz![5]

ARIALDO. O a Worms.[6]

LANDOLFO. Secondo la vicenda che rappresentiamo, balza con noi, ora qua, ora là.
ORDULFO. In Sassonia![7]
ARIALDO. In Lombardia![8]
LANDOLFO. Sul Reno![9]
UNO DEI VALLETTI (*senza scomporsi, movendo appena le labbra*). Ps! Ps!
ARIALDO (*voltandosi al richiamo*). Che cos'è?
PRIMO VALLETTO (*sempre come una statua, sotto voce*). Entra o non entra?

allude a Enrico IV.

ORDULFO. No no. Dorme; state pur comodi.[10]
SECONDO VALLETTO (*scomponendosi insieme col primo, rifiatando e andando a sdrajarsi di nuovo sullo zoccolo*). Eh, santo Dio, potevate dircelo!
PRIMO VALLETTO (*accostandosi ad Arialdo*). Per favore, ci avrebbe un fiammifero?
LANDOLFO. Ohi! A pipa no, qua dentro!
PRIMO VALLETTO (*mentre Arialdo gli porge un fiammifero acceso*). No, fumo una sigaretta.

Accende e va a sdrajarsi anche lui, fumando, sullo zoccolo.

BERTOLDO (*che è stato a osservare, tra meravigliato e perplesso, guardando in giro la sala, e poi guardando il suo abito e quello dei compagni*). Ma, scusate... questa sala... questo vestiario... Che Enrico IV?... Io non mi raccapezzo bene: — È o non è quello di Francia?[11]

A questa domanda, Landolfo, Arialdo e Ordulfo scoppiano a ridere fragorosamente.

LANDOLFO (*sempre ridendo e indicando ai compagni, che seguitano anch'essi a ridere, Bertoldo, come per invitarli a farsi ancora beffe di lui*). Quello di Francia, dice!
ORDULFO (*c.s.*). Ha creduto quello di Francia!
ARIALDO. Enrico IV di Germania, caro mio! Dinastia dei Salii![12]
ORDULFO. Il grande e tragico imperatore!

LANDOLFO. Quello di Canossa! Sosteniamo qua, giorno per giorno, la spaventosissima guerra tra Stato e Chiesa! Oh![13]

ORDULFO. L'Impero contro il Papato! Oh!

ARIALDO. Antipapi contro i Papi![14]

LANDOLFO. I re contro gli antirè![15]

ORDULFO. E guerra contro i Sassoni![16]

ARIALDO. E tutti i principi ribelli![17]

LANDOLFO. Contro i figli stessi dell'Imperatore![18]

BERTOLDO (sotto questa valanga di notizie riparandosi la testa con le mani). Ho capito! ho capito!— Perciò non mi raccapezzavo, vedendomi parato cosí ed entrando in questa sala! Ho detto bene: non era vestiario, questo, del mille e cinquecento!

ARIALDO. Ma che mille e cinquecento![19]

ORDULFO. Qua siamo tra il mille e il mille e cento!

LANDOLFO. Puoi farti il conto: se il 25 gennajo del 1071 siamo davanti a Canossa...

BERTOLDO (smarrendosi piú che mai). Oh Dio mio, ma allora è una rovina![20]

ORDULFO. Eh già! Se credeva d'essere alla Corte di Francia!

BERTOLDO. Tutta la mia preparazione storica...

LANDOLFO. Siamo, caro mio, quattrocent'anni prima! Ci sembri un ragazzino!

BERTOLDO (arrabbiandosi). Ma me lo potevano dire, per Dio santo, che si trattava di quello di Germania e non d'Enrico IV di Francia! Nei quindici giorni che m'accordarono per la preparazione, lo so io quanti libri ho scartabellato!

ARIALDO. Ma scusa, non lo sapevi che qua il povero Tito era Adalberto di Brema?[21]

BERTOLDO. Ma che Adalberto! Sapevo un corno io!

LANDOLFO. No, vedi com'è? Morto Tito, il marchesino di Nolli...

BERTOLDO. È stato proprio lui, il marchesino! Che ci voleva a dirmi...?

ARIALDO. Ma forse credeva che lo sapessi!

LANDOLFO. Non voleva piú assumere nessun altro in sostituzione. Tre, quanti restavamo, gli pareva che potessimo bastare. Ma lui cominciò a gridare: « Cacciato via Adalberto » —

(perché il povero Tito, capisci? non gli parve che morisse, ma che nella veste del vescovo Adalberto gliel'avessero cacciato via dalla Corte i vescovi rivali di Colonia e di Magonza).[22]

BERTOLDO (*prendendosi e tenendosi con tutte e due le mani la testa*). Ma non ne so una saetta, io, di tutta questa storia!

ORDULFO. Eh, stai fresco, allora, caro mio!

ARIALDO. E il guajo è che non lo sappiamo neanche noi, chi sei tu.

BERTOLDO. Neanche voi? Chi debbo rappresentare io, non lo sapete?

ORDULFO. Uhm! « Bertoldo ».

BERTOLDO. Ma chi, Bertoldo? Perché Bertoldo?

LANDOLFO. « Mi hanno cacciato via Adalberto? E io allora voglio Bertoldo! voglio Bertoldo! » — cominciò a gridare così.

ARIALDO. Noi ci guardammo tutti e tre negli occhi: Chi sarà questo Bertoldo?[23]

ORDULFO. Ed eccoti qua « Bertoldo », caro mio!

LANDOLFO. Ci farai una bellissima figura!

BERTOLDO (*ribellandosi e facendo per avviarsi*). Ah, ma io non la fo! Grazie tante! Io me ne vado! Me ne vado!

ARIALDO (*trattenendolo insieme con Ordulfo tra le risa*). No, càlmati, càlmati!

ORDULFO. Non sarai mica il Bertoldo della favola![24]

LANDULFO. E ti puoi confortare, che non lo sappiamo neanche noi, del resto, chi siamo. Lui, Arialdo; lui, Ordulfo; io, Landolfo... Ci chiama cosí. Ci siamo ormai abituati. Ma chi siamo? — Nomi del tempo! — Un nome del tempo sarà anche il tuo: « Bertoldo ».— Uno solo tra noi, il povero Tito, aveva una bella parte assegnata, come si legge nella storia: quella del vescovo di Brema. Pareva un vescovo davvero, oh! Magnifico, povero Tito!

ARIALDO. Sfido, se l'era potuta studiar bene sui libri lui![25]

LANDOLFO. E comandava anche a Sua Maestà: s'imponeva, lo guidava, da quasi tutore e consigliere. Siamo « consiglieri segreti » anche noi, per questo, ma cosí, di numero; perché nella storia è scritto che Enrico IV era odiato dall'alta aristocrazia per essersi circondato a Corte da giovani della bassa.

ORDULFO. Che saremmo noi.

LANDOLFO. Già, piccoli vassalli regali; devoti; un po' dissoluti; allegri...

BERTOLDO. Devo anche essere allegro?

ARIALDO. Eh, altro! Come noi!

ORDULFO. E non è mica facile, sai?

LANDOLFO. Peccato veramente! Perché, come vedi, qua l'apparato ci sarebbe; il nostro vestiario si presterebbe a fare una bellissima comparsa in una rappresentazione storica, a uso di quelle che piacciono tanto oggi nei teatri.[26] E stoffa, oh, stoffa da cavarne non una ma parecchie tragedie, la storia di Enrico IV la offrirebbe davvero. Mah! Tutti e quattro qua, e quei due disgraziati là (*indica i valletti*) quando stanno ritti impalati ai piedi del trono, siamo... siamo cosí, senza nessuno che ci metta su e ci dia da rappresentare qualche scena. C'è, come vorrei dire? la forma, e ci manca il contenuto! — Siamo peggio dei veri consiglieri segreti di Enrico IV; perché sí, nessuno neanche a loro aveva dato da rappresentare una parte; ma essi, almeno, non sapevano di doverla rappresentare: la rappresentavano perché la rappresentavano: non era una parte, era la loro vita, insomma; facevano i loro interessi a danno degli altri; vendevano le investiture e che so io. Noi altri, invece, siamo qua, vestiti cosí, in questa bellissima Corte... per far che? niente... Come sei pupazzi appesi al muro, che aspettano qualcuno che li prenda e che li muova cosí o cosí e faccia dir loro qualche parola.[27]

ARIALDO. Eh no, caro mio! Scusa! Bisogna rispondere a tono! Saper rispondere a tono! Guai se lui ti parla e tu non sei pronto a rispondergli come vuol lui!

LANDOLFO. Già, questo si, questo sí, è vero!

BERTOLDO. E hai detto niente! Come faccio io a rispondergli a tono, che mi son preparato per Enrico IV di Francia, e mi spunta, qua, ora, un Enrico IV di Germania?

Landolfo, Ordulfo, Arialdo tornano a ridere.

ARIALDO. Eh, bisogna che tu rimedii subito subito!

ORDULFO. Va' là! T'ajuteremo noi.

ARIALDO. Ci abbiamo di là tanti libri! Ti basterà in prima una bella ripassatina.[28]

ORDULFO. Saprai all'ingrosso qualche cosa...

ARIALDO. Guarda! (*Lo fa voltare e gli mostra nella parete di fondo il ritratto della marchesa Matilde*). — Chi è per esempio quella lí?

BERTOLDO (*guardando*). Quella lí? Eh, mi sembra, scusate, prima di tutto una bella stonatura: due quadri moderni qua in mezzo a tutta questa rispettabile antichità.

ARIALDO. Hai ragione. E difatti prima non c'erano. Ci sono due nicchie, là dietro quei quadri. Ci si dovevano collocare due statue, scolpite secondo lo stile del tempo. Rimaste vuote, sono state coperte da quelle due tele là.

LANDOLFO. (*interrompendolo e seguitando*). Che sarebbero certo una stonatura, se veramente fossero quadri.

BERTOLDO. E che sono? non sono quadri?

LANDOLFO. Si, se vai a toccarli: quadri. Ma per lui (*accenna misteriosamente a destra, alludendo a Enrico IV*) — che non li tocca...

BERTOLDO. No? E che sono allora per lui?

LANDOLFO. Oh, interpreto, bada! Ma credo che in fondo sia giusto. Immagini, sono. Immagini, come... ecco, come le potrebbe ridare uno specchio, mi spiego? Là, quella (*indica il ritratto di Enrico IV*) rappresenta lui, vivo com'è, in questa sala del trono, che è anch'essa come dev'essere, secondo lo stile dell'epoca. Di che ti meravigli, scusa? Se ti mettono davanti uno specchio, non ti ci vedi forse vivo, d'oggi, vestito cosí di spoglie antiche? Ebbene, lí, è come se ci fossero due specchi, che ridanno immagini vive, qua in mezzo a un mondo che — non te ne curare — vedrai, vedrai, vivendo con noi, come si ravviverà tutto anch'esso.

BERTOLDO. Oh! Badate che io non voglio impazzire qua!

ARIALDO. Ma che impazzire! Ti divertirai!

BERTOLDO. Oh, ma dico, e com'è che voi siete diventati cosí sapienti?

LANDOLFO. Caro mio, non si ritorna indietro d'ottocent'anni nella storia senza portarsi appresso un po' di esperienza!

ARIALDO. Andiamo, andiamo! Vedrai come, in poco tempo, ti assorbiremo in essa.

ORDULFO. E diventerai, a questa scuola, sapiente anche tu!

BERTOLDO. Sí, per carità, ajutatemi subito! Datemi almeno le notizie principali.

ARIALDO. Lascia fare a noi! Un po' l'uno, un po' l'altro...

LANDOLFO. Ti legheremo i fili e ti metteremo in ordine, come il piú adatto e compíto dei fantocci. Andiamo, andiamo!

Lo prende sotto il braccio per condurlo via.

BERTOLDO (*fermandosi e guardando verso il ritratto alla parete*). Aspettate! Non mi avete detto chi è quella lí. La moglie dell'Imperatore?

ARIALDO. No. La moglie dell'Imperatore è Berta di Susa, sorella di Amedeo II di Savoia.

ORDULFO. E l'Imperatore, che vuol esser giovane con noi, non può soffrirla e pensa di ripudiarla.[29]

LANDOLFO. Quella è la sua piú feroce nemica: Matilde, la marchesa di Toscana.[30]

BERTOLDO. Ah, ho capito, quella che ospitò il Papa...

LANDOLFO. A Canossa, appunto!

ORDULFO. Papa Gregorio VII.[31]

ARIALDO. Il nostro spauracchio! Andiamo, andiamo!

Si avviano tutti e quattro per uscire dall'uscio a destra per cui sono entrati, quando dall'uscio a sinistra sopravviene il vecchio cameriere Giovanni, in marsina.

GIOVANNI (*in fretta, con ansia*). Oh! Ps! Franco! Lolo!

ARIALDO (*arrestandosi e voltandosi*). Che vuoi?

BERTOLDO (*meravigliato di vederlo entrare in marsina nella sala del trono*). Oh! E come? Qua dentro, lui?

LANDOLFO. Un uomo del mille e novecento! Via!

*Gli corre incontro minacciosamente per burla con gli altri
due per scacciarlo.*

ORDULFO. Messo di Gregorio VII, via![32]

ARIALDO. Via! Via!

GIOVANNI (*difendendosi, seccato*). E finitela!

ORDULFO. No! Tu non puoi metter piede qua dentro!

ARIALDO. Fuori! Fuori!

LANDOLFO (*a Bertoldo*). Sortilegio, sai! Demonio evocato dal
Mago di Roma![33] Cava, cava la spada!

(*fa per cavare la spada anche lui.*)

GIOVANNI (*gridando*). Finitela, vi dico! Non fate i matti con
me! È arrivato il signor Marchese in comitiva...

LANDOLFO (*stropicciandosi le mani*). Ah! Benissimo! Ci sono
signore?

ORDULFO (*c.s.*). Vecchie? Giovani?

GIOVANNI. Ci sono due signori.

ARIALDO. Ma le signore, le signore, chi sono?

GIOVANNI. La signora Marchesa con la figlia.

LANDOLFO (*meravigliato*). Oh! E come?

ORDULFO (*c.s.*). La Marchesa, hai detto?

GIOVANNI. La marchesa! La marchesa!

ARIALDO. E i signori?

GIOVANNI. Non lo so.

ARIALDO (*a Bertoldo*). Vengono a darci il contenuto,[34] capisci?

ORDULFO. Tutti messi di Gregorio VII! Ci divertiremo!

GIOVANNI. Insomma mi lasciate dire?

ARIALDO. Di'! Di'!

GIOVANNI. Pare che uno di quei due signori sia un medico.

LANDOLFO. Oh! Abbiamo capito, uno dei soliti medici!

ARIALDO. Bravo, Bertoldo! Tu porti fortuna!

LANDOLFO. Vedrai come ce lo lavoreremo, questo signor
medico![35]

BERTOLDO. Io penso che mi troverò, cosí subito, in un bell'im-
piccio!

GIOVANNI. Statemi a sentire! Vogliono entrare qua nella sala.

LANDOLFO (*meravigliato e costernato*). Come! Lei? La marchesa, qua?

ARIALDO. Altro che contenuto, allora![36]

LANDOLFO. Nascerà davvero la tragedia!

BERTOLDO (*incuriosito*). Perché? Perché?

ORDULFO (*indicando il ritratto*). Ma è quella lí, non capisci?

LANDOLFO. La figliuola è la fidanzata del marchese.[37]

ARIALDO. Ma che sono venuti a fare? Si può sapere?

ORDULFO. Se lui la vede, guai!

LANDOLFO. Ma forse ormai non la riconoscerà piú!

GIOVANNI. Bisogna che voi, se si sveglia, lo tratteniate di là.

ORDULFO. Sí? Scherzi? E come?

ARIALDO. Sai bene com'è!

GIOVANNI. Perdio, anche con la forza![38] — Se mi hanno comandato cosí! Andate, andate!

ARIALDO. Sí sí, perché forse a quest'ora si sarà già svegliato!

ORDULFO. Andiamo, andiamo!

LANDOLFO (*avviandosi con gli altri, a Giovanni*). Ma poi ci spiegherai!

GIOVANNI (*gridando loro dietro*). Chiudete costà, e nascondete la chiave! Anche di quest'altra porta!

(Indica l'altro uscio a destra.)
Landolfo, Arialdo e Ordulfo via per il secondo
uscio a destra.

GIOVANNI (*ai due valletti*). Via, via anche voialtri! Di là!

(indica il primo uscio a destra)

Richiudete la porta, e via la chiave!

I due valletti escono dal primo uscio a destra. Giovanni si
reca all'uscio di sinistra e lo apre per far passare il marchese
Di Nolli.

DI NOLLI. Hai dato bene gli ordini?

GIOVANNI. Sí, signor Marchese. Stia tranquillo.

Il Di Nolli riesce per un momento a invitar gli altri a entrare.
Entrano prima il barone Tito Belcredi e il dottor Dionisio

Genoni, poi donna Matilde Spina e la marchesina Frida. Giovanni s'inchina ed esce. Donna Matilde Spina è sui 45 anni; ancora bella e formosa, per quanto con troppa evidenza ripari gl'inevitabili guasti dell'età con una violenta ma sapiente truccatura, che le compone una fiera testa di walkiria. Questa truccatura assume un rilievo che contrasta e conturba profondamente nella bocca, bellissima e dolorosa. Vedova da molti anni, ha per amico il barone Tito Belcredi, che né lei né altri han mai preso sul serio, almeno in apparenza. Quel che Tito Belcredi è poi in fondo per lei, lo sa bene lui solo, che perciò può ridere, se la sua amica ha bisogno di fingere di non saperlo; ridere sempre per rispondere alle risa che a suo carico le beffe della marchesa suscitano negli altri. Smilzo, precocemente grigio, un po' più giovane di lei, ha una curiosa testa d'uccello. Sarebbe vivacissimo, se la sua duttile agilità (che lo fa uno spadaccino temutissimo) non fosse come inguainata in una sonnolenta pigrizia d'arabo, che si rivela nella strana voce un po' nasale e strascicata. Frida, la figliola della marchesa, ha 19 anni. Intristita nell'ombra in cui la madre imperiosa e troppo vistosa la tiene, è anche offesa, in quest'ombra, dalla facile maldicenza che quella provoca, non tanto più a suo danno, quanto a danno di lei. E però già per fortuna fidanzata al marchese Carlo di Nolli: giovine rigido, molto indulgente verso gli altri, ma chiuso e fermo in quel poco che crede di poter essere e valere nel mondo; per quanto forse, in fondo, non lo sappia bene neanche lui stesso. È, a ogni modo, costernato dalle tante responsabilità che crede gravino su lui; così che gli altri sì, gli altri possono parlare, beati loro, e divertirsi; lui no, non perché non vorrebbe, ma perché proprio non può. Veste di strettissimo lutto per la recente morte della madre. Il dottor Dionisio Genoni ha una bella faccia svergognata e rubiconda da satiro; con occhi fuoruscenti, corta barbettina arguta, lucida come d'argento: belle maniere, quasi calvo. Entrano costernati, quasi paurosi, guardando la sala con curiosità (tranne il Di Nolli); e parlano dapprima a bassa voce.

BELCREDI. Ah, magnifico! magnifico!

DOTTORE. Interessantissimo! Anche nelle cose il delirio che torna cosí appunto! Magnifico, sí sí, magnifico.

DONNA MATILDE (*che ha cercato con gli occhi in giro il suo ritratto, scoprendolo e accostandosi*). Ah, eccolo là!

Mirandolo a giusta distanza, mentre insorgono in lei sentimenti diversi.

Sí sí... Oh, guarda... Dio mio...

chiama la figlia:

Frida, Frida... Guarda...

FRIDA. Ah, il tuo ritratto?

DONNA MATILDE. Ma no! Guarda! Non sono io: sei tu, là!

DI NOLLI. Sí, è vero? Ve lo dicevo io.

DONNA MATILDE. Ma non avrei mai creduto tanto!

Scotendosi come per un brivido alla schiena.

Dio, che senso![39]

Poi, guardando la figliuola.

Ma come, Frida?

Se la stringe accanto, cingendole con un braccio la vita.

Vieni! Non ti vedi in me, tu, là?

FRIDA. Mah! Io, veramente...

DONNA MATILDE. Non ti sembra? Ma come non ti sembra?

Voltandosi al Belcredi.

Guardate voi, Tito! Ditelo voi!

BELCREDI (*senza guardare*). Ah, no, io non guardo! Per me, *a priori*, no![40]

DONNA MATILDE. Che stupido! Crede di farmi un complimento!

Rivolgendosi al dottor Genoni:

Dica, dica lei dottore!

DOTTORE (*fa per accostarsi*).

BELCREDI (*con le spalle voltate, fingendo di richiamarlo di nascosto*). Ps! No, dottore! Per carità, non si presti!

DOTTORE (*smarrito e sorridente*). E perché non mi dovrei prestare?

DONNA MATILDE. Ma non gli dia retta! Venga! È insoffribile!

FRIDA. Fa di professione lo scemo, non la sa?

BELCREDI (*al Dottore, vedendolo andare*). Si guardi i piedi, si guardi i piedi, dottore! i piedi!

DOTTORE (*c.s.*). I piedi? Perché?

BELCREDI. Ha le scarpe di ferro.

DOTTORE. Io?

BELCREDI. Sissignore. E va incontro a quattro piedini di vetro.

DOTTORE (*ridendo forte*). Ma no! Mi pare che — dopo tutto — non ci sia da stupirsi che una figlia somigli alla madre...

BELCREDI. Patatràc! Ecco fatto!

DONNA MATILDE (*esageratamente adirata, venendo incontro al Belcredi*). Perché patatràc? Che cos'è? Che cos'ha detto?

DOTTORE (*candidamente*). Non è forse cosí?

BELCREDI (*rispondendo alla marchesa*). Ha detto che non c'è da stupirsi; mentre voi ne siete tanto stupita. E perché, allora, scusate, se la cosa è per voi adesso cosí naturale?

DONNA MATILDE (*ancora piú adirata*). Sciocco! Sciocco! Appunto perché è cosí naturale! Perché non c'è mica mia figlia, là.

Indica la tela.

Quello è il mio ritratto! E trovarci mia figlia, invece che me, m'ha stupito; e il mio stupore, vi prego di credere, è stato sincero, e vi proibisco di metterlo in dubbio!

Dopo questa violenta sfuriata, un momento di silenzio impacciato in tutti.

FRIDA (*piano, seccata*). Dio mio, sempre cosí.. Per ogni non-nulla, una discussione.

BELCREDI (*piano anche lui, quasi con la coda tra le gambe, in tono di scusa*). Non ho messo in dubbio nulla, io. Ho notato che tu, fin da principio non hai condiviso lo stupore di tua madre; o, se di qualche cosa ti sei stupita, è stato perché le sembrasse tanta la rassomiglianza tra te e quel ritratto.

DONNA MATILDE. Sfido! Perché lei non può conoscersi in me com'ero alla sua età; mentre io, là, posso bene riconoscermi in lei com'è adesso.

DOTTORE. Giustissimo! Perché un ritratto è lí sempre fisso in un attimo; lontano e senza ricordi per la marchesina; mentre tutto ciò che esso può ricordare alla signora Marchesa: mosse, gesti, sguardi, sorrisi, tante cose che lí non ci sono...[41]

DONNA MATILDE. Ecco, appunto!

DOTTORE (*seguitando, rivolto a lei*). Lei, naturalmente, può rivederle vive, ora, in sua figlia.

DONNA MATILDE. Ma lui deve guastarmi sempre ogni minimo abbandono al sentimento piú spontaneo, cosí, per il gusto di farmi stizzire.

DOTTORE (*abbagliato dai lumi che ha dato, ripiglia con un tono professorale, rivolto al Belcredi*). La rassomiglianza, caro barone, nasce spesso da cose imponderabili! E cosí difatti si spiega che...

BELCREDI (*per interrompere la lezione*). Che qualcuno può trovare anche qualche rassomiglianza tra me e lei, caro professore!

DI NOLLI. Lasciamo andare, lasciamo andare, vi prego.

Accenna ai due usci a destra per avvertire che di là c'è qualcuno che può sentire.

Ci siamo svagati troppo, venendo...

FRIDA. Sfido! Quando c'è lui...

accenna al Belcredi.

DONNA MATILDE (*subito*). Volevo bene perciò che non venisse!

BELCREDI. Ma se avete fatto tanto ridere alle mie spalle! Che ingratitudine!

DI NOLLI. Basta, ti prego. Tito! Qua c'è il dottore; e siamo venuti per una cosa molto seria, che tu sai quanto mi prema.

DOTTORE. Ecco, sí. Vediamo di precisare bene, prima, alcuni punti. Questo suo ritratto, scusi, signora marchesa, come si trova qua? Lo regalò lei, allora?

DONNA MATILDE. No, no. A qual titolo avrei potuto regalarglielo? Io ero allora come Frida, e neppure fidanzata. Lo cedetti, tre o quattr'anni dopo la disgrazia: lo cedetti per le vive insistenze di sua madre.

Accenna al Di Nolli.

DOTTORE. Che era sorella di lui?

Accenna verso gli usci a destra, alludendo a Enrico IV.

DI NOLLI. Si, dottore: ed è un debito — questa nostra venuta qua — verso mia madre, che m'ha lasciato da un mese. Invece di trovarmi qua, io e lei

accenna a Frida

dovremmo essere in viaggio...[42]

DOTTORE. E assorti in ben altre cure, capisco!

DI NOLLI. Mah! È morta con la ferma fede che fosse prossima la guarigione di questo suo fratello adorato.

DOTTORE. E non mi può dire scusi, da quali segni lo arguisse?

DI NOLLI. Pare da un certo discorso strano che egli le fece, poco prima che la mamma morisse.

DOTTORE. Un discorso? Ecco... ecco... sarebbe utilissimo conoscerlo, per bacco!

DI NOLLI. Ah, io non lo so! So che la mamma ritornò da quella sua ultima visita, angosciata; perché pare che egli sia stato di una tenerezza insolita, quasi presago della prossima fine di lei. Dal suo letto di morte, ella si fece promettere da me che non lo avrei mai trascurato; che lo avrei fatto vedere, visitare...

DOTTORE. Ecco. Va bene. Vediamo, vediamo prima... Tante volte, le minime cause... Questo ritratto, dunque...

DONNA MATILDE. Oh Dio, non credo, dottore, che ci si debba dare una soverchia importanza. Ha fatto impressione a me, perché non lo rivedevo da tanti anni.

DOTTORE. Prego, prego... abbia pazienza...

DI NOLLI. Ma sí! Sta lí da una quindicina d'anni...

DONNA MATILDE. Piú! Piú di diciotto, ormai!

DOTTORE. Prego, scusino; se non sanno ancora che cosa io voglia domandare! Io faccio molto assegnamento, molto, su questi due ritratti, eseguiti, m'immagino, prima della famosa — e disgraziatissima — cavalcata; non è vero?

DONNA MATILDE. Eh, certo!

DOTTORE. Quand'egli era dunque perfettamente in sensi, ecco –volevo dir questo! — Propose lui, a lei, di farlo eseguire?

DONNA MATILDE. Ma no, dottore! Ce lo facemmo eseguire tanti di quelli che prendemmo parte alla cavalcata. Cosí, per serbarne un ricordo.

BELCREDI. Me lo feci fare anch'io, il mio, di « Carlo d'Angiò »![43]

DONNA MATILDE. Appena furono pronti i costumi.

BELCREDI. Perché, vede? ci fu la proposta di raccoglierli tutti, per ricordo, come in una galleria nel salone della villa dove si fece la cavalcata. Ma poi ciascuno volle tenersi il suo.

DONNA MATILDE. E questo mio, come le ho detto, io lo cedetti — senza poi tanto rincrescimento — perché sua madre...

accenna di nuovo al Di Nolli

DOTTORE. Non sa se fu lui a richiederlo?

DONNA MATILDE. Ah, non so! Forse... O fu la sorella, per assecondare amorosamente...

DOTTORE. Un'altra cosa, un'altra cosa! L'idea della cavalcata venne a lui?

BELCREDI (*subito*). No no, venne a me! venne a me!

DOTTORE. Prego...

DONNA MATILDE. Non gli dia retta. Venne al povero Belassi.

BELCREDI. Ma che Belassi!

DONNA MATILDE (*al Dottore*). Il conte Belassi, che morí, poverino, due o tre mesi dopo.

BELCREDI. Ma se non c'era Belassi, quando...

DI NOLLI (*seccato dalla minaccia di una nuova discussione*). Scusi, dottore, è proprio necessario stabilire a chi venne l'idea?

DOTTORE. Eh sí, mi servirebbe...

BELCREDI. Ma se venne a me! Oh questa è bella! Non avrei mica da gloriarmene, dato l'effetto che poi ebbe, scusate! Fu, guardi, dottore — me ne ricordo benissimo — una sera sui primi di novembre, al Circolo. Sfogliavo una rivista illustrata tedesca (guardavo soltanto le figure, s'intende, perché il tedesco io non lo so). In una c'era l'Imperatore, in non so quale città universitaria dov'era stato studente.[44]

DOTTORE. Bonn, Bonn.

BELCREDI. Bonn, va bene. Parato, a cavallo, in uno degli strani costumi tradizionali delle antichissime società studentesche della Germania; seguito da un corteo d'altri studenti nobili, anch'essi a cavallo e in costume.[45] L'idea mi nacque da quella vignetta. Perché deve sapere che al Circolo si pensava di fare qualche grande mascherata per il prossimo carnevale. Proposi questa cavalcata storica: storica, per modo di dire: babelica. Ognuno di noi doveva sceglersi un personaggio da rappresentare, di questo o di quel secolo: re o imperatore, o principe, con la sua dama accanto, regina o imperatrice, a cavallo. Cavalli bardati, s'intende, secondo il costume dell'epoca. E la proposta fu accettata.

DONNA MATILDE. Io l'invito lo ebbi da Belassi.

BELCREDI. Appropriazione indebita, se vi disse che l'idea era sua. Non c'era neppure, vi dico, quella sera al Circolo, quando feci la proposta. Come non c'era del resto neanche lui!

allude a Enrico IV.

DOTTORE. E lui allora scelse il personaggio di Enrico IV?

DONNA MATILDE. Perché io — indotta nella scelta dal mio nome — cosí, senza pensarci piú che tanto — dissi che volevo essere la *Marchesa Matilde di Toscana.*

DOTTORE. Non... non capisco bene la relazione...

DONNA MATILDE. Eh, sa! Neanch'io da principio quando mi sentii rispondere da lui, che sarebbe stato allora ai miei piedi, come a Canossa, Enrico IV. Sí, sapevo di Canossa; ma dico la verità, non mi ricordavo bene la storia; e mi fece anzi una curiosa impressione, ripassandomela per prepararmi a sostenere la mia parte, ritrovarmi fedelissima e zelantissima amica di Papa Gregorio VII, in feroce lotta contro l'impero di Germania. Compresi bene allora, perché, avendo io scelto di rappresentare il personaggio della sua implacabile nemica, egli mi volle essere accanto, in quella cavalcata, da Enrico IV.

DOTTORE. Ah! Perché forse...?

BELCREDI. Dottore, Dio mio, perché lui le faceva allora una corte spietata, e lei

indica la Marchesa

naturalmente...

DONNA MATILDE (*punta con fuoco*). Naturalmente appunto! naturalmente! E allora piú che mai « naturalmente »![46]

BELCREDI (*mostrandola*). Ecco: non poteva soffrirlo!

DONNA MATILDE. Ma non è vero! Non mi era mica antipatico. Tutt'altro! Ma per me, basta che uno voglia farsi prendere sul serio...

BELCREDI (*seguitando*). Le dà la prova piú lampante della sua stupidità!

DONNA MATILDE. No, caro! In questo caso, no. Perché lui non era mica uno stupido come voi.

BELCREDI. Io non mi sono mai fatto prendere sul serio![47]

DONNA MATILDE. Ah lo so bene! Ma con lui, però, non c'era da scherzare.

Con altro tono, rivolgendosi al Dottore:

Càpita tra le tante disgrazie a noi donne, caro dottore, di vederci davanti, ogni tanto, due occhi che ci guardano con una contenuta, intensa promessa di sentimento duraturo!

Scoppia a ridere stridulamente.

Niente di piú buffo. Se gli uomini si vedessero con quel « duraturo » nello sguardo... — Ne ho riso sempre cosí! E allora, piú che mai. — Ma debbo fare una confessione: posso farla adesso dopo venti e piú anni. — Quando risi cosí di lui, fu anche per paura. Perché forse a una promessa di quegli occhi si poteva credere. Ma sarebbe stato pericolosissimo.

DOTTORE (*con vivo interesse, concentrandosi*). Ecco, ecco, questo — questo m'interesserebbe molto di sapere. — Pericolosissimo?

DONNA MATILDE (*con leggerezza*). Appunto perché non era come gli altri! E dato che anch'io... sí, via, sono... sono un po' cosí... piú d'un po', per dire la verità...

>   *cerca una parola modesta*

— insofferente, ecco, insofferente di tutto quanto è compassato e cosí afoso! — Ma ero allora troppo giovane, capite? e donna: dovevo rodere il freno. — Ci sarebbe voluto un coraggio, che non mi sentii di avere. — Risi anche di lui. Con rimorso, anzi con un vero dispetto contro me stessa, poi, perché vidi che il mio riso si confondeva con quello di tutti gli altri — sciocchi — che si facevano beffe di lui.

BELCREDI. Press'a poco, come di me.

DONNA MATILDE. Voi fate ridere con la smorfia d'abbassarvi sempre, caro mio, mentre lui, al contrario! C'è una bella differenza! — E poi, a voi, vi si ride in faccia!

BELCREDI. Eh, dico, meglio che alle spalle.

DOTTORE. Veniamo a noi, veniamo a noi! — Dunque, già un po' esaltato era, a quanto mi pare di aver compreso!

BELCREDI. Sí, ma in un modo cosí curioso, dottore!

DOTTORE. Come sarebbe?

BELCREDI. Ecco, direi... a freddo...

DONNA MATILDE. Ma che a freddo! Era cosí, dottore. Un po'strano, certo; ma perché ricco di vita: estroso!

BELCREDI. Non dico che simulasse l'esaltazione. Al contrario, anzi; s'esaltava spesso veramente. Ma potrei giurare, dottore, che si vedeva subito, lui stesso, nell'atto della sua esaltazione, ecco. E credo che questo dovesse avvenirgli per ogni moto piú spontaneo. Dico di piú: sono certo che doveva soffrirne.[48] Aveva, a volte, scatti di rabbia comicissimi contro se stesso!

DONNA MATILDE. Quest'è vero!

BELCREDI (*a Donna Matilde*). E perché? (*Al Dottore*). A mio vedere, perché quella subitanea lucidità di rappresentazione lo poneva fuori, a un tratto, d'ogni intimità col suo stesso sentimento, che gli appariva — non finto, perché era sincero — ma come qualche cosa a cui dovesse dare lí per lí il valore... che so? d'un atto d'intelligenza, per sopperire a quel calore di sincerità cordiale, che si sentiva mancare. E improvvisava, esagerava, si lasciava andare, ecco, per stordirsi e non vedersi piú. Appariva incostante, fatuo e... sí, diciamolo, anche ridicolo, qualche volta.

DOTTORE. E... dica, insocievole?

BELCREDI. No, che! Ci stava! Concertatore famoso di quadri plastici, di danze, di recite di beneficenza; cosí per ridere, beninteso! Ma recitava benissimo, sa?

DI NOLLI. Ed è diventato, con la pazzia, un attore magnifico e terribile!

BELCREDI. Ma fin da principio! Si figuri che, quando avvenne la disgrazia, dopo che cadde da cavallo...

DOTTORE. Batté la nuca, è vero?

DONNA MATILDE. Ah, che orrore! Era accanto a me! Lo vidi tra le zampe del cavallo che s'era impennato...

BELCREDI. Ma noi non credemmo affatto dapprima, che si fosse fatto un gran male. Sí, ci fu un arresto, un po' di scompiglio nella cavalcata; si voleva vedere che cosa fosse accaduto; ma già era stato raccolto e trasportato nella villa.

DONNA MATILDE. Niente, sa! Neanche la minima ferita! neanche una goccia di sangue!

BELCREDI. Si credette soltanto svenuto...

DONNA MATILDE. E quando, circa due ore dopo...

BELCREDI. Già, ricomparve nel salone della villa — ecco, questo volevo dire...

DONNA MATILDE. Ah, ma che faccia aveva! Io me ne accorsi subito!

BELCREDI. Ma no! Non dite! Non ce n'accorgemmo nessuno, dottore, capite?

DONNA MATILDE. Sfido! Perché eravate tutti come pazzi!

BELCREDI. Recitava ognuno per burla la sua parte! Era una vera babele!

DONNA MATILDE. Lei immagina, dottore, che spavento,

quando si comprese che egli invece, la sua, la recitava sul serio?

DOTTORE. Ah, perché anche lui, allora...?

BELCREDI. Ma sí! Venne in mezzo a noi! Credemmo che si fosse rimesso e che avesse preso a recitare anche lui, come tutti noi... meglio di noi, perché — come le dico — era bravissimo, lui! Insomma, che scherzasse.

DONNA MATILDE. Cominciarono a fustigarlo...

BELCREDI. E allora... — era armato — da re — sguainò la spada, avventandosi contro due o tre. Fu un momento di terrore per tutti!

DONNA MATILDE. Non dimenticherò mai quella scena, di tutte le nostre facce mascherate,[49] sguajate e stravolte, davanti a quella terribile maschera di lui, che non era piú una maschera, ma la Follía!

BELCREDI. Enrico IV, ecco! Proprio Enrico IV in persona, in un momento di furore!

DONNA MATILDE. Dovette influire, io dico, l'ossessione di quella mascherata, dottore, l'ossessione che per piú di un mese se n'era fatta. La metteva sempre in tutto ciò che faceva, questa ossessione!

BELCREDI. Quello che studiò per prepararsi! Fino ai minimi particolari... le minuzie...

DOTTORE. Ah, è facile! Quella che era ossessione momentanea, si fissò, con la caduta e la percossa alla nuca, che determinarono il guasto cerebrale. Si fissò, perpetuandosi. Si può diventare scemi, si può diventare pazzi.[50]

BELCREDI (a Frida e al Di Nolli). Capite che scherzi, carini miei?

Al Di Nolli:

Tu avevi quattro o cinque anni;

a Frida:

a tua madre pare che tu l'abbia sostituita là in quel ritratto, dove ancora non pensava neppur lontanamente che ti avrebbe messa al mondo: io sono già coi capelli grigi; e lui: eccolo là *indica il ritratto*

— taf! una botta alla nuca — e non si è piú mosso di là:
Enrico IV.

DOTTORE (*che se ne è stato assorto a meditare, apre le mani
davanti al volto come per concentrar l'altrui attenzione, e fa per
mettersi a dare la sua spiegazione scientifica*). Ecco, ecco,
dunque, signori miei: è proprio questo...

*Ma all'improvviso s'apre il primo uscio a destra (quello
piú vicino alla ribalta) e viene fuori Bertoldo tutto alterato
in viso.*

BERTOLDO (*irrompendo come uno che non ne possa piú*). Permesso? Scusino...

*S'arresta però di botto per lo scompiglio che la sua comparsa
suscita subito negli altri.*

FRIDA (*con un grido di spavento, riparandosi*). Oh Dio! Eccolo!

DONNA MATILDE (*ritraendosi sgomenta, con un braccio levato
per non vederlo*). È lui? È lui?

DI NOLLI (*subito*). Ma no! ma no! State tranquille!

DOTTORE (*stupito*). E chi è?

BELCREDI. Uno scappato dalla nostra mascherata!

DI NOLLI. È uno dei quattro giovani che teniamo qua, per
secondare la sua follia.

BERTOLDO Io chiedo scusa, signor Marchese...

DI NOLLI. Ma che scusa! Avevo dato ordine che le porte
fossero chiuse a chiave, e che nessuno entrasse qua!

BERTOLDO. Sissignore! Ma io non ci resisto! E le chiedo
licenza d'andarmene!

DI NOLLI. Ah, voi siete quello che doveva assumere il servizio
questa mattina?

BERTOLDO. Sissignore, e le dico che non ci resisto...

DONNA MATILDE (*al Di Nolli con viva costernazione*). Ma
dunque non è cosí tranquillo, come dicevi?

BERTOLDO (*subito*). No, no, signora! Non è lui! Sono i miei tre
compagni! Lei dice « secondare », signor Marchese?

Ma che secondare! Quelli non secondano: i veri pazzi sono loro! Io entro qua per la prima volta; e, invece di ajutarmi, signor Marchese...

Sopravvengono dallo stesso uscio a destra Landolfo e Arial-do, in fretta, con ansia, ma arrestandosi davanti all'uscio prima di farsi avanti.

LANDOLFO. Permesso?
ARIALDO. Permesso, signor Marchese?
DI NOLLI. Avanti! Ma insomma che cos'è? Che cosa fate?
FRIDA. Oh Dio, io me ne scappo, me ne scappo: ho paura!

fa per avviarsi verso l'uscio a sinistra.

DI NOLLI (*subito trattenendola*). Ma no, Frida!
LANDOLFO. Signor Marchese, questo sciocco...

indica Bertoldo.

BERTOLDO (*protestando*). Ah no, grazie tante, cari miei! Io cosí non ci sto! non ci sto!
LANDOLFO. Ma come non ci stai?
ARIALDO. Ha guastato tutto, signor Marchese, scappandosene qua!
LANDOLFO. Lo ha fatto montare sulle furie! Non possiamo piú trattenerlo di là. Ha dato ordine che sia arrestato, e vuole subito « giudicarlo » dal trono! — Come si fa?
DI NOLLI. Ma chiudete! Chiudete! Andate a chiudere quella porta!

Landolfo va a chiudere.

ARIALDO. Non sarà possibile al solo Ordulfo trattenerlo...
LANDOLFO. Ecco, signor Marchese; se si potesse subito, almeno, annunziargli la loro visita, per distornarlo. Se lor signori hanno già pensato sotto qual veste presentarsi...
DI NOLLI. Sí, sí, s'è pensato a tutto.

Al Dottore.

Se lei, dottore, crede di poter fare subito la visita...

FRIDA. Io no, io no, Carlo! Mi ritiro. E anche tu, mamma, per
  carità, vieni, vieni con me!
DOTTORE. Dico... non sarà mica ancora armato?
DI NOLLI Ma. no! che armato, dottore!

A Frida.

Scusami, Frida, ma codesto tuo timore è proprio puerile!
  Sei voluta venire...
FRIDA. Ah non io, ti prego: è stata la mamma!
DONNA MATILDE (*con risoluzione*). E io sono pronta! In-
  somma, che dobbiamo fare?
BELCREDI. È proprio necessario, scusate, camuffarci in quel
  modo?
LANDOLFO. Indispensabile! indispensabile, signore! Eh, pur
  troppo, ci vede...

mostra il suo costume.

Guai se vedesse lor signori, cosí, in abiti d'oggi!
ARIALDO. Crederebbe a un travestimento diabolico.
DI NOLLI. Come a voi appaiono travestiti loro, cosí a lui, nei
  nostri panni, appariremmo travestiti noi.
LANDOLFO. E non sarebbe nulla, forse, signor Marchese, se non
  dovesse parergli che fosse per opera del suo mortale nemico.
BELCREDI. Il Papa Gregorio VII?
LANDOLFO. Appunto! Dice che era un « pagano »!
BELCREDI. Il papa? Non c'è male![51]
LANDOLFO. Sissignore. E che evocava i morti! Lo accusa di
  tutte le arti diaboliche. Ne ha una paura terribile.
DOTTORE. Il delirio persecutorio!
ARIALDO. Infurierebbe!
DI NOLLI (*a Belcredi*). Ma non è necessario che tu ci sia,
  scusa. Noi ce ne andremo di là. Basta che lo veda il dottore.
DOTTORE. Dice... io solo?
DI NOLLI. Ma ci sono loro!

indica i tre giovani.

DOTTORE. No, no... dico se la signora Marchesa...

DONNA MATILDE. Ma sí! Voglio esserci anch'io! Voglio esserci anch'io! Voglio rivederlo!

FRIDA. Ma perché, mamma? Ti prego... Vieni con noi!

DONNA MATILDE (*imperiosa*). Lasciami fare! sono venuta per questo!

A Landolfo.

Io sarò « Adelaide »,[52] la madre.

LANDOLFO. Ecco, benissimo. La madre dell'imperatrice Berta, benissimo! Basterà allora che la signora si cinga la corona ducale e indossi un manto che la nasconda tutta.

Ad Arialdo.

Vai, vai, Arialdo!

ARIALDO. Aspetta: e il signore?

accennando al Dottore.

DOTTORE. Ah, si... abbiamo detto, mi pare, il Vescovo... il Vescovo Ugo di Cluny.

ARIALDO. Il signore vuol dire l'Abate? Benissimo: Ugo di Cluny.[53]

LANDOLFO. È già venuto qua tant'altre volte...

DOTTORE (*stupito*). Come, venuto!

LANDOLFO. Non abbia paura. Voglio dire che, essendo un travestimento spiccio...

ARIALDO. S'è usato altre volte.

DOTTORE. Ma...

LANDOLFO. Non c'è pericolo che se ne ricordi. Guarda piú all'abito che alla persona.

DONNA MATILDE. Questo è bene anche per me, allora.

DI NOLLI. Noi andiamo, Frida! Vieni, vieni con noi, Tito!

BELCREDI. Ah no: se resta lei

indica la Marchesa,

resto anch'io.

DONNA MATILDE. Ma non ho affatto bisogno di voi!

BELCREDI. Non dico che ne abbiate bisogno. Ho piacere di rivederlo anch'io. Non è permesso?

LANDOLFO. Sí, forse sarebbe meglio che fossero in tre.

ARIALDO. E allora, il signore?

BELCREDI. Mah, veda di trovare un travestimento spiccio anche per me.

LANDOLFO (*ad Arialdo*). Sí, ecco: di cluniacense.[54]

BELCREDI. Cluniacense? Come sarebbe?

LANDOLFO. Una tonaca da benedettino dell'Abbazia di Cluny. Figurerà al seguito di Monsignore.

Ad Arialdo.

Vai, vai!

A Bertoldo.

E anche tu, via; e non ti far vedere per tutto quest'oggi!

Ma, appena li vede avviare,

Aspettate.

A Bertoldo.

Porta qua tu gl'indumenti che lui ti darà!

Ad Arialdo.

E tu vai subito ad annunziare la visita della « Duchessa Adelaide » e di « Monsignore Ugo di Cluny ». Intesi?

Arialdo e Bertoldo via per il primo uscio a destra.

DI NOLLI. Noi allora ci ritiriamo.

Via con Frida per l'uscio a sinistra.

DOTTORE (*a Landolfo*). Mi dovrebbe, credo, veder bene sotto le vesti di Ugo di Cluny.[55]

LANDOLFO. Benissimo. Stia tranquillo. Monsignore è stato sempre accolto qua con grande rispetto. E anche lei, stia tranquilla, signora Marchesa. Ricorda sempre che deve all'intercessione di loro due se, dopo due giorni di attesa, in mezzo alla neve, già quasi assiderato, fu ammesso nel castello di Canossa alla presenza di Gregorio VII che non voleva riceverlo.[56]

BELCREDI. E io, scusate?

LANDOLFO. Lei si tenga rispettosamente da parte.

DONNA MATILDE (*irritata, molto nervosa*). Fareste bene ad
andarvene!

BELCREDI (*piano, stizzoso*). Voi siete molto commossa...

DONNA MATILDE (*fiera*). Sono come sono! Lasciatemi in
pace!

Rientra Bertoldo con gli indumenti.

LANDOLFO (*vedendolo entrare*). Ah, ecco qua gli abiti! —
Questo manto, per la Marchesa.

DONNA MATILDE. Aspettate, mi levo il cappello!

Eseguisce, e lo porge a Bertoldo.

LANDOLFO. Lo porterai di là.

*Poi alla Marchesa, accennando di cingerle in capo la corona
ducale.*

Permette?

DONNA MATILDE. Ma, Dio mio, non c'è uno specchio qua?

LANDOLFO. Ci sono di là.

indica l'uscio a sinistra.

Se la signora Marchesa vuol fare da sé...

DONNA MATILDE. Sí, sí, sarà meglio, date qua: faccio subito.

*Riprende il cappello ed esce con Bertoldo che reca il manto
e la corona. Nel mentre il Dottore e Belcredi indosseranno
da sé, alla meglio, le tonache da benedettini.*

BELCREDI. Questa di far da benedettino,[57] dico la verità, non
me la sarei mai aspettata. Oh, dico: è una pazzia che costa
fior di quattrini!

DOTTORE. Mah! Anche tant'altre pazzie veramente...

BELCREDI. Quando, per secondarle, si ha a disposizione un
patrimonio...

LANDOLFO. Sissignore. Abbiamo di là un intero guardaroba,
tutto di costumi del tempo, eseguiti a perfezione, su modelli

antichi. È mia cura particolare; mi rivolgo a sartorie teatrali competenti. Si spende molto.

DONNA MATILDE *rientra parata col manto e la corona.*

BELCREDI (*subito, ammirandola*). Ah, magnifica! Veramente regale!

DONNA MATILDE (*vedendo Belcredi e scoppiando a ridere*). Oh Dio! Ma no; levatevi! Voi siete impossibile! Sembrate uno struzzo vestito da monaco!

BELCREDI. E guardate il dottore!

DOTTORE. Eh, pazienza... pazienza.

DONNA MATILDE. Ma no, meno male, il dottore... Voi fate proprio ridere!

DOTTORE (*a Landolfo*). Ma si fanno dunque molti ricevimenti qua?

LANDOLFO. Secondo. Tante volte ordina che gli si presenti questo o quel personaggio. E allora bisogna cercar qualcuno che si presti. Anche donne...

DONNA MATILDE (*ferita, e volendo nasconderlo*). Ah! Anche donne?

LANDOLFO. Eh, prima, sí... Molte.

BELCREDI (*ridendo*). Oh bella! In costume?

indicando la Marchesa.

Cosí?

LANDOLFO. Mah, sa: donne, di quelle che...

BELCREDI. Che si prestano, ho capito!

Perfido, alla Marchesa:

Badate, che diventa per voi pericoloso!

Si apre il secondo uscio a destra e appare Arialdo che fa prima, di nascosto, un cenno per arrestare ogni discorso nella sala, e poi annunzia solennemente.

ARIALDO. Sua Maestà l'Imperatore!

Entrano prima i due Valletti che vanno a postarsi ai piedi del trono. Poi entra tra Ordulfo e Arialdo, che si tengono

*rispettosamente un po' indietro, Enrico IV. È presso alla
cinquantina, pallidissimo, e già grigio sul dietro del capo;
invece sulle tempie e sulla fronte, appare biondo, per via
di una tintura quasi puerile evidentissima; e sui pomelli,
in mezzo al tragico pallore, ha un trucco da bambola,
anch'esso evidentissimo. Veste sopra l'abito regale un sajo
da penitente, come a Canossa. Ha negli occhi una fissità
spasimosa, che fa spavento; in contrasto con l'atteggiamento
della persona che vuol essere d'umiltà pentita, tanto più osten-
tata quanto più sente che immeritato è quell'avvilimento. —
Ordulfo regge a due mani la corona imperiale. Arialdo lo
scettro con l'Aquila e il globo con la Croce.*

ENRICO IV (*inchinandosi prima a Donna Matilde, poi al dottore*).
Madonna... Monsignore...

*Poi guarda il Belcredi e fa per inchinarsi anche a lui, ma si
volge a Landolfo che gli si è fatto presso, e domanda sottovoce con diffidenza.*

È Pietro Damiani?[58]

LANDOLFO. No, Maestà, è un monaco di Cluny che accom-
pagna l'Abate.

ENRICO IV (*torna a spiare il Belcredi con crescente diffidenza
e, notando che egli si volge sospeso e imbarazzato a Donna
Matilde e al Dottore, come per consigliarsi con gli occhi,
si rizza sulla persona e grida*). È Pietro Damiani! — Inutile,
Padre, guardare la Duchessa!

*Subito volgendosi a Donna Matilde come a scongiurare un
pericolo.*

Vi giuro, vi giuro, Madonna, che il mio animo è cangiato
verso vostra figlia! Confesso che se lui

indica il Belcredi

non fosse venuto a impedirmelo in nome del Papa Alessandro, l'avrei ripudiata.[59] Sí: c'era chi si prestava a favorire
il ripudio: il vescovo di Magonza,[60] per centoventi poderi.

Sogguarda un po' smarrito Landolfo, e dice subito:

Ma non debbo in questo momento dir male dei vescovi.

Ritorna umile davanti a Belcredi:

Vi sono grato, credetemi che vi sono grato, ora, Pietro Damiani, di quell'impedimento! — Tutta d'umiliazioni è fatta la mia vita: — mia madre, Adalberto, Tribur, Goslar[61] — e ora questo sajo che mi vedete addosso.

Cangia tono improvvisamente e dice come uno che, in una parentesi di astuzia,[62] si ripassi la parte:

Non importa! Chiarezza d'idee, perspicacia, fermezza di contegno e pazienza nell'avversa fortuna!

Quindi si volge a tutti e dice con gravità compunta:

So correggere gli errori commessi; e anche davanti a voi, Pietro Damiani, mi umilio!

Si inchina profondamente, e resta lì curvo davanti a lui, come piegato da un obliquo sospetto che ora gli nasce e che gli fa aggiungere, quasi suo malgrado, in tono minaccioso:

Se non è partita da voi l'oscena voce che la mia santa madre, Agnese, abbia illeciti rapporti col vescovo Enrico d'Augusta![63]

BELCREDI (*poiché Enrico IV resta ancora curvo, col dito appuntato minacciosamente contro di lui, si pone le mani sul petto, e poi negando*). No... da me, no...

ENRICO IV (*rizzandosi*). No, è vero? Infamia!

Lo squadra un po' e poi dice:

Non ve ne credo capace.

Si avvicina al Dottore e gli tira un po' la manica ammiccando furbescamente.

Sono « loro »! Sempre quelli, Monsignore!

ARIALDO (*piano con un sospiro, come per suggerire al Dottore*). Eh, sí, i vescovi rapitori.

DOTTÒRE (*per sostenere la parte, volto ad Arialdo*). Quelli, eh già... quelli...

ENRICO IV. Nulla è bastato a costoro! — Un povero ragazzo, Monsignore... Si passa il tempo, giocando — anche quando, senza saperlo, si è re. Sei anni avevo[64] e mi rapirono a mia madre, e contro lei si servirono di me, ignaro, e contro i poteri stessi della Dinastia, profanando tutto, rubando, rubando; uno piú ingordo dell'altro: Anno piú di Stefano,[65] Stefano piú di Anno!

LANDOLFO (*sottovoce, persuasivo, per richiamarlo*). Maestà...

ENRICO IV (*subito voltandosi*). Ah, già! Non debbo in questo momento dir male dei vescovi. — Ma questa infamia su mia madre, Monsignore, passa la parte!

> *Guarda la Marchesa e s'intenerisce.*

E non posso neanche piangerla, Madonna. — Mi rivolgo a voi, che dovreste aver viscere materne. Venne qua a trovarmi, dal suo convento, or'è circa un mese. Mi hanno detto che è morta.

> *Pausa tenuta, densa di commozione. Poi sorridendo mestissimamente*

Non posso piangerla, perché, se voi ora siete qua, e io cosí

> *mostra il sajo che ha indosso,*

vuol dire che ho ventisei anni.

ARIALDO (*quasi sottovoce dolcemente per confortarlo*). E che dunque ella è viva, Maestà.

ORDULFO (*c.s.*). Ancora nel suo convento.

ENRICO IV (*si volta a guardarli*). Già, e posso dunque rimandare ad altro tempo il dolore.

> *Mostra alla Marchesa, quasi con civetteria, la tintura che si è data ai capelli.*

Guardate: ancora biondo...

> *Poi piano; come in confidenza:*

Per voi! — Io non ne avrei bisogno. Ma giova qualche segno esteriore. Termini di tempo,[66] mi spiego, Monsignore?

Si riaccosta alla Marchesa, e osservandole i capelli:

Eh, ma vedo che... anche voi, Duchessa...

Strizza un occhio e fa un segno espressivo con la mano:

Eh, italiana...

*come a dire: finta; ma senz'ombra di sdegno, anzi con mali-
ziosa ammirazione:*

Dio mi guardi dal mostrarne disgusto o meraviglia! —
Velleità! — Nessuno vorrebbe riconoscere quel certo potere
oscuro e fatale che assegna limiti alla volontà. Ma, dico, se si
nasce e si muore![67] — Nascere, Monsignore: voi l'avete
voluto? Io no. — E tra l'un caso e l'altro, indipendenti
entrambi dalla nostra volontà, tante cose avvengono che
tutti quanti vorremmo non avvenissero, e a cui a malincuore
ci rassegniamo!

DOTTORE (*tanto per dire qualche cosa, mentre lo studia attenta-
mente*): Eh sí, purtroppo!

ENRICO IV. Ecco: quando non ci rassegniamo, vengono fuori
le velleità. Una donna che vuol essere uomo... un vecchio che
vuol esser giovine... — Nessuno di noi mente o finge! — C'è
poco da dire: ci siamo fissati tutti in buona fede in un bel
concetto di noi stessi.[68] Monsignore, però, mentre voi vi
tenete fermo, aggrappato con tutte e due le mani alla vostra
tonaca santa, di qua, dalle maniche vi scivola, vi scivola, vi
sguiscia come un serpe[69] qualche cosa, di cui non v'accor-
gete. Monsignore, la vita! E sono sorprese, quando ve la
vedete d'improvviso consistere davanti cosí sfuggita da voi;
dispetti e ire contro voi stesso; o rimorsi; anche rimorsi. Ah,
se sapeste, io me ne son trovati tanti davanti! Con una faccia
che era la mia stessa, ma cosí orribile, che non ho potuto
fissarla... —

Si riaccosta alla Marchesa.

A voi non è mai avvenuto, Madonna? Vi ricordate proprio
di essere stata sempre la stessa, voi? Oh Dio, ma un giorno...
— com'è? com'è che poteste commettere quella tale azione...

la fissa cosí acutamente negli occhi, da farla quasi smorire.

— sí, « quella », appunto! — ci siamo capiti. (Oh, state tranquilla che non la svelerò a nessuno!) E che voi, Pietro Damiani, poteste essere amico di quel tale...[70]

LANDOLFO (*c.s.*). Maestà...

ENRICO IV (*subito*). No, no, non glielo nomino! So che gli fa tanto dispetto!

> *Voltandosi a Belcredi, come di sfuggita.*

Che opinione eh? che opinione ne avevate...[71] — Ma tutti, pur non di meno, seguitiamo a tenerci stretti al nostro concetto, cosí come chi invecchia si ritinge i capelli. Che importa che questa mia tintura non possa essere, per voi, il color vero dei miei capelli? — Voi, Madonna, certo non ve li tingete per ingannare gli altri, né voi; ma solo un poco — poco poco — la vostra immagine davanti allo specchio. Io lo faccio per ridere. Voi lo fate sul serio. Ma vi assicuro che per quanto sul serio, siete mascherata anche voi, Madonna; e non per la venerabile corona che vi cinge la fronte, e a cui m'inchino, o per il vostro manto ducale; dico soltanto per codesto ricordo che volete fissare in voi artificialmente del vostro color biondo, in cui un giorno vi siete piaciuta; o del vostro color bruno se eravate bruna: l'immagine che vien meno della vostra gioventú. A voi, Pietro Damiani, invece, il ricordo di ciò che siete stato, di ciò che avete fatto, appare ora riconoscimento di realtà passate, che vi restano dentro — è vero? — come un sogno. E anche a me — come un sogno — e tante, a ripensarci, inesplicabili... — Mah! — Nessuna meraviglia, Pietro Damiani; sarà cosí domani della nostra vita d'oggi![72]

Tutt'a un tratto infuriandosi e afferrandosi il sajo addosso.

Questo sajo qua!

Con gioia quasi feroce facendo atto di strapparselo, mentre Arialdo, Ordulfo subito accorrono spaventati, come per trattenerlo.

Ah per Dio!

Si tira indietro e, levandosi il sajo, grida loro:

Domani, a Bressanone,[73] ventisette vescovi tedeschi e lombardi firmeranno con me la destituzione di Papa Gregorio VII: non Pontefice, ma monaco falso!

ORDULFO (*con gli altri due, scongiurandolo di tacere*). Maestà, Maestà, in nome di Dio!

ARIALDO (*invitandolo coi gesti a rimettersi il sajo*). Badate a quello che dite!

LANDOLFO. Monsignore è qua, insieme con la Duchessa, per intercedere in vostro favore!

E di nascosto fa pressanti segni al Dottore di dir subito qualche cosa.

DOTTORE (*smarrito*). Ah, ecco... sí... Siamo qua per intercedere...

ENRICO IV (*subito pentito, quasi spaventato, lasciandosi dai tre rimettere sulle spalle il sajo, e stringendoselo addosso con le mani convulse*). Perdono... sí, sí... perdono, perdono, Monsignore; perdono, Madonna... Sento, vi giuro, sento tutto il peso dell'anatema!

Si curva, prendendosi la testa fra le mani, come in attesa di qualche cosa che debba schiacciarlo; e sta un po' cosí, ma poi con altra voce, pur senza scomporsi, dice piano, in confidenza a Landolfo, ad Arialdo e a Ordulfo:

Ma io non so perché, oggi non riesco a essere umile davanti a quello lí.

E indica, come di nascosto, il Belcredi.

LANDOLFO (*sottovoce*). Ma perché voi, Maestà, vi ostinate a credere che sia Pietro Damiani, mentre non è!

ENRICO IV (*sogguardandolo con timore*). Non è Pietro Damiani?

ARIALDO. Ma no, è un povero monaco, Maestà!

ENRICO IV (*dolente, con sospirosa esasperazione*). Eh, nessuno di noi può valutare ciò che fa, quando fa per istinto... Forse voi, Madonna, potete intendermi meglio degli altri, perché siete donna. [Questo è un momento solenne e decisivo. Potrei, guardate, ora stesso, mentre parlo con voi, accettar l'ajuto dei vescovi lombardi e impossessarmi del Pontefice, assediandolo qui nel Castello: correre a Roma a eleggervi un antipapa; porgere la mano all'alleanza con Roberto Guiscardo.[74] Gregorio VII sarebbe perduto! — Resisto alla tentazione, e credetemi che sono saggio. Sento l'aura dei tempi e la maestà di chi sa essere quale deve essere: un Papa! — Vorreste ora ridere di me, vedendomi cosí? Sareste tutti stupidi, perché non capireste che sapienza politica mi consiglia ora quest'abito di penitenza. Vi dico che le parti, domani, potrebbero essere invertite! E che fareste voi allora? Ridereste per caso del Papa in veste di prigioniero? — No. — Saremmo pari. Un mascherato io, oggi, da penitente; lui, domani, da prigioniero. Ma guai a chi non sa portare la sua maschera, sia da Re, sia da Papa. — Forse egli è ora un po' troppo crudele: questo si.][75] Pensate, Madonna, che Berta, vostra figlia, per cui, vi ripeto, il mio animo è cangiato

si volta improvvisamente a Belcredi e gli grida in faccia,
come se avesse detto di no

— cangiato, cangiato, per l'affetto c la devozione di cui ha saputo darmi prova in questo terribile momento!

S'arresta, convulso, dallo scatto iroso, e fa sforzi per con-
tenersi, con un gemito d'esasperazione nella gola; poi si volge
di nuovo con dolce a dolente umiltà alla Marchesa.

È venuta con me, Madonna; è giú nel cortile; ha voluto seguirmi come una mendica, ed è gelata, gelata da due notti all'aperto, sotto la neve![76] Voi siete sua madre! Dovrebbero muoversi le viscere della vostra misericordia e implorare con lui,

indica il Dottore

dal Pontefice, il perdono: che ci riceva!
DONNA MATILDE (*tremante, con un filo di voce*). Ma sí, sí, subito...

DOTTORE. Lo faremo, lo faremo!
ENRICO IV. E un'altra cosa! Un'altra cosa!

Se li chiama intorno e dice piano, in gran segreto:

Non basta che mi riceva. Voi sapete che egli può « tutto » — vi dico « tutto » — Evoca perfino i morti!

Si picchia il petto.

Eccomi qua! Mi vedete! — E non c'è arte di magia che gli sia ignota. Ebbene, Monsignore, Madonna: la mia vera condanna è questa — o quella — guardate

indica il suo ritratto alla parete, quasi con paura,

di non potermi piú distaccare da quest'opera di magia! — Sono ora penitente, e cosí resto; vi giuro che resto finché Egli non m'abbia ricevuto. Ma poi voi due, dopo la revoca della scomunica, dovreste implorarmi questo dal Papa che lo può: di staccarmi di là

indica di nuovo il ritratto,

e farmela vivere tutta, questa mia povera vita, da cui sono escluso... Non si può aver sempre ventisei anni, Madonna! E io ve lo chiedo anche per vostra figlia: che io la possa amare come ella si merita, cosí ben disposto come sono adesso, intenerito come sono adesso dalla sua pietà. Ecco. Questo. Sono nelle vostre mani...

Si inchina.

Madonna! Monsignore!

E fa per ritirarsi, cosí inchinandosi, per l'uscio donde è entrato; se non che, scorto il Belcredi che s'era un po' accostato per sentire, nel vedergli voltar la faccia verso il fondo e supponendo che voglia rubargli la corona imperiale posata sul trono, tra lo stupore e lo sgomento di tutti, corre a prenderla e a nascondersela sotto il sajo, e con un sorriso furbissimo negli occhi e sulle labbra torna a inchinarsi ripetutamente e scompare. La Marchesa è cosí profondamente commossa, che casca di schianto a sedere, quasi, svenuta.

TELA

ATTO SECONDO

(Altra sala della villa, contigua a quella del trono, addobbata di mobili antichi e austeri. A destra, a circa due palmi dal suolo, è come un coretto, cinto da una ringhiera di legno a pilastrini, interrotta lateralmente e sul davanti, ove sono i due gradini d'accesso. Su questo coretto sarà una tavola e cinque seggiolini di stile,[1] uno a capo e due per lato. La comune in fondo. A sinistra due finestre che dànno sul giardino. A destra un uscio che dà nella sala del trono. Nel pomeriggio avanzato dello stesso giorno.)

Sono in scena Donna Matilde, il Dottore e Tito Belcredi. Seguitano una conversazione; ma Donna Matilde si tiene appartata, fosca, evidentemente infastidita da ciò che dicono gli altri due, a cui tuttavia non può fare a meno di prestare orecchio, perché nello stato d'irrequietezza in cui si trova, ogni cosa la interessa suo malgrado, impedendole di concentrarsi a maturare un proposito piú forte di lei, che le balena e la tenta. Le parole che ode degli altri due attraggono la sua attenzione, perché istintivamente sente come il bisogno d'esser trattenuta in quel momento.

BELCREDI. Sarà, sarà come lei dice, caro dottore, ma questa è la mia impressione.

DOTTORE. Non dico di no; ma creda che è soltanto... cosí, un'impressione.

BELCREDI. Scusi: però l'ha perfino detto, e chiaramente!

Voltandosi alla Marchesa:

Non è vero, Marchesa?

DONNA MATILDE (*frastornata, voltandosi*). Che ha detto?

Poi, non consentendo

Ah sí... Ma non per la ragione che voi credete.

DOTTORE. Intendeva dei nostri abiti soprammessi: il suo manto

114

indica la Marchesa

le nostre tonache da benedettini. E tutto questo è puerile.

DONNA MATILDE (*di scatto, voltandosi di nuovo sdegnata*). Puerile? Che dice, dottore?

DOTTORE. Da un canto, sí! Prego; mi lasci dire, Marchesa. Ma dall'altro, molto piú complicato di quanto possiate immaginare.

DONNA MATILDE. Per me è chiarissimo, invece.

DOTTORE (*col sorriso di compatimento d'un competente verso gli incompetenti*). Eh sí! Bisogna intendere questa speciale psicologia dei pazzi, per cui — guardi — si può essere anche sicuri che un pazzo nota, può notare benissimo un travestimento davanti a lui; e assumerlo come tale; e sissignori, tuttavia, crederci; proprio come fanno i bambini, per cui è insieme giuoco e realtà. Ho detto perciò puerile. Ma è poi complicatissimo in questo senso, ecco: che egli ha, deve avere perfettamente coscienza di essere per sé, davanti a sé stesso, una Immagine: quella sua immagine là!

Allude al ritratto nella sala del trono, indicando perciò alla sua sinistra.

BELCREDI. L'ha detto!

DOTTORE. Ecco, benissimo! — Un'immagine, a cui si sono fatte innanzi altre immagini: le nostre, mi spiego? Ora egli, nel suo delirio — acuto e lucidissimo — ha potuto avvertire subito una differenza tra la sua e le nostre: cioè, che c'era in noi, nelle nostre immagini, una finzione. E ne ha diffidato. Tutti i pazzi sono sempre armati d'una continua vigile diffidenza. Ma questo è tutto. A lui naturalmente non è potuto sembrare pietoso questo nostro giuoco, fatto attorno al suo. E il suo a noi s'è mostrato tanto piú tragico, quanto piú egli, quasi a sfida — mi spiego? — indotto dalla diffidenza ce l'ha voluto scoprire appunto come un giuoco; anche il suo, sissignori, venendoci avanti con un po' di tintura sulle tempie e sulle guance, e dicendoci che se l'era data apposta, per ridere!

DONNA MATILDE (*scattando di nuovo*). No. Non è questo, dottore! Non è questo! non è questo!

DOTTORE. Ma come non è questo?

DONNA MATILDE (*recisa, vibrante*). Io sono sicurissima ch'egli m'ha riconosciuta!

DOTTORE. Non è possibile... non è possibile...

BELCREDI (*contemporaneamente*). Ma che!

DONNA MATILDE (*ancora più recisa quasi convulsa*). M'ha riconosciuta, vi dico. Quand'è venuto a parlarmi da vicino, guardandomi negli occhi, proprio dentro gli occhi — m'ha riconosciuta!

BELCREDI. Ma se parlava di vostra figlia...

DONNA MATILDE. Non è vero! — Di me! Parlava di me!

BELCREDI. Sí, forse, quando disse...

DONNA MATILDE (*subito, senza riguardo*). Dei miei capelli tinti! Ma non avete notato che aggiunse subito: «oppure il ricordo del vostro color bruno se eravate bruna»? — S'è ricordato perfettamente che io, «allora», ero bruna.

BELCREDI. Ma che! Ma che!

DONNA MATILDE (*senza dargli retta, rivolgendosi al Dottore*). I miei capelli, dottore, sono difatti bruni — come quelli di mia figlia. E perciò s'è messo a parlare di lei!

BELCREDI. Ma se non la conosce, vostra figlia! Se non l'ha mai veduta!

DONNA MATILDE. Appunto! Non capite nulla! Per mia figlia intendeva me; me com'ero allora!

BELCREDI. Ah, questo è contagio! Questo è contagio![2]

DONNA MATILDE (*piano, con sprezzo*). Ma che contagio! Sciocco!

BELCREDI. Scusate, siete stata mai sua moglie, voi? Vostra figlia, nel suo delirio, è sua moglie: Berta di Susa.

DONNA MATILDE. Ma perfettamente! Perché io, non più bruna — com'egli mi ricordava — ma «cosí», bionda, mi sono presentata a lui come «Adelaide» la madre. — Mia figlia per lui non esiste — non l'ha mai veduta — l'avete detto voi stesso. Che ne sa perciò, se sia bionda o bruna?

BELCREDI. Ma ha detto bruna, cosí, in generale, Dio mio! di

chi vuol fissare, comunque, sia bionda sia bruna, il ricordo della gioventú nel colore dei capelli! E voi al solito vi mettete a fantasticare! — Dottore, dice che non sarei dovuto venire io — ma non sarebbe dovuta venire lei!

DONNA MATILDE (*abbattuta per un momento dall'osservazione del Belcredi, e rimasta assorta, ora si riprende, ma smaniosa perché dubitante*). No... no... parlava di me... Ha parlato sempre a me e con me e di me...

BELCREDI. Alla grazia! Non m'ha lasciato un momento di respiro, e dite che ha parlato sempre di voi? Tranne che non vi sia parso che alludesse anche a voi, quando parlava con Pietro Damiani!

DONNA MATILDE (*con aria di sfida, quasi rompendo ogni freno di convenienza*). E chi lo sa? — Mi sapete dire perché subito, fin dal primo momento, ha sentito avversione per voi, soltanto per voi?

Dal tono della domanda deve risultare infatti, quasi esplicita, la risposta: « Perché ha capito che voi siete il mio amante!» — Il Belcredi lo avverte cosí bene, che lí per lí resta come smarrito in un vano sorriso.

DOTTORE. La ragione, scusino, può essere anche nel fatto che gli fu annunziata soltanto la visita della duchessa Adelaide e dell'Abate di Cluny. Trovandosi davanti un terzo, che non gli era stato annunziato, subito la diffidenza...

BELCREDI. Ecco, benissimo, la diffidenza gli fece vedere in me un nemico: Pietro Damiani! — Ma se è intestata, che l'abbia riconosciuta...

DONNA MATILDE. Su questo non c'è dubbio! — Me l'hanno detto i suoi occhi, dottore: sapete quando si guarda in un modo che... che nessun dubbio è piú possibile! Forse fu un attimo, che volete che vi dica?

DOTTORE. Non è da escludere: un lucido momento...

DONNA MATILDE. Ecco forse! E allora il suo discorso m'è parso pieno, tutto, del rimpianto della mia e della sua gioventú — per questa cosa orribile che gli è avvenuta, e che l'ha fermato lí, in quella maschera da cui non s'è potuto piú distaccare, e da cui si vuole, si vuole distaccare!

BELCREDI. Già! Per potersi mettere ad amar vostra figlia. O voi, — come credete — intenerito dalla vostra pietà.

DONNA MATILDE. Che è tanta, vi prego di credere!

BELCREDI. Si vede, Marchesa! Tanta che un taumaturgo vedrebbe piú che probabile il miracolo.

DOTTORE. Permettete che parli io adesso?[3] Io non faccio miracoli, perché sono un medico e non un taumaturgo, io. Sono stato molto attento a tutto ciò che ha detto, e ripeto che quella certa elasticità analogica, propria di ogni delirio sistematizzato, è evidente che in lui è già molto... come vorrei dire? rilassata. Gli elementi, insomma, del suo delirio non si tengono piú saldi a vicenda. Mi pare che si riequilibri a stento, ormai, nella sua personalità soprammessa, per bruschi richiami che lo strappano — (e questo è molto confortante) — non da uno stato di incipiente apatia, ma piuttosto da un morbido adagiamento in uno stato di malinconia riflessiva, che dimostra una... sí, veramente considerevole attività cerebrale. Molto confortante, ripeto. Ora, ecco, se con questo trucco violento che abbiamo concertato...

DONNA MATILDE (voltandosi verso la finestra, col tono di una malata che si lamenti). Ma com'è che ancora non ritorna quest'automobile? In tre ore e mezzo...

DOTTORE (stordito). Come dice?

DONNA MATILDE. Quest'automobile, Dottore! Sono piú di tre ore e mezzo!

DOTTORE (cavando e guardando l'orologio). Eh, piú di quattro per questo!

DONNA MATILDE. Potrebbe esser qua da mezz'ora, almeno. Ma, al solito...

BELCREDI. Forse non trovano l'abito.

DONNA MATILDE. Ma se ho indicato con precisione dov'è riposto![4]

(È impazientissima.)

Frida, piuttosto... Dov'è Frida?

BELCREDI (*sporgendosi un po' dalla finestra*). Sarà forse in giardino con Carlo.

DOTTORE. La persuaderà a vincere la paura...

BELCREDI. Ma non è paura, dottore; non ci creda! È che si secca.

DONNA MATILDE. Fatemi il piacere di non pregarla affatto! Io so com'è!

DOTTORE. Aspettiamo, con pazienza. Tanto, si farà tutto in un momento e dev'esser di sera. Se riusciamo a scrollarlo, dicevo, a spezzare d'un colpo con questo strappo violento i fili già rallentati che lo legano ancora alla sua finzione, ridandogli quello che egli stesso chiede (l'ha detto: « Non si può aver sempre ventisei anni, Madonna! ») la liberazione da questa condanna, che pare a lui stesso una condanna: ecco, insomma, se otteniamo che riacquisti d'un tratto la sensazione della distanza del tempo...

BELCREDI (*subito*). Sarà guarito!

Poi sillabando con intenzione ironica:

Lo distaccheremo!

DOTTORE. Potremo sperare di riaverlo, come un orologio che si sia arrestato a una cert'ora. Ecco, sí, quasi coi nostri orologi alla mano, aspettare che si rifaccia quell'ora — là, uno scrollo! — e speriamo che esso si rimetta a segnare il suo tempo, dopo un cosí lungo arresto.

Entra a questo punto dalla comune il marchese Carlo di Nolli.

DONNA MATILDE. Ah, Carlo... E Frida? Dove se n'è andata?

DI NOLLI. Eccola, viene a momenti.

DOTTORE. L'automobile è arrivata?

DI NOLLI. Sí.

DONNA MATILDE. Ah sí? E ha portato l'abito?

DI NOLLI. È già qui da un pezzo.

DOTTORE. Oh, benissimo, allora!

DONNA MATILDE (*fremente*). E dov'è? Dov'è?

DI NOLLI (*stringendosi nelle spalle e sorridendo triste come uno che si presti mal volentieri a uno scherzo fuor di luogo*). Mah... Ora vedrete...

E indicando verso la comune:

Ecco qua...

Si presenta sulla soglia della comune Bertoldo che annuncia con solennità:

BERTOLDO. Sua Altezza la Marchesa Matilde di Canossa!

E subito entra Frida magnifica e bellissima; parata con l'antico abito della madre da « Marchesa Matilde di Toscana » in modo da figurare, viva, l'immagine effigiata nel ritratto della sala del trono.

FRIDA (*passando accanto a Bertoldo che s'inchina, gli dice con sussiego sprezzante*). Di Toscana, di Toscana, prego. Canossa è un mio castello.

BELCREDI (*ammirandola*). Ma guarda! Ma guarda! Pare un'altra!

DONNA MATILDE. Pare me! — Dio mio, vedete? — Ferma, Frida! — Vedete? È proprio il mio ritratto, vivo!

DOTTORE. Sí, sí... Perfetto! Perfetto! Il ritratto!

BELCREDI. Eh sí, c'è poco da dire...[5] È quello! Guarda, guarda! Che tipo!

FRIDA. Non mi fate ridere, che scoppio! Dico, ma che vitino avevi, mamma? Mi son dovuta succhiare tutta, per entrarci![6]

DONNA MATILDE (*convulsa, rassettandola*). Aspetta... Ferma... Queste pieghe... Ti va cosí stretto veramente?

FRIDA. Soffoco! Bisognerà far presto, per carità...

DOTTORE. Eh, ma dobbiamo prima aspettare che si faccia sera...

FRIDA. No no, non ci resisto, non ci resisto fino a sera!

DONNA MATILDE. Ma perché te lo sei indossato cosí subito?

FRIDA. Appena l'ho visto! La tentazione! Irresistibile...

DONNA MATILDE. Potevi almeno chiamarmi! Farti ajutare... È ancora tutto spiegazzato, Dio mio...

FRIDA. Ho visto, mamma. Ma, pieghe vecchie... Sarà difficile farle andar via.

DOTTORE. Non importa, Marchesa! L'illusione è perfetta.

Poi, accostandosi e invitandola a venire un po' avanti alla figlia, senza tuttavia coprirla:

Con permesso. Si collochi cosí — qua — a una certa distanza — un po' piú avanti...

BELCREDI. Per la sensazione della distanza del tempo!

DONNA MATILDE (*voltandosi a lui, appena*). Vent'anni dopo! Un disastro, eh?

BELCREDI. Non esageriamo!

DOTTORE (*imbarazzatissimo per rimediare*). No, no! Dicevo anche... dico, dico per l'abito... dico per vedere...[7]

BELCREDI (*ridendo*). Ma per l'abito, dottore, altro che vent'anni! Sono ottocento! Un abisso! Glielo vuol far saltare davvero con un urtone?

Indicando prima Frida e poi la Marchesa:

Da lí a qua? Ma lo raccatterà a pezzi col corbello! Signori miei, pensateci; dico sul serio: per noi sono vent'anni, due abiti e una mascherata. Ma se per lui, come lei dice, dottore, s'è fissato il tempo; se egli vive là

indica Frida

con lei, ottocent'anni addietro: dico sarà tale la vertigine del salto che, piombato in mezzo a noi...

il Dottore fa segno di no col dito

dice di no?

DOTTORE. No. Perché la vita, caro barone, riprende! Qua — questa nostra — diventerà subito reale anche per lui; e lo tratterrà subito, strappandogli a un tratto l'illusione e scoprendogli che sono appena venti gli ottocent'anni che lei dice! Sarà, guardi, come certi trucchi, quello del salto nel vuoto, per esempio, del rito massonico,[8] che pare chi sa che cosa, e poi alla fine s'è sceso uno scalino.

BELCREDI. Oh che scoperta![9] — Ma sí! — Guardate Frida e la Marchesa, dottore! — Chi è piú avanti? — Noi vecchi, dottore! Si credono piú avanti i giovani; non è vero: siamo piú avanti noi, di quanto il tempo è piú nostro che loro.

DOTTORE. Eh, se il passato non ci allontanasse!

BELCREDI. Ma no! Da che? Se loro

indica Frida e Di Nolli

debbono fare ancora quel che abbiamo già fatto noi, dottore: invecchiare, rifacendo su per giú le stesse sciocchezze... L'illusione è questa, che si esca per una porta davanti, dalla vita! Non è vero! Se appena si nasce si comincia a morire, chi per prima ha cominciato è piú avanti di tutti. E il piú giovine è il padre Adamo! Guardate là

mostra Frida

d'ottocent'anni piú giovane di tutti noi, la Marchesa Matilde di Toscana.

E le si inchina profondamente.

DI NOLLI. Ti prego, ti prego, Tito: non scherziamo.

BELCREDI. Ah, se ti pare che io scherzi...

DI NOLLI. Ma sí, Dio mio... da che sei venuto...

BELCREDI. Come! Mi sono perfino vestito da benedettino...

DI NOLLI. Già! Per fare una cosa seria...

BELCREDI. Eh, dico... se è stato serio per gli altri... ecco, per Frida, ora, per esempio...

Poi, voltandosi al Dottore:

Le giuro, dottore, che non capisco ancora che cosa lei voglia fare.

DOTTORE (*seccato*). Ma lo vedrà! Mi lasci fare... Sfido! Se lei vede la Marchesa ancora vestita cosí...

BELCREDI. Ah, perché deve anche lei...?

DOTTORE. Sicuro! Sicuro! Con un altro abito che è di là, per quando a lui viene in mente di trovarsi davanti alla Marchesa Matilde di Canossa.

FRIDA (*mentre conversa piano col Di Nolli, avvertendo che il dottore sbaglia*). Di Toscana! Di Toscana!

DOTTORE (*c.s.*). Ma è lo stesso!

BELCREDI. Ah, ho capito! Se ne troverà davanti due...?

DOTTORE. Due, precisamente. E allora...

FRIDA (*chiamandolo in disparte*). Venga qua, dottore, senta!

DOTTORE. Eccomi!

Si accosta ai due giovani e finge di dar loro spiegazioni.

BELCREDI (*piano, a Donna Matilde*). Eh, per Dio! Ma dunque...

DONNA MATILDE (*rivoltandosi con viso fermo*). Che cosa?

BELCREDI. V'interessa tanto veramente? Tanto da prestarvi a questo? È enorme per una donna!

DONNA MATILDE. Per una donna qualunque![10]

BELCREDI. Ah no, per tutte, cara, su questo punto! È una abnegazione...

DONNA MATILDE. Gliela devo![11]

BELCREDI. Ma non mentite! Voi sapete di non avvilirvi.

DONNA MATILDE. E allora? Che abnegazione?

BELCREDI. Quanto basta per non avvilire voi agli occhi degli altri, ma per offendere me.

DONNA MATILDE. Ma chi pensa a voi in questo momento!

DI NOLLI (*venendo avanti*). Ecco, ecco, dunque, sí, sí, faremo cosí...

Rivolgendosi a Bertoldo

Oh, voi: andate a chiamare uno di quei tre là!

BERTOLDO. Subito!

Esce per la comune.

DONNA MATILDE. Ma dobbiamo fingere prima di licenziarci!

DI NOLLI. Appunto! Lo faccio chiamare per predisporre il vostro licenziamento.

A Belcredi.

Tu puoi farne a meno: resta qua!

BELCREDI (*tentennando il capo ironicamente*). Ma sí, ne faccio a meno... ne faccio a meno...

DI NOLLI. Anche per non metterlo di nuovo in diffidenza, capisci?

BELCREDI. Ma sí! *Quantité négligeable!*

DOTTORE. Bisogna dargli assolutamente, assolutamente la certezza che ce ne siamo andati via.

Entra dall'uscio a destra Landolfo seguito da Bertoldo.

LANDOLFO. Permesso?

DI NOLLI. Avanti, avanti! Ecco... — Vi chiamate Lolo, voi?

LANDOLFO. Lolo o Landolfo, come vuole!

DI NOLLI. Bene, guardate. Adesso il Dottore e la Marchesa si licenzieranno...

LANDOLFO. Benissimo. Basterà dire che hanno ottenuto dal Pontefice la grazia del ricevimento.[12] È lí nelle sue stanze, che geme pentito di tutto ciò che ha detto, e disperato che la grazia non l'otterrà. Se vogliono favorire... Avranno la pazienza di indossare di nuovo gli abiti...

DOTTORE. Sí, sí, andiamo, andiamo...

LANDOLFO. Aspettino. Mi permetto di suggerir loro una cosa: d'aggiungere che anche la Marchesa Matilde di Toscana ha implorato con loro dal Pontefice la grazia, che sia ricevuto.

DONNA MATILDE. Ecco! Vedete se m'ha riconosciuta?

LANDOLFO. No. Mi perdoni. È che teme tanto l'avversione di quella Marchesa che ospitò il Papa nel suo Castello. È strano: nella storia, che io sappia — ma lor signori sono certo in grado di saperlo meglio di me — non è detto, è vero, che Enrico IV amasse segretamente la Marchesa di Toscana?

DONNA MATILDE (*subito*). No: affatto. Non è detto! Anzi tutt'altro!

LANDOLFO. Ecco, mi pareva! Ma egli dice d'averla amata — lo dice sempre... — E ora teme che lo sdegno di lei per questo amore segreto debba agire a suo danno sull'animo del Pontefice.

BELCREDI. Bisogna fargli intendere che questa avversione non c'è piú!

LANDOLFO. Ecco! Benissimo!

DONNA MATILDE (*a Landolfo*). Benissimo, già!

Poi, a Belcredi

Perché è precisamente detto nella storia, se voi non lo

sapete, che il Papa si arrese proprio alle preghiere della Marchesa Matilde e dell'Abate di Cluny. E io vi so dire, caro Belcredi, che allora — quando si fece la cavalcata — intendevo appunto avvalermi di questo per dimostrargli che il mio animo non gli era piú tanto nemico, quanto egli si immaginava.

BELCREDI. Ma allora, a meraviglia, cara Marchesa![13] Seguite, seguite la storia...

LANDOLFO. Ecco. Senz'altro, allora, la signora potrebbe risparmiarsi un doppio travestimento e presentarsi con Monsignore.

indica il Dottore

sotto le vesti di Marchesa di Toscana.

DOTTORE (*subito, con forza*). No no! Questo no, per carità! Rovinerebbe tutto! L'impressione del confronto dev'esser subitanea, di colpo. No, no. Marchesa, andiamo, andiamo: lei si presenterà di nuovo come la duchessa Adelaide, madre dell'Imperatrice. E ci licenzieremo. Questo è soprattutto necessario: che egli sappia che ce ne siamo andati. Su, su: non perdiamo altro tempo, ché ci resta ancora tanto da preparare.

Via il Dottore, Donna Matilde e Landolfo per l'uscio di destra.

FRIDA. Ma io comincio ad aver di nuovo una gran paura...

DI NOLLI. Daccapo, Frida?

FRIDA. Era meglio, se lo vedevo prima...

DI NOLLI. Ma credi che non ce n'è proprio di che![14]

FRIDA. Non è furioso?

DI NOLLI. Ma no! È tranquillo.

BELCREDI (*con ironica affettazione sentimentale*). Malinconico! Non hai sentito che ti ama?

FRIDA. Grazie tante! Giusto per questo!

BELCREDI. Non ti vorrà far male...

DI NOLLI. Ma sarà poi l'affare d'un momento...

FRIDA. Già, ma là al bujo! con lui...

DI NOLLI. Per un solo momento, e io ti sarò accanto e gli altri saranno tutti dietro le porte, in agguato, pronti ad accorrere. Appena si vedrà davanti tua madre, capisci? per te, la tua parte sarà finita...

BELCREDI. Il mio timore, piuttosto, è un altro: che si farà un buco nell'acqua.[15]

DI NOLLI. Non cominciare! A me il rimedio pare efficacissimo!

FRIDA. Anche a me, anche a me! Già lo avverto in me... Sono tutta un fremito!

BELCREDI. Ma i pazzi, cari miei — (non lo sanno, purtroppo!) — ma hanno questa felicità di cui non teniamo contro...

DI NOLLI (*interrompendo, seccato*). Ma che felicità, adesso! Fa' il piacere!

BELCREDI (*con forza*). Non ragionano!

DI NOLLI. Ma che c'entra qua il ragionamento, scusa?[16]

BELCREDI. Come! Non ti pare tutto un ragionamento che — secondo noi — egli dovrebbe fare, vedendo lei,

indica Frida

e vedendo sua madre? Ma lo abbiamo architettato noi tutto quanto!

DI NOLLI. No, niente affatto: che ragionamento? Gli presentiamo una doppia immagine della sua stessa finzione, come ha detto il dottore!

BELCREDI (*con uno scatto improvviso*). Senti: io non ho mai capito perché si laureino in medicina!

DI NOLLI (*stordito*). Chi?

BELCREDI. Gli alienisti.

DI NOLLI. Oh bella, e in che vuoi che si laureino?

FRIDA. Se fanno gli alienisti!

BELCREDI. Appunto! In legge, cara! Tutte chiacchiere! E chi piú sa chiacchierare, piú è bravo! «Elasticità analogica», «la sensazione della distanza del tempo!» E intanto la prima cosa che dicono è che non fanno miracoli — quando ci vorrebbe proprio un miracolo! Ma sanno che piú ti dicono che non sono taumaturghi, e piú gli altri credono alla loro serietà — non fanno miracoli — e cascano sempre in piedi, che è una bellezza!

BERTOLDO (*che se ne è stato a spiare dietro l'uscio a destra, guardando attraverso il buco della serratura*). Eccoli! Eccoli! Accennano a venire qua...

DI NOLLI. Ah sí?

BERTOLDO. Pare che egli li voglia accompagnare... Sí, sí, eccolo, eccolo!

DI NOLLI. Ritiriamoci allora! Ritiriamoci subito!

> *Voltandosi a Bertoldo prima di uscire.*

Voi restate qua!

BERTOLDO. Debbo restare?

> *Senza dargli risposta, Di Nolli, Frida e Belcredi scappano per la comune, lasciando Bertoldo sospeso e smarrito. S'apre l'uscio a destra e Landolfo entra per primo, subito inchinandosi, entrano poi Donna Matilde col manto e la corona ducale, come nel primo atto e il Dottore con la tonaca di Abate di Cluny; Enrico IV è fra loro, in abito regale; entrano infine Ordulfo e Arialdo.*

ENRICO IV (*seguitando il discorso che si suppone cominciato nella sala del trono*). E io vi domando, come potrei essere astuto, se poi mi credono caparbio...

DOTTORE. Ma no, che caparbio, per carità!

ENRICO IV (*sorridendo, compiaciuto*). Sarei per voi allora veramente astuto?

DOTTORE. No, no, né caparbio, né astuto!

ENRICO IV (*si ferma ed esclama col tono di chi vuol far notare benevolmente, ma anche ironicamente, che cosí non può stare*). Monsignore! Se la caparbietà non è vizio che possa accompagnarsi con l'astuzia, speravo che, negandomela, almeno un po' d'astuzia me la voleste concedere. V'assicuro che mi è molto necessaria! Ma se voi ve la volete tenere tutta per voi...

DOTTORE. Ah, come, io? Vi sembro astuto?

ENRICO IV. No, Monsignore! Che dite! Non sembrate affatto![17]

Troncando per rivolgersi a Donna Matilde.

Con permesso: qua sulla soglia, una parola in confidenza a
Madonna la Duchessa.

*La conduce un po' in disparte e le domanda con ansia in gran
segreto:*

Vostra figlia vi è cara veramente?

DONNA MATILDE (*smarrita*). Ma sí, certo...

ENRICO IV. E volete che la ricompensi con tutto il mio amore,
con tutta la mia devozione dei gravi torti che ho verso di lei,
benché non dobbiate credere alle dissolutezze di cui m'accu-
sano i miei nemici?

DONNA MATILDE. No no: io non ci credo: non ci ho mai
creduto...

ENRICO IV. Ebbene, allora, volete?

DONNA MATILDE (*c. s.*). Che cosa?

ENRICO IV. Che io ritorni all'amore di vostra figlia?

*La guarda, e aggiunge subito in tono misterioso, d'ammo-
nimento e di sgomento insieme:*

Non siate amica, non siate amica della Marchesa di Toscana!

DONNA MATILDE. Eppure vi ripeto che ella non ha pregato, non
ha scongiurato meno di noi per ottenere la vostra grazia...

ENRICO IV (*subito, piano, fremente*). Non me lo dite! Non me
lo dite! Ma perdio, Madonna, non vedete che effetto mi fa?

DONNA MATILDE (*lo guarda, poi pianissimo, come confidandosi*).
Voi l'amate ancora?

ENRICO IV (*sbigottito*). Ancora? Come dite ancora? Voi forse,
sapete? Nessuno lo sa! Nessuno deve saperlo!

DONNA MATILDE. Ma forse lei sí, lo sa, se ha tanto implorato
per voi!

ENRICO IV (*la guarda un po' e poi dice*): E amate la vostra
figliuola?

Breve pausa. Si volge al Dottore con un tono di riso.

Ah, Monsignore, come è vero che questa mia moglie io ho

saputo d'averla soltanto dopo — tardi, tardi... E anche adesso: sí, devo averla; non c'è dubbio che l'ho — ma vi potrei giurare che non ci penso quasi mai. Sarà peccato, ma non la sento; proprio non me la sento nel cuore. È meraviglioso però, che non se la senta nel cuore neanche sua madre! Confessate, Madonna, che ben poco v'importa di lei!

Volgendosi al Dottore, con esasperazione:

Mi parla dell'altra!

Ed eccitandosi sempre piú:

Con un'insistenza, con un'insistenza che non riesco proprio a spiegarmi.

LANDOLFO (*umile*). Forse per levarvi, Maestà, un'opinione contraria che abbiate potuto concepire della Marchesa di Toscana.

E sgomento di essersi permesso questa osservazione, aggiunge subito:

Dico, beninteso, in questo momento...

ENRICO IV. Perché anche tu sostieni che mi sia stata amica?

LANDOLFO. Sí, in questo momento, sí, Maestà!

DONNA MATILDE. Ecco, sí, proprio per questo...

ENRICO IV. Ho capito. Vuol dire allora che non credete che io la ami. Ho capito. Ho capito. Non l'ha mai creduto nessuno; nessuno mai sospettato. Tanto meglio cosí! Basta. Basta.

Tronca, rivolgendosi al Dottore con animo e viso del tutto diversi

Monsignore, avete veduto? Le condizioni da cui il Papa ha fatto dipendere la revoca della scomunica non han nulla, ma proprio nulla da vedere con la ragione per cui mi aveva scomunicato! Dite a Papa Gregorio che ci rivedremo a Bressanone.[18] E voi, Madonna, se avrete la fortuna d'incontrare la vostra figliuola giú nel cortile del castello della vostra

amica Marchesa, che volete che vi dica? fatela salire; vedremo
se mi riuscirà di tenermela stretta accanto, moglie e Imperatrice. Molte fin qui si son presentate, assicurandomi,
assicurandomi d'esser lei — quella che io, sapendo di
averla... sí, ho pur cercato qualche volta — (non è vergogna:
mia moglie!) — Ma tutte, dicendomi d'essere Berta, dicendomi d'esser di Susa — non so perché — si sono messe a
ridere!

Come in confidenza

Capite? — a letto — io senza quest'abito — lei anche... sí,
Dio mio, senz'abiti... un uomo e una donna... è naturale...
Non si pensa piú a ciò che siamo. L'abito, appeso, resta
come un fantasma!

E con un altro tono, in confidenza al Dottore:

E io penso, Monsignore, che i fantasmi, in generale, non
siano altro in fondo che piccole scombinazioni dello spirito:
immagini che non si riesce a contenere nei regni del sonno:
si scoprono anche nella veglia, di giorno: e fanno paura. Io
ho sempre tanta paura, quando di notte me le vedo davanti
— tante immagini scompigliate, che ridono, smontate da
cavallo. — Ho paura talvolta anche del mio sangue che
pulsa nelle arterie come, nel silenzio della notte, un tonfo
cupo di passi in stanze lontane... Basta vi ho trattenuto
anche troppo qui in piedi. Vi ossequio, Madonna; e vi
riverisco,[19] Monsignore.

*Davanti alla soglia della comune, fin dove li ha accompa-
gnati, li licenzia, ricevendone l'inchino. Donna Matilde e il
Dottore, via. Egli richiude la porta e si volta subito, cangiato.*

Buffoni! Buffoni! Buffoni! — Un pianoforte di colori!
Appena la toccavo: bianca, rossa, gialla, verde... E quell'
altro là: Pietro Damiani. — Ah! Ah! Perfetto! Azzeccato![20]
— S'è spaventato di ricomparirmi davanti!

*Dirà questo con gaja prorompente frenesia, movendo di qua,
di là i passi, gli occhi, finché all'improvviso non vede Bertol-*

do, piú che sbalordito, impaurito del repentino cambiamento.
Gli si arresta davanti e additandolo ai tre compagni anch'essi
come smarriti nello sbalordimento:

Ma guardatemi quest'imbecille qua, ora, che sta a mirarmi
a bocca aperta...

Lo scrolla per le spalle.

Non capisci? Non vedi come li paro, come li concio, come
me li faccio comparire davanti, buffoni spaventati! E si
spaventano solo di questo, oh: che stracci loro addosso la
maschera buffa e li scopra travestiti; come se non li avessi
costretti io stesso a mascherarsi, per questo mio gusto qua,
di fare il pazzo!

LANDOLFO ARIALDO ORDULFO (*sconvolti, trasecolati, guar-*
dandosi tra loro). Come! Che dice? Ma dunque?

ENRICO IV (*si volta subito alle loro esclamazioni e grida, im-*
perioso). Basta! Finiamola! Mi sono seccato!

Poi subito, come se, a ripensarci, non se ne possa dar pace, e
non sappia crederci:

Perdio, l'impudenza di presentarsi qua, a me, ora — col suo
ganzo accanto... — E avevano l'aria di prestarsi per com-
passione, per non fare infuriare un poverino già fuori del
mondo, fuori del tempo, fuori della vita! — Eh, altrimenti
quello là,[21] ma figuratevi se l'avrebbe subíta una simile
sopraffazione! — Loro sí, tutti i giorni, ogni momento, pre-
tendono che gli altri siano come li vogliono loro; ma non è
mica una sopraffazione, questa! — Che! Che! — È il loro
modo di pensare, il loro modo di vedere, di sentire: ciascuno
ha il suo! Avete anche voi il vostro, eh? Certo! Ma che
può essere il vostro? Quello della mandra! Misero, labile,
incerto... E quelli ne approfittano, vi fanno subire e accettare
il loro, per modo che voi sentiate e vediate come loro! O
almeno, si illudono! Perché poi, che riescono a imporre?
Parole! parole che ciascuno intende e ripete a suo modo.[22]
Eh, ma si formano pure cosí le cosí dette opinioni correnti!

E guai a chi un bel giorno si trovi bollato[23] da una di queste parole che tutti ripetono! Per esempio: « pazzo! » — Per esempio, che so? — « imbecille! » — Ma dite un po', si può star quieti a pensare che c'è uno che si affanna a persuadere agli altri che voi siete come vi vede lui, a fissarvi nella stima degli altri secondo il giudizio che ha fatto di voi? — « Pazzo » « pazzo »! — Non dico ora che lo faccio per ischerzo! Prima, prima che battessi la testa cadendo da cavallo...

S'arresta d'un tratto, notando i quattro che si agitano, più che mai sgomenti e sbalorditi.

Vi guardate negli occhi?

Rifà smorfiosamente i segni del loro stupore.

Ah! Eh! Che rivelazione? — Sono o non sono? — Eh, via, sí, sono pazzo!

Si fa terribile[24]

Ma allora, perdio, inginocchiatevi! inginocchiatevi!

Li forza a inginocchiarsi tutti a uno a uno:

Vi ordino di inginocchiarvi tutti davanti a me — cosí! E toccate tre volte la terra con la fronte! Giú! Tutti, davanti ai pazzi, si deve stare cosí![25]

Alla vista dei quattro inginocchiati si sente subito svaporare la feroce gajezza, e se ne sdegna.

Su, via, pecore, alzatevi! — M'avete obbedito? Potevate mettermi la camicia di forza... — Schiacciare uno col peso d'una parola? Ma è niente! Che è? Una mosca! — Tutta la vita è schiacciata cosí dal peso delle parole![26] Il peso dei morti — Eccomi qua: potete credere sul serio che Enrico IV sia ancora vivo? Eppure, ecco, parlo e comando a voi vivi. Vi voglio cosí! — Vi sembra una burla anche questa, che seguitano a farla i morti la vita? — Sí, qua è una burla: ma uscite di qua, nel mondo vivo. Spunta il giorno. Il tempo è davanti a voi. Un'alba. Questo giorno che ci sta davanti —

voi dite — lo faremo noi! — Sí? Voi? E salutatemi tutte le tradizioni! Salutatemi tutti i costumi! Mettetevi a parlare! Ripeterete tutte le parole che si sono sempre dette! Credete di vivere? Rimasticate la vita dei morti!

Si para davanti a Bertoldo, ormai istupidito.

Non capisci proprio nulla, tu, eh? — Come ti chiami?
BERTOLDO. Io?... Eh... Bertoldo...
ENRICO IV. Ma che Bertoldo, sciocco! Qua a quattr'occhi:[27] come ti chiami?
BERTOLDO. Ve... veramente mi... mi chiamo Fino...
ENRICO IV (*a un atto di richiamo e di ammonimento degli altri tre, appena accennato, voltandosi subito per farli tacere*). Fino?
BERTOLDO. Fino Pagliuca, sissignore.
ENRICO IV (*volgendosi di nuovo agli altri*). Ma se vi ho sentito chiamare tra voi, tante volte!

A Landolfo

Tu ti chiami Lolo?
LANDOLFO. Sissignore...

Poi con uno scatto di gioja:

Oh Dio... Ma allora?
ENRICO IV (*subito, brusco*). Che cosa?
LANDOLFO (*d'un tratto smorendo*). No... dico...
ENRICO IV. Non sono piú pazzo? Ma no. Non mi vedete? — Scherziamo alle spalle di chi ci crede.

Ad Arialdo

So che tu ti chiami Franco...

A Ordulfo

E tu, aspetta...
ORDULFO. Momo!
ENRICO IV. Ecco, Momo! Che bella cosa, eh?
LANDOLFO (*c.s.*). Ma dunque... oh Dio...

ENRICO IV (*c.s.*). Che? Niente! Facciamoci tra noi una bella, lunga, grande risata...

E ride.

Ah, ah, ah, ah, ah, ah!

LANDOLFO ARIALDO ORDULFO (*guardandosi tra loro, incerti, smarriti, tra la gioja e lo sgomento*). È guarito? Ma sarà vero? Com'è?

ENRICO IV. Zitti! Zitti!

A Bertoldo:

Tu non ridi? Sei ancora offeso? Ma no! Non dicevo mica a te, sai? — Conviene a tutti, capisci? conviene a tutti far credere pazzi certuni, per avere la scusa di tenerli chiusi. Sai perché? Perché non si resiste a sentirli parlare. Che dico io di quelli là che se ne sono andati? Che una è una baldracca, l'altro un sudicio libertino, l'altro un impostore... Non è vero! Nessuno può crederlo! — Ma tutti stanno ad ascoltarmi, spaventati. Ecco, vorrei sapere perché, se non è vero. — Non si può mica credere a quel che dicono i pazzi! — Eppure, si stanno ad ascoltare cosí, con gli occhi sbarrati dallo spavento. — Perché? — Dimmi, dimmi tu, perché? Sono calmo, vedi?

BERTOLDO. Ma perché... forse, credono che...

ENRICO IV. No, caro... no, caro... Guardami bene negli occhi... — Non dico che sia vero, stai tranquillo! — Niente è vero! — Ma guardami negli occhi!

BERTOLDO. Sí, ecco, ebbene?

ENRICO IV. Ma lo vedi? lo vedi? Tu stesso! Lo hai anche tu, ora, lo spavento negli occhi! — Perché ti sto sembrando pazzo! — Ecco la prova! Ecco la prova!

E ride.

LANDOLFO (*a nome degli altri, facendosi coraggio, esasperato*). Ma che prova?

ENRICO IV. Codesto vostro sgomento, perché ora, di nuovo, vi sto sembrando pazzo! — Eppure, perdio, lo sapete! Mi

credete; lo avete creduto fino ad ora che sono pazzo! —
È vero o no?

Li guarda un po', li vede atterriti.

Ma lo vedete? Lo sentite che può diventare anche terrore,
codesto sgomento, come per qualche cosa che vi faccia
mancare il terreno sotto i piedi e vi tolga l'aria da respirare?
Per forza, signori miei! Perché trovarsi davanti a un pazzo
sapete che significa? trovarsi davanti a uno che vi scrolla dalle
fondamenta tutto quanto avete costruito in voi, attorno a
voi, la logica di tutte le vostre costruzioni.[28] — Eh! che
volete? Costruiscono senza logica, beati loro, i pazzi! O con
una loro logica che vola come una piuma! Volubili! Volubili!
Oggi cosí e domani chi sa come! — Voi vi tenete forte, ed
essi non si tengono piú. Volubili! Volubili! — Voi dite:
« questo non può essere! » — e per loro può essere tutto.[29]
— Ma voi dite che non è vero. E perché? — Perché non par
vero a te, a te, a te,

indica tre di loro,

e centomila altri. Eh, cari miei! Bisognerebbe vedere poi che
cosa invece par vero a questi centomila altri che non sono
detti pazzi, e che spettacolo dànno dei loro accordi, fiori di
logica! Io so che a me, bambino, appariva vera la luna nel
pozzo. E quante cose mi parevano vere! E credevo a tutte
quelle che mi dicevano gli altri, ed ero beato! Perché guai,
guai se non vi tenete piú forte a ciò che vi par vero oggi, a
ciò che vi parrà vero domani, anche se sia l'opposto di ciò
che vi pareva vero jeri! Guai se vi affondaste come me a con-
siderare questa cosa orribile, che fa veramente impazzire:
che se siete accanto a un altro, e gli guardate gli occhi —
come io guardavo un giorno certi occhi — potete figurarvi
come un mendico davanti a una porta in cui non potrà mai
entrare: chi vi entra, non sarete mai voi, col vostro mondo
dentro, come lo vedete e lo toccate; ma uno ignoto a voi,
come quell'altro nel suo mondo impenetrabile vi vede e vi
tocca...[30]

Pausa lungamente tenuta. L'ombra, nella sala, comincia ad addensarsi, accrescendo quel senso di smarrimento e di più profonda costernazione da cui quei quattro mascherati sono compresi e sempre più allontanati dal grande Mascherato, rimasto assorto a contemplare una spaventosa miseria che non è di lui solo, ma di tutti. Poi egli si riscuote, fa come per cercare i quattro che non sente più attorno a sé e dice:

S'è fatto bujo, qua.

ORDULFO (*subito, facendosi avanti*). Vuole che vada a prendere la lampa?

ENRICO IV (*con ironia*). La lampa, sí... Credete che non sappia che, appena volto le spalle con la mia lampa ad olio per andare a dormire, accendete la luce elettrica per voi — qua e anche là nella sala del trono? — Fingo di non vederla...

ORDULFO. Ah! — Vuole allora...?

ENRICO IV. No: m'accecherebbe. — Voglio la mia lampa.

ORDULFO. Ecco, sarà già pronta, qua dietro la porta.

Si reca alla comune; la apre; ne esce appena e subito ritorna con una lampa antica, di quelle che si reggono con un anello in cima.

ENRICO IV (*prendendo la lampa e poi indicando la tavola sul coretto*). Ecco, un po' di luce. Sedete, lí attorno alla tavola. Ma non cosí! In belli e sciolti atteggiamenti...

Ad Arialdo

Ecco, tu cosí...

lo atteggia, poi a Bertoldo:

E tu cosí...

lo atteggia:

Cosí ecco...

Va e sedere anche lui.

E io, qua...

Volgendo il capo verso una delle finestre.

Si dovrebbe poter comandare alla luna un bel raggio decorativo... Giova, a noi, giova, la luna. Io per me, ne sento il bisogno, e mi ci perdo spesso a guardarla dalla mia finestra. Chi può credere, a guardarla, che lo sappia che ottocent'anni siano passati e che io, seduto alla finestra non possa essere davvero Enrico IV che guarda la luna, come un pover'uomo qualunque? Ma guardate, guardate che magnifico quadro notturno: l'Imperatore tra i suoi fidi consiglieri... Non ci provate gusto?

LANDOLFO (*piano ad Arialdo, come per non rompere l'incanto*). Eh, capisci? A sapere che non era vero...

ENRICO IV. Vero, che cosa?

LANDOLFO (*titubante, come per scusarsi*). No... ecco... perché a lui

indica Bertoldo

entrato nuovo in servizio... io, appunto questa mattina, dicevo: Peccato, che cosí vestiti... e poi con tanti bei costumi, là in guardaroba... e con una sala come quella...

accenna alla sala del trono.

ENRICO IV. Ebbene? Peccato, dici?

LANDOLFO. Già... che non sapevamo...

ENRICO IV. Di rappresentarla per burla, qua, questa commedia?

LANDOLFO. Perché credevamo che...

ARIALDO (*per venirgli in aiuto*). Ecco... sí che fosse sul serio!

ENRICO IV. E com'è? Vi pare che non sia sul serio?

LANDOLFO. Eh, se dice che...

ENRICO IV. Dico che siete sciocchi! Dovevate sapervelo fare per voi stessi, l'inganno; non per rappresentarlo davanti a me, davanti a chi viene qua in visita di tanto in tanto; ma cosí, per come siete naturalmente, tutti i giorni, davanti a nessuno

a Bertoldo, prendendolo per le braccia,

per te, capisci, che in questa tua finzione ci potevi mangiare, dormire, e grattarti anche una spalla, se ti sentivi un prurito;

rivolgendosi anche agli altri:

sentendovi vivi, vivi veramente nella storia del mille e cento, qua alla Corte del vostro Imperatore Enrico IV! E pensare, da qui, da questo nostro tempo remoto, cosí colorito e sepolcrale, pensare che a una distanza di otto secoli in giú, in giú, gli uomini del mille e novecento si abbaruffano intanto, s'arrabattano in una ansia senza requie di sapere come si determineranno i loro casi, di vedere come si stabiliranno i fatti che li tengono in tanta ambascia e in tanta agitazione. Mentre voi, invece, già nella storia! con me! Per quanto tristi i miei casi, e orrendi i fatti; aspre le lotte, dolorose le vicende: già storia, non cangiano piú, non possono piú cangiare, capite? Fissati per sempre: che vi ci potete adagiare, ammirando come ogni effetto segua obbediente alla sua causa, con perfetta logica, e ogni avvenimento si svolga preciso e coerente in ogni suo particolare. Il piacere, il piacere della storia, insomma, che è cosí grande![31]

LANDOLFO. Ah, bello! bello!

ENRICO IV. Bello, ma basta! Ora che lo sapete, non potrei farlo piú io!

Prende la lampa per andare a dormire.

Né del resto voi stessi, se non ne avete inteso finora la ragione. Ne ho la nausea adesso!

Quasi tra sé, con violenta rabbia contenuta:

Perdio! debbo farla pentire d'esser venuta qua! Da suocera oh, mi s'è mascherata... E lui da padre abate... — E mi portano con loro un medico per farmi studiare... E chi sa che non sperino di farmi guarire... Buffoni! — Voglio avere il gusto di schiaffeggiargliene almeno uno:[32] quello! — È un famoso spadaccino? M'infilzerà... Ma vedremo, vedremo...

Si sente picchiare alla commune.

Chi è?

VOCE DI GIOVANNI. Deo gratias!

ARIALDO (*contentissimo, come per uno scherzo che si potrebbe ancora fare*). Ah, è Giovanni, è Giovanni, che viene come ogni sera a fare il monacello!

ORDULFO (*c.s., stropicciandosi le mani*). Sí, sí, facciamoglielo fare! facciamoglielo fare!

ENRICO IV (*subito, severo*). Sciocco! Lo vedi? Perché? Per fare uno scherzo alle spalle di un povero vecchio, che lo fa per amor mio?

LANDOLFO (*a Ordulfo*). Dev'essere come vero! Non capisci?

ENRICO IV. Appunto! Come vero! Perché solo cosí non è piú una burla la verità!

Si reca ad aprire la porta e fa entrare Giovanni parato da umile fraticello, con un rotolo di cartapecora sotto il braccio.

Avanti, avanti, padre!

Poi assumendo un tono di tragica gravità e di cupo risentimento:

Tutti i documenti della mia vita e del mio regno a me favorevoli furono distrutti, deliberatamente, dai miei nemici: c'è solo, sfuggita alla distruzione, questa mia vita scritta da un umile monacello a me devoto, e voi vorreste riderne?

Si rivolge amorosamente a Giovanni e lo invita a sedere davanti alla tavola:

Sedete, padre, sedete qua. E la lampa accanto.

Gli posa accanto la lampa che ha ancora in mano.

Scrivete, scrivete.

GIOVANNI (*svolge il rotolo di cartapecora, e si dispone a scrivere sotto dettatura*). Eccomi pronto, Maestà!

ENRICO IV (*dettando*). Il decreto di pace emanato a Magonza giovò ai meschini ed ai buoni, quanto nocque ai cattivi e ai potenti.

Comincia a calare la tela.

Apportò dovizie ai primi, fame e miseria ai secondi...[33]

TELA

ATTO TERZO

(La sala del trono, buja. Nel bujo, la parete di fondo si discerne appena. Le tele dei due ritratti sono state asportate e al loro posto, entro le cornici rimaste a ricingere il cavo delle nicchie, si sono impostati nel preciso atteggiamento di quei ritratti, Frida parata da « Marchesa di Toscana », come s'è vista nel secondo atto, e Carlo Di Nolli parato da « Enrico IV ».)

Al levarsi del sipario, per un attimo la scena appare vuota. Si apre l'uscio a sinistra ed entra, reggendo la lampa per l'anello in cima, Enrico IV, volto a parlare verso l'interno ai quattro giovani che si suppongono nella sala attigua, con Giovanni, come alla fine del secondo atto.

ENRICO IV. No: restate, restate: farò da me. Buona notte.

Richiude l'uscio e si muove, tristissimo e stanco, per attraversare la sala, diretto al secondo uscio a destra, che dà nei suoi appartamenti.

FRIDA (*appena vede che egli ha di poco oltrepassato l'altezza del trono, bisbiglia dalla nicchia, come una che si senta venir meno dalla paura*). Enrico...

ENRICO IV (*arrestandosi alla voce, come colpito a tradimento da una rasojata alla schiena, volta la faccia atterrita verso la parete di fondo, accennando d'alzare istintivamente, quasi a riparo, le braccia*). Chi mi chiama? (*Non è una domanda, è un'esclamazione che guizza in un brivido di terrore e non aspetta risposta dal bujo e dal silenzio terribile della sala che d'un tratto si sono riempiti per lui del sospetto d'esser pazzo davvero.*)

FRIDA (*a quell'atto di terrore, non meno atterrita di ciò che si è prestata a fare, ripete un po' più forte*): Enrico... (*Ma sporgendo un po' il capo dalla nicchia verso l'altra nicchia, pur volendo sostenere la parte che le hanno assegnata.*)

ENRICO IV (*ha un urlo: si lascia cader la lampa dalle mani, per cingersi con le braccia la testa, e fa come per fuggire*).

FRIDA (*saltando dalla nicchia sullo zoccolo e gridando come impazzita*). Enrico... Enrico... Ho paura... ho paura...

E mentre il Di Nolli balza a sua volta dallo zoccolo e di qui a terra, e accorre a Frida che séguita a gridare convulsa, sul punto di svenire, irrompono — dall'uscio a sinistra — tutti: il Dottore, Donna Matilde parata anche lei da « Marchesa di Toscana », Tito Belcredi, Landolfo, Arialdo, Ordulfo, Bertoldo, Giovanni. Uno di questi dà subito luce alla sala: luce strana, di lampadine nascoste nel soffitto, per modo che sia sulla scena soltanto viva nell'alto. Gli altri, senza curarsi d'Enrico IV che rimane a guardare, stupito da quella irruzione inattesa, dopo il momento di terrore per cui ancora vibra in tutta la persona, accorrono premurosi a sorreggere e a confortare Frida che trema ancora e geme e smania tra le braccia del fidanzato. Parlano tutti confusamente.

DI NOLLI. No, no, Frida... Eccomi qua... Sono con te!

DOTTORE (*sopravvenendo con gli altri*). Basta! Basta! Non c'è da fare più nulla...

DONNA MATILDE. È guarito, Frida! Ecco! È guarito! Vedi?

DI NOLLI (*stupito*). Guarito?

BELCREDI. Era per ridere! Stai tranquilla!

FRIDA (*c.s.*). No! Ho paura! Ho paura!

DONNA MATILDE. Ma di che? Guardalo! Se non era vero! Non è vero!

DI NOLLI (*c.s.*). Non è vero? Ma che dite? Guarito?

DOTTORE. Pare! Per quanto a me...

BELCREDI. Ma sí! Ce l'hanno detto loro!

indica i quattro giovani.

DONNA MATILDE. Sí, da tanto tempo! Lo ha confidato a loro!

DI NOLLI (*ora piú indignato che stupito*). Ma come? Se fino a poco fa...?

BELCREDI. Mah! Recitava per ridere alle tue spalle, e anche di noi che, in buona fede...

DI NOLLI. È possibile? Anche di sua sorella, fino alla morte?

ENRICO IV (*che se n'è rimasto, aggruppato, a spiare or l'uno or l'altro, sotto le accuse e il dileggio per quella che tutti credono una sua beffa crudele, ormai svelata; e ha dimostrato col lampeggiare degli occhi, che medita una vendetta che ancora lo sdegno, tumultuandogli dentro, non gli fa vedere precisa; insorge a questo punto, ferito, con la chiara idea d'assumere come vera la finzione che gli avevano insidiosamente apparecchiata gridando al nipote*): E avanti! Di' avanti![1]

DI NOLLI (*restando al grido, stordito*). Avanti, che?

ENRICO IV. Non sarà morta « tua » sorella soltanto![2]

DI NOLLI (*c.s.*). Mia sorella! Io dico la tua, che costringesti fino all'ultimo a presentarsi qua come tua madre, Agnese!

ENRICO IV. E non era « tua » madre?

DI NOLLI. Mia madre, mia madre appunto!

ENRICO IV. Ma è morta a me « vecchio e lontano », tua madre! Tu sei calato ora, fresco, di là!

Indica la nicchia da cui egli è saltato.

E che ne sai tu, se io non l'ho pianta a lungo, a lungo, in segreto, anche vestito cosí?

DONNA MATILDE (*costernata, guardando gli altri*). Ma che dice?

DOTTORE (*impressionatissimo, osservandolo*). Piano, piano, per carità!

ENRICO IV. Che dico? Domandando a tutti, se non era Agnese la madre di Enrico IV!

Si volge a Frida, come se fosse lei veramente la Marchesa di Toscana.

Voi, Marchesa, dovreste saperlo, mi pare!

FRIDA (*ancora impaurita, stringendosi di piú al Di Nolli*). No, io no! io no!

DOTTORE. Ecco che ritorna il delirio... Piano, signori miei!

BELCREDI (*sdegnato*). Ma che delirio, dottore! Riprende a recitare la commedia![3]

ENRICO IV (*subito*). Io? Avete votato quelle due nicchie là; lui mi sta davanti da Enrico IV...

BELCREDI. Ma basta ormai con codesta burla!

ENRICO IV. Chi ha detto burla?

DOTTORE (*a Belcredi, forte*). Non lo cimenti, per amor di Dio!

BELCREDI (*senza dargli retta, piú forte*). Ma l'hanno detto loro!

Indica di nuovo i quattro giovani.

Loro! Loro!

ENRICO IV (*voltandosi a guardarli*). Voi? Avete detto burla?

LANDOLFO (*timido, imbarazzato*). No... veramente, che era guarito!

BELCREDI. E dunque, basta, via!

A Donna Matilde.

Non vi pare che diventi d'una puerilità intollerabile, la vista di lui

indica il Di Nolli,

Marchesa, e la vostra, parati cosí?

DONNA MATILDE. Ma statevi zitto! Chi pensa piú all'abito, se lui è veramente guarito?

ENRICO IV. Guarito, sí! Sono guarito!

A Belcredi:

Ah, ma non per farla finita cosí subito, come tu credi!

Lo investe.

Lo sai che da venti anni nessuno ha mai osato comparirmi davanti qua, come te[4] e codesto signore?

indica il dottore.

BELCREDI. Ma sí, lo so! E difatti anch'io, questa mattina, ti comparvi davanti vestito...

ENRICO IV. Da monaco, già!

BELCREDI. E tu mi prendesti per Pietro Damiani! E non ho mica riso, credendo appunto...

ENRICO IV. Che fossi pazzo! Ti viene di ridere, vedendo lei cosí, ora che sono guarito? Eppure potresti pensare che, ai miei occhi, il suo aspetto, ora

s'interrompe con uno scatto di sdegno.

Ah!

E subito si rivolge al dottore:

Voi siete un medico?

DOTTORE. Io, sí...

ENRICO IV. E l'avete parata voi da Marchesa di Toscana anche lei? Sapete, dottore, che avete rischiato di rifarmi per un momento la notte nel cervello? Perdio, far parlare i ritratti, farli balzare vivi dalle cornici...

Contempla Frida e il Di Nolli, poi guarda la Marchesa ed infine si guarda l'abito addosso.

Eh, bellissima la combinazione... Due coppie... Benissimo, benissimo, dottore: per un pazzo...

Accenna appena con la mano al Belcredi.

A lui sembra ora una carnevalata fuori di tempo, eh?

Si volta a guardarlo.

Via, ormai, anche questo mio abito da mascherato! Per venirmene, con te, è vero.

BELCREDI. Con me! Con noi!

ENRICO IV. Dove, al circolo? In marsina e cravatta bianca? O a casa, tutti e due insieme, della Marchesa?

BELCREDI. Ma dove vuoi! Vorresti rimanere qua ancora, scusa, a perpetuare — solo — quello che fu lo scherzo disgraziato d'un giorno di carnevale? È veramente incredibile, incredibile come tu l'abbia potuto fare, liberato dalla disgrazia che t'era capitata!

ENRICO IV. Già. Ma vedi? È che, cadendo da cavallo e battendo la testa, fui pazzo per davvero, io, non so per quanto tempo...

DOTTORE. Ah, ecco, ecco! E durò a lungo?

ENRICO IV (*rapidissimo, al dottore*). Sí, dottore, a lungo: circa dodici anni.

E subito, tornando a parlare al Belcredi:

E non vedere piú nulla, caro, di tutto ciò che dopo quel giorno di carnevale avvenne, per voi e non per me; le cose, come si mutarono; gli amici, come mi tradirono; il posto preso da altri, per esempio... che so! ma supponi nel cuore della donna che tu amavi; e chi era morto; e chi era scomparso... tutto questo, sai? non è stata mica una burla per me, come a te pare!

BELCREDI. Ma no, io non dico questo, scusa! Io dico dopo!

ENRICO IV. Ah sí? Dopo? Un giorno...

Si arresta e si volge al dottore.

Caso interessantissimo, dottore! Studiatemi, studiatemi bene!

Vibra tutto, parlando:

Da sé, chi sa come, un giorno, il guasto qua...

si tocca la fronte

che so... si sanò. Riapro gli occhi a poco a poco, e non so in prima se sia sonno o veglia; ma sí, sono sveglio; tocco questa cosa e quella: torno a vedere chiaramente... Ah! — come lui dice —

accenna a Belcredi

via, via allora, quest'abito da mascherato! questo incubo! Apriamo le finestre: respiriamo la vita! Via, via! corriamo fuori!

Arrestando d'un tratto la foga:

Dove? a far che cosa? a farmi mostrare a dito da tutti, di nascosto, come Enrico IV, non piú cosí, ma a braccetto con te, tra i cari amici della vita?

BELCREDI. Ma no! Che dici? Perché?

DONNA MATILDE. Chi potrebbe piú...? Ma neanche a pensarlo! Se fu una disgrazia!

ENRICO IV. Ma se già mi chiamavano pazzo, prima, tutti!

A Belcredi

E tu lo sai! Tu che piú di tutti ti accanivi contro chi tentava difendermi!

BELCREDI. Oh, via, per ischerzo!

ENRICO IV. E guardami qua i capelli!

Gli mostra i capelli sulla nuca.

BELCREDI. Ma li ho grigi anch'io!

ENRICO IV. Sí, con questa differenza: che li ho fatti grigi qua, io, da Enrico IV, capisci? E non me n'ero mica accorto! Me n'accorsi in un giorno solo, tutt'a un tratto, riaprendo gli occhi, e fu uno spavento, perché capii subito che non solo i capelli, ma doveva esser diventato grigio tutto cosí, e tutto crollato, tutto finito: e che sarei arrivato con una fame da lupo a un banchetto già bell'e sparecchiato.

BELCREDI. Eh, ma gli altri, scusa...

ENRICO IV (*subito*). Lo so, non potevano stare ad aspettare ch'io guarissi, nemmeno quelli che, dietro a me, punsero a sangue[5] il mio cavallo bardato...

DI NOLLI (*impressionato*). Come, come?

ENRICO IV. Sí, a tradimento, per farlo springare e farmi cadere!

DONNA MATILDE (*subito, con orrore*). Ma questo lo so adesso, io![6]

ENRICO IV. Sarà stato anche questo per uno scherzo!

DONNA MATILDE. Ma chi fu? Chi stava dietro alla nostra coppia?

ENRICO IV. Non importa saperlo! Tutti quelli che seguitarono a banchettare e che ormai mi avrebbero fatto trovare i loro avanzi, Marchesa, di magra o molle pietà, o nel piatto insudiciato qualche lisca di rimorso, attaccata. Grazie!

Voltandosi di scatto al dottore:

E allora, dottore, vedete se il caso non è veramente nuovo negli annali della pazzia! — preferii restar pazzo — trovando qua tutto pronto e disposto per questa delizia di nuovo genere: viverla — con la piú lucida coscienza — la mia pazzia e vendicarmi cosí della brutalità d'un sasso che m'aveva ammaccato la testa! La solitudine — questa — cosí squallida e vuota come m'apparve riaprendo gli occhi — rivestirmela subito, meglio, di tutti i colori e gli splendori di quel lontano giorno di carnevale, quando voi

guarda Donna Matilde e le indica Frida

eccovi là, Marchesa, trionfaste! — e obbligar tutti quelli che si presentavano a me, a seguitarla, perdio, per il mio passo, ora, quell'antica famosa mascherata che era stata — per voi e non per me — la burla di un giorno! Fare che diventasse per sempre — non piú una burla, no; ma una realtà, la realtà di una vera pazzia: qua, tutti mascherati, e la sala del trono, e questi quattro miei consiglieri: segreti, e — s'intende — traditori!

Si volta subito verso di loro.

Vorrei sapere che ci avete guadagnato, svelando che ero guarito! — Se sono guarito, non c'è piú bisogno di voi, e sarete licenziati! — Confidarsi con qualcuno, questo sí, è veramente da pazzo! — Ah, ma vi accuso io, ora, a mia volta! — Sapete? — Credevano di potersi mettere a farla anche loro adesso la burla, con me, alle vostre spalle.

Scoppia a ridere. Ridono ma sconcertati, anche gli altri, meno Donna Matilde.

BELCREDI (*al Di Nolli*). Ah, senti... non c'è male...
DI NOLLI (*ai quattro giovani*). Voi?

ENRICO IV. Bisogna perdonarli! Questo,

si scuote l'abito addosso

questo che è per me la caricatura, evidente e volontaria, di quest'altra mascherata, continua, d'ogni minuto, di cui siamo i pagliacci involontarii

indica Belcredi

quando senza saperlo ci mascheriamo di ciò che ci par d'essere — l'abito, il loro abito, perdonateli, ancora non lo vedono come la loro stessa persona.[7]

Voltandosi di nuovo a Belcredi:

Sai? Ci si assuefà facilmente. E si passeggia come niente, cosí, da tragico personaggio —

eseguisce

— in una sala come questa! — Guardate, dottore! — Ricordo un prete — certamente irlandese — bello — che dormiva al sole, un giorno di novembre, appoggiato col braccio alla spalliera del sedile, in un pubblico giardino: annegato nella dorata delizia di quel tepore, che per lui doveva essere quasi estivo. Si può star sicuri che in quel momento non sapeva piú d'esser prete, né dove fosse. Sognava! E chi sa che sognava! — Passò un monello, che aveva strappato con tutto il gambo un fiore. Passando, lo vellicò, qua al collo. — Gli vidi aprir gli occhi ridenti; e tutta la bocca ridergli del riso beato del suo sogno; immemore: ma subito vi so dire che si ricompose rigido nel suo abito da prete e che gli ritornò negli occhi la stessa serietà che voi avete già veduta nei miei; perché i preti irlandesi difendono la serietà della loro fede cattolica con lo stesso zelo con cui io i diritti sacrosanti della monarchia ereditaria. — Sono guarito, signori: perché so perfettamente di fare il pazzo, qua; e lo faccio, quieto! — Il guajo è per voi che la vivete agitatamente, senza saperla e senza vederla, la vostra pazzia.

BELCREDI. Siamo arrivati, guarda! alla conclusione, che i pazzi adesso siamo noi!

ENRICO IV (*con uno scatto che pur si sforza di contenere*). Ma se non foste pazzi, tu e lei insieme,

indica la Marchesa

sareste venuti da me?

BELCREDI. Io, veramente, sono venuto credendo che il pazzo fossi tu.

ENRICO IV (*subito forte, indicando la Marchesa*). E lei?

BELCREDI. Ah lei, non so... Vedo che è come incantata da quello che tu dici... affascinata da codesta tua « cosciente » pazzia!

Si volge a lei:

Parata come già siete, dico, potreste anche restare qua a viverla, Marchesa...

DONNA MATILDE. Voi siete un insolente!

ENRICO IV (*subito, placandola*). Non ve ne curate! Non ve ne curate! Seguita a cimentare. Eppure il dottore glie l'ha avvertito, di non cimentare.

Voltandosi a Belcredi:

Ma che vuoi che m'agiti piú ciò che avvenne tra noi;[8] la parte che avesti nelle mie disgrazie con lei

indica la Marchesa e si rivolge ora a lei indicandole il Belcredi

la parte che lui adesso ha per voi! — La mia vita è questa Non è la vostra! — La vostra, in cui siete invecchiati, io non l'ho vissuta! —

A Donna Matilde:

Mi volevate dir questo, dimostrar questo, con vostro sacrificio, parata cosí per consiglio del dottore? Oh, fatto benissimo, ve l'ho detto, dottore: — « Quelli che eravamo allora, eh? e come siamo adesso? » — Ma io non sono un pazzo a modo vostro, dottore! Io so bene che quello *indica di Di Nolli*

non può esser me, perché Enrico IV sono io: io, qua, da
venti anni, capite? Fisso in questa eternità di maschera! Li
ha vissuti lei,

indica la Marchesa

se li è goduti lei, questi venti anni, per diventare — eccola
là — come io non posso riconoscerla piú: perché io la
conosco cosí

indica Frida e le si accosta

— per me, è questa sempre... Mi sembrate tanti bambini,
che io possa spaventare.

A Frida:

E ti sei spaventata davvero tu, bambina, dello scherzo che ti
avevano persuaso a fare, senza intendere che per me non
poteva essere lo scherzo che loro credevano; ma questo
terribile prodigio: il sogno che si fa vivo in te, piú che mai!
Eri lí un'immagine; ti hanno fatta persona viva — sei mia!
sei mia! mia! di diritto mia!

*La cinge con le braccia, ridendo come un pazzo, mentre tutti
gridano atterriti; ma come accorrono per strappargli Frida
dalle braccia, si fa terribile, e grida ai suoi quattro giovani:*
Tratteneteli! Tratteneteli! Vi ordino di trattenerli! *I
quattro giovani, nello stordimento, quasi affascinati, si pro-
vano a trattenere automaticamente il Di Nolli, il Dottore,
il Belcredi.*

BELCREDI (*si libera subito e si avventa su Enrico IV*). Lasciala!
Lasciala! Tu non sei pazzo!

ENRICO IV (*fulmineamente, cavando la spada dal fianco di
Landolfo che gli sta presso*). Non sono pazzo? Eccoti!

E lo ferisce al ventre.

*È un urlo d'orrore. Tutti accorrono a sorreggere il Belcredi,
esclamando in tumulto*

DI NOLLI. T'ha ferito?

BERTOLDO. L'ha ferito! L'ha ferito!

DOTTORE. Lo dicevo io!

FRIDA. Oh Dio!

DI NOLLI. Frida, qua!

DONNA MATILDE. È pazzo! È pazzo!

DI NOLLI. Tenetelo!

BELCREDI (*mentre lo trasportano di là, per l'uscio a sinistra, protesta ferocemente*). No! Non sei pazzo! Non è pazzo! Non è pazzo!

Escono per l'uscio a sinistra, gridando, e seguitano di là a gridare finché sugli altri gridi se ne sente uno piú acuto di Donna Matilde, a cui segue un silenzio.

ENRICO IV (*rimasto sulla scena tra Landolfo, Arialdo e Ordulfo, con gli occhi sbarrati, esterrefatto dalla vita della sua stessa finzione che in un momento[9] lo ha forzato al delitto*). Ora sí... per forza...

    li chiama attorno a sé, come a ripararsi,

qua insieme, qua insieme... e per sempre!

TELA

LA GIARA

PERSONAGGI

Don Lolò Zirafa[1] · Zí Dima Licasi,[2] *conciabrocche* ·
L'avvocato Scimè · *'Mpari* Pè,[3] *garzone* · Tararà,
Fillicò, *contadini abbacchiatori* · *La 'gnà* Tana,[4]
Trisuzza, Carminella, *contadine raccoglitrici d'olive* ·
Un Mulattiere · Nociarello, *ragazzo di undici anni,*
contadino.

Campagna siciliana. Oggi.

ATTO UNICO

*Spiazzo erboso davanti alla cascina di don Lolò Zirafa in
vetta a un poggio. A sinistra è la facciata della cascina,
rustica, a un sol piano. La porta, rossa, un po' stinta, è nel
mezzo; sopra la porta, un balconcino. Finestre sopra e sotto:
quelle di sotto, con grate. A destra, un secolare olivo saraceno,[5] e, attorno al tronco scabro e stravolto, un sedile di
pietra, murato tutt'in giro. Di là dall'olivo lo spiazzo sco-
scende con un viottolo. In fondo, degradanti per il pendio del
poggio, altri olivi. È ottobre.*

*Al levarsi della tela, 'Mpari Pè, sentendo un canto campestre
delle donne, che vengono su per il viottolo a destra con ceste
colme d'olive sul capo o tra le braccia, montato sul sedile
attorno all'olivo saraceno, grida;*

'MPARI PÈ. O oh! Toppe senza chiave![6] E tu costà, moccioso!
Piano, corpo di...[7] badate al carico!

*Le donne e Nociarello vengono su dal viottolo a destra,
cessando il canto.*

TRISUZZA. O che vi piglia,[8] 'Mpari Pè?
LA 'GNÀ TANA. Alla grazia! Avete imparato anche voi a
sacramentare?
CARMINELLA. Anche gli alberi di qui a poco si metteranno a
bestemmiare in questa campagna.
'MPARI PÈ. Ah, vorreste che vi lasciassi seminare per terra le
olive?
TRISUZZA. Seminare? Io per me non ne ho lasciata cadere
nemmeno una.
'MPARI PÈ. Se don Lolò, Dio liberi, s'affaccia là al suo balcone!
LA 'GNÀ TANA. Eh, può anche starci affacciato dalla mattina
alla sera! Chi attende al suo dovere, non ha nulla da temere.
'MPARI PÈ. Già, cantando col naso in aria.
CARMINELLA. O che non si può piú nemmeno cantare?[9]

LA 'GNÀ TANA. Che! Solo bestemmiare si può. Pare che abbiano scommesso, padrone e servitore, a chi le spara piú grosse.[10]

TRISUZZA. Non so come Dio non gliela fulmini codesta cascina con tutti gli alberi attorno!

'MPARI PÈ. Eh via! finitela! Linguacce! Andate a scaricare e non la fate piú lunga![11]

CARMINELLA. Si seguita a raccogliere?

'MPARI PÈ. O che[12] è mezza festa, che volete levar mano? C'è ancora tempo per due viaggi. Su, leste, andate, andate.

Spinge verso l'angolo della cascina a sinistra le donne e Nociarello. Qualcuna, andando, riprende a cantare, per dispetto. 'Mpari Pè, rivolto verso il balcone, chiama:

Don Lolò!

DON LOLÒ (*dall'interno a terreno*). Chi mi vuole?

'MPARI PÈ. L'avverto che sono arrivate le mule col concime.

DON LOLÒ (*venendo fuori, sulle furie. È un pezzo d'uomo sui quaranta, dagli occhi di lupo, sospettosi; iracondo. Porta in capo un vecchio cappellaccio bianco a larghe tese e agli orecchi due cerchietti d'oro. Senza giacca, con una camicia di ruvida flanella, a quadri, violacea, aperta sul petto irsuto; le maniche rimboccate*). Le mule, a quest'ora? Dove sono? Dove l'hai avviate?

'MPARI PÈ. Sono di là, stia tranquillo. Il mulattiere vuol sapere dove deve scaricare.

DON LOLÒ. Ah sí? Scaricare: senza ch'io abbia veduto che cosa m'ha portato? E in questo momento non posso: sto parlando con l'avvocato.

'MPARI PÈ. Ah, della giara?

DON LOLÒ (*squadrandolo*). Ohi, dico, chi t'ha promosso caporale?

'MPARI PÈ. No, dicevo...

DON LOLÒ. Tu non devi dir nulla; obbedire, e mosca![13] Vorrei sapere per quale ragione t'è potuto venire in mente ch'io stia parlando della giara con l'avvocato.

'MPARI PÈ. Perché lei non sa in che apprensione — ma che

dico, apprensione? — in che terrore vivo per questa giara nuova, a vederla esposta là nel palmento.[14]

Indica a sinistra, verso la cascina.

La levi, la levi, in nome di Dio!

DON LOLÒ (*urlando*). No! T'ho detto no cento volte! Deve star lí, e nessuno deve toccarla!

'MPARI PÈ. Con questo va e vieni di donne e di ragazzi, messa com'è accanto alla porta!

DON LOLÒ. Sangue di...[15] hai giurato di farmi andar via col cervello?

'MPARI PÈ. Purché poi non abbia a prendersi un dispiacere.

DON LOLÒ. Non voglio che mi si esca in altri discorsi, mentre n'ho cominciato uno di là con l'avvocato. Dove vuoi che la metta codesta giara? Nella dispensa non c'è posto, se prima non si leva la botte vecchia; e per ora non ho tempo.

Sopravviene da destra il mulattiere.

IL MULATTIERE. Oh, insomma, dove debbo scaricare questo concime? A momenti è bujo.

DON LOLÒ. Eccone qua un altro! Sant'Aloe[16] t'ajuti a romperti il collo, tu e tutte le tue bestie! Te ne vieni a quest'ora?

IL MULATTIERE. Prima non ho potuto.

DON LOLÒ. E io gatte nel sacco non ne ho mai comperate.[17] E voglio che tu i mucchi sul maggese me li faccia dove e come ti dico io; e a quest'ora è troppo tardi.

IL MULATTIERE. Oh, sa la nuova, don Lolò. Io scarico le mule dove vienviene, dietro il muro di cinta, e me ne vado.

DON LOLÒ. Pròvati! Voglio vederti!

IL MULATTIERE. Ecco che glielo faccio vedere!

S'avvia infuriato.

'MPARI PÈ (*trattenendolo*). Eh via, che furie!

DON LOLÒ. Lascialo, lascialo andare!

IL MULATTIERE. Se egli ha la testa calda, io l'ho piú calda di lui! Non ci si può aver da fare! Ogni volta, una lite!

Don Lolò. Eh, caro mio, con me, chi vuol aver da fare —
guarda —

cava di tasca un libro di piccolo formato, legato in tela rossa:

c'è questo. Lo sai che è? Ti sembra un libriccino da messa?
È il Codice civile! Me l'ha regalato il mio avvocato, che
ora è qua, a villeggiatura da me. E ho imparato a leggerci,
sai, in questo libriccino, e a me non me la fa piú nessuno,[18]
neppure il Padreterno! Contemplato tutto, qua: caso per
caso. E me lo pago ad anno, io, l'avvocato!

'Mpari Pè. Eccolo qua!

*Esce dalla porta della cascina l'avvocato Scimè con una
vecchia paglietta in capo e un giornale in mano, aperto.*

Scimè. Che cos'è, don Lolò?

Don Lolò. Signor avvocato, quest'ignorante se ne viene a
bujo con le mule a portarmi un carico di concime per il
maggese, e invece di chiedermi scusa —

Il Mulattiere (*cercando d'interrompere, rivolto all'avvocato*).
— gli ho detto che prima non ho potuto —

Don Lolò (*seguitando*). — mi ha minacciato —

Il Mulattiere. — io? non è vero! —

Don Lolò. — tu, sí, di buttarmelo dietro il muro —

Il Mulattiere. — ma perché lei... —

Don Lolò. — io, che cosa? Lo voglio scaricato sul posto,
come si deve, a mucchi, tutti d'una misura.

Il Mulattiere. E andiamo! Perché non viene? C'è ancora due
ore di sole, signor avvocato. È che lui vorrebbe soppesarselo
in mano, con rispetto parlando, pallottola per pallottola.
L'avessi a conoscere!

Don Lolò. Oh, lascia star l'avvocato, ch'è qua per me e non
per te! Non gli dia retta, signor avvocato: se ne vada giú
per il viottolo là, al suo solito; si metta a sedere sotto il
gelso, e si legga in pace il suo giornale. Verrò piú tardi a
seguitar con lei il discorso della giara.

Al mulattiere:

Su, su, andiamo. Quante mule sono?

S'avvia col mulattiere verso destra.

Il Mulattiere (*seguendolo*). Non s'era convenuto per dodici? E son dodici.

Scompare con don Lolo dietro la cascina.

Scimè (*alzando le mani e scotendole in aria*). Ah, via, via, via! Domattina all'alba, via a casa mia! Mi sta facendo girar la testa come un arcolajo![19]

'Mpari Pè. Non dà requie a nessuno. E le assicuro che un bel regalo gli ha fatto vossignoria con quel libretto rosso! Prima, alla minima contrarietà, gridava: « Sellatemi la mula! »

Scimè. Già, per correre in città, al mio studio, e farmi ogni volta la testa come un cestone.[20] Caro mio, gliel'ho proprio regalato per questo, il Codice. Se lo cava di tasca, ci si scapa a cercare da sé e lascia me in pace. M'ha ispirato il diavolo, piuttosto, a venire a passare qua una settimana! Ma appena seppe dell'ordinazione del medico, che stessi in riposo per un po' di giorni in campagna, mi mise in croce, mi mise, perché accettassi[21] la sua ospitalità. Gli posi per patto che non dovesse parlarmi di nulla. Da cinque giorni mi rompe l'anima parlandomi d'una giara... di non so che giara...

'Mpari Pè. Sissignore, della giara grande, per l'olio, arrivata ch'è poco da Santo Stefano di Camastra,[22] dove si fabbricano. Uh, bella: grossa cosí, alta a petto d'uomo: pare una badessa. O che vorrebbe attaccarla anche col fornaciajo di là?

Scimè. E come no? Perché, gliel'ha fatta pagar quattr'onze,[23] e dice che se l'aspettava piú grande.

'Mpari Pè (*con stupore*). Piú grande?

Scimè. Non mi parla d'altro da cinque giorni che son qui.

S'avvia per il sentieruolo a destra:

Ah, ma domani, via, via, via.

Dall'interno, lontano, per le campagne si ode il bercio cantilenato di Zí Dima Licasi: « Conche, scodelle da accomodare! » Dal sentieruolo a destra sopravvengono con scala e canne in collo Tararà e Fillicò.

'MPARI PÈ (*vedendoli*). Oh, e come mai? Avete smesso d'abbac-chiare?

FILLICÒ. Ce l'ha ordinato il padrone, passando con le mule.

'MPARI PÈ. E vi disse anche d'andar via?

TARARÀ. No, che! Ci disse di trattenerci per fare non so che lavoro nella dispensa.

'MPARI PÈ. Di levarne la botte vecchia?

FILLICÒ. Già. Per dar posto alla giara nuova.

'MPARI PÈ. Ah, bene! Son contento che m'abbia dato ascolto almeno una volta! Venite, venite con me.

S'avvia coi due verso sinistra; ma sopravvengono da dietro la cascina Trisuzza, la 'gnà Tana e Carminella con le ceste vuote.

LA 'GNÀ TANA (*vedendo i due abbacchiatori*). E come? S'è finito d'abbacchiare?

'MPARI PÈ. Finito, finito, per oggi.

TRISUZZA. E nojaltre, che si fa?

'MPARI PÈ. Aspettate che il padrone torni e ve lo dica.

CARMINELLA. Cosí con le mani in mano?

'MPARI PÈ. Che volete ch'io vi dica? Andate a scartare nel magazzino.

LA 'GNÀ TANA. Ah, senza un ordine suo non m'arrischio.

'MPARI PÈ. Mandate allora qualcuno a prender l'ordine.

Via da sinistra con Tararà e Fillicò.

CARMINELLA. Vai, vai tu, Nociarello.

LA 'GNÀ TANA. Gli dirai cosí: gli uomini hanno smesso d'abbacchiare; le donne vogliono sapere che cosa han da fare.

TRISUZZA. Se vuole che si mettano a scartare. Digli cosí.

NOCIARELLO. Cosí. Va bene.

CARMINELLA. Corri!

Nociarello, via di corsa per il sentieruolo a destra. Ritornano in scena da sinistra, prima uno, poi l'altro, sbalorditi, spaventati, con le mani per aria, Fillicò, Tararà e 'Mpari Pè.

FILLICÒ. Vergine Santa, ajutateci voi!

TARARÀ. Io non ho piú sangue nelle vene!

'MPARI PÈ. Castigo di Dio! Castigo di Dio!

LE DONNE (*a una voce, facendosi attorno*). — Che è stato? — Che avete? — Che è accaduto?

'MPARI PÈ. La giara! la giara nuova!

TARARÀ. Spaccata!

LE DONNE (*a una voce*). — La giara? — Davvero? — Oh Madre santa!

FILLICÒ. Spaccata a metà! Come se le avessero dato con la mannaja: zà!

LA 'GNÀ TANA. E com'è possibile!

TRISUZZA. Non l'ha toccata nessuno!

CARMINELLA. Nessuno! Ma chi lo sentirà[24] adesso don Lolò?

TRISUZZA. Farà cose da pazzi!

FILLICÒ. Io per me lascio tutto e me ne scappo.

TARARÀ. Che? ve ne scappate? Sciocco! E chi gli leverà dal capo allora che non siamo stati noi? Qua fermi tutti! E voi

a 'Mpari Pè:

lo andrete a chiamare. No, no: lo chiamerete di qua; gli darete una voce.

'MPARI PÈ (*montando sul sedile attorno all'olivo*). Ecco, sí, di qua.

Gridando, con una mano presso la bocca, a piú riprese:

Don Lolò! Ah, don Lolòoo! Non sente: va gridando come un pazzo dietro le mule. Don Lolòoo! È inutile! Meglio farci una corsa!

TARARÀ. Ma in nome di Dio, non gli fate nascere il sospetto...

'MPARI PÈ. State tranquilli! Come potrei in coscienza incolpar voi?

Via di corsa per il sentieruolo.

TARARÀ. Oh, tutti d'accordo, noi: una parola sola: fermi, a tenergli testa: *la giara s'è rotta da sé.*

LA 'GNÀ TANA. S'è dato piú d'una volta —

TRISUZZA. —Sicuro! che le giare nuove si rompano da sé!

FILLICÒ. Perché tante volte — sapete com'è? — nel cuocerle in fornace, qualche favilla vi rimane presa dentro, che poi tutt'a un tratto *pam!* scoppia.

CARMINELLA. Proprio così! Come se le tirassero una schioppettata,

> *accenna un segno di croce:*

Dio ne liberi e scampi.[25]

> *Si odono dall'interno, a destra, le voci di don Lolò e di 'Mpari Pè.*

VOCE DI DON LOLÒ. Voglio sapere chi è stato, per la Madonna!

VOCE DI 'MPARI PÈ. Nessuno, glielo posso giurare!

TRISUZZA. Eccolo qua!

LA 'GNÀ TANA. Signore, ajutateci!

> *Appare dal sentieruolo, pallido, infuriato, don Lolò, seguito da 'Mpari Pè e Nociarello.*

DON LOLÒ (*avventandosi prima contro Tararà, poi contro Fillicò, aguantandoli per il petto della camicia e scrollandoli*). Sei stato tu? Chi è stato? O tu o tu, uno dei due dev'essere stato, perdio, e me la pagherete!

TARARÀ e FILLICÒ (*contemporaneamente, divincolandosi*). — Io? Lei è pazzo! Mi lasci! — Si stia quieto con le mani, o per come è vero Dio...

> *E contemporaneamente, attorno, le donne e 'Mpari Pè, tutti in coro;*

LE DONNE e 'MPARI PÈ. — S'è rotta da sé! — Non ci ha colpa nessuno! — S'è trovata rotta! — Gliel'ho detto e ripetuto!

DON LOLÒ (*ribattendo, ora all'uno ora all'altro*). Ah sono pazzo? — Eh già, tutti innocenti! — S'è rotta da sé! — La farò pagare a tutti quanti! — Andatela a prendere intanto e portatela qua!

> *'Mpari Pè, Tararà e Fillicò corrono a prendere la giara.*

Alla luce, se c'è segno d'urto o di botta, si vedrà. E se c'è, vi

salto alla gola e vi mangio la faccia! Me la pagherete tutti
quanti, uomini e donne!

LE DONNE (*a una voce*). — Che? Noi? Lei farnetica — Vuol
che ne rispondiamo anche noi? — Noi non l'abbiamo
nemmeno guardata!

DON LOLÒ. Siete entrate e uscite dal palmento anche voi!

TRISUZZA. Eh, già, le abbiamo rotto la giara, strusciandola con
la sottana!

*Si prende con una mano la sottana e smorfiosamente fa
l'atto di sbattergliela su una gamba.*

*Intanto 'Mpari Pè, Tararà e Fillicò rientrano in iscena da
sinistra recando la giara spaccata.*

LA 'GNÀ TANA. Oh peccato! Guardatela!

DON LOLÒ (*levando le disperazioni a modo di quelli che piangono
un parente morto*). La giara nuova! quattr'onze di giara! E
dove metterò l'olio dell'annata? Oh bella mia giara! È stata
invidia o infamità! Quattr'onze buttate via! E questa ch'era
annata d'olive! Ah Dio, che cosa! E come farò?

TARARÀ. Ma no, no: guardi —

FILLICÒ. — si può sanare —

'MPARI PÈ. — se n'è staccato un pezzo —

TARARÀ. — un pezzo solo —

FILLICÒ. — spacco netto —

TARARÀ. — forse era incrinata.

DON LOLÒ. Ma che incrinata! Sonava come una campana!

'MPARI PÈ. È vero. Ne ho fatto io la prova.

FILLICÒ. Le ritorna come nuova, dia ascolto a me, se chiama un
buon conciabrocche; non si vedrà piú neanche il segno della
saldatura.

TARARÀ. Chiami zí Dima, zí Dima Licasi! Dev'essere qua
presso; l'ho sentito gridare.

LA 'GNÀ TANA. Bravo mastro,[27] fino: ha un mastice miracoloso,
che non ci può neanche il martello, quando ha fatto presa.
Corri, Nociarello: è qua accanto, alla chiusa di Mosca; va'
a chiamarlo!

Nociarello, via di corsa, per la sinistra.

DON LOLÒ (*gridando*). Statevi zitti! M'avete stordito! Non credo a codesti miracoli! Per me la giara è persa.

'MPARI PÈ. Eh, glielo dicevo io!

DON LOLÒ (*su tutte le furie*). Che mi dicevi tu, ménchero, che mi dicevi, se è vero che la giara s'è rotta da sé, senza che nessuno l'abbia toccata? Anche se custodita in un tabernacolo, si sarebbe rotta lo stesso, se s'è rotta da sé!

TARARÀ. È giusto! Non dite parole inutili!

DON LOLÒ. Mi fa dannare,[28] quest'imbecille!

FILLICÒ. Vedrà che tutto s'accomoda con poche lire! E lei sa che dura più una brocca rotta che una sana.

DON LOLÒ. Per l'anima di tutti i diavoli: ho le mule a mezza costa col concime!

A 'Mpari Pè:

Che stai a fare tu qua, a guardarmi in bocca? Corri, va' a dare un occhio, almeno!

'Mpari Pè, via per il sentieruolo.

Ah mi fuma la testa, mi fuma la testa! Che zí Dima e zí Dima! Con l'avvocato, piuttosto, devo intendermela! Che se si è rotta da sé, è segno che doveva aver qualche guasto. Sonava, però, sonava, quand'è arrivata! E me la son tenuta per sana. C'è la mia dichiarazione. Quattr'onze perdute. Ci posso far la croce.[29]

Si presenta a sinistra zí Dima Licasi seguito da Nociarello.

FILLICÒ. Ah, ecco qua zí Dima!

TARARÀ (*piano a don Lolò*). Badi che non parla.

LA 'GNÀ TANA (*c.s. quasi misteriosamente*). È di poche parole.

DON LOLÒ. Ah sí?

A zí Dima:

E non usate neanche salutare, quando vi presentate davanti a qualcuno?

ZÍ DIMA. Ha bisogno della mia opera o del mio saluto? Della mia opera, credo. Mi dica che ho da fare e lo farò.

DON LOLÒ. O se le parole vi costano tanto, perché non le risparmiate anche agli altri? Non lo vedete qua che cosa avete da fare?

Gl'indica la giara.

FILLICÒ. Sanare questa bella giara, zí Dima, col vostro mastice!

DON LOLÒ. Dicono che fa miracoli. L'avete fabbricato voi?

Zí Dima lo guarda scontroso e non risponde.

Oh, rispondete e fatemelo vedere!

TARARÀ (*di nuovo piano a don Lolò*). Se lei lo piglia cosí, non ne otterrà nulla.

LA 'GNÀ TANA (*c. s.*). Non lo fa vedere a nessuno. Ne è geloso.

DON LOLÒ. E che è? Ostia consacrata?[30]

A zí Dima:

Ditemi almeno se credete che la giara, accomodata, verrà bene.

ZÍ DIMA (*che ha posato a terra la cesta e n'ha cavato un vecchio fazzoletto di cotone turchino tutto avvoltolato*). Cosí subito? Io credo quando vedo. Mi dia tempo.

Si mette a sedere per terra e comincia a svolgere pian piano, con molta cautela, il fazzoletto. Tutti lo guardano, attenti e curiosi.

LA 'GNÀ TANA (*piano a don Lolò*). Sarà il mastice!

DON LOLÒ. Io mi sento salire una cosa da qua.

Indica la bocca dello stomaco.

TUTTI (*appena da quel fazzoletto vien fuori un pajo d'occhiali col sellino e le stanghette rotti e legati con lo spago, scoppiano in una risata*). — Uh, gli occhiali! — Chi sa che credevamo che fosse! — Credevamo il mastice! — Pare una capezza![31]

ZÍ DIMA (*pulendo gli occhiali con una cocca del fazzoletto li guarda; poi, inforcando gli occhiali, esamina la giara e dice*). Verrà bene.

Don Lolò. Bum! Il tribunale ha emesso la sentenza. Ma vi avverto che di codesto vostro mastice, per quanto miracoloso, non mi fido. Ci voglio anche i punti.

Zí Dima torna a guardarlo, poi, senza dir nulla, prende il fazzoletto gli occhiali e li butta nella cesta rabbiosamente: afferra la cesta, se la rimette in ispalla e s'avvia.

Ohi, dico, che fate?

Zí Dima. Me ne vado.

Don Lolò. Messere[32] e porco, cosí trattate?

Fillicò (*trattenendolo*). Eh via! zí Dima, pazienza!

Tararà (*c.s.*). Fate come vi comanda il padrone.

Don Lolò. Guardate un po' che arie da Carlomagno![33] Scannato miserabile e pezzo d'asino,[34] che non siete altro! Ci ho a metter l'olio là dentro, che trasuda. Un miglio di spaccatura, col mastice solo? Ci voglio anche i punti. Mastice e punti. Comando io.

Zí Dima. Tutti cosí! Tutti cosí! Ignoranti! Sia pure una brocca o sia una conchetta, una ciotola o una tazzina: i punti! I denti della vecchia che digrignano e par che dicano: « Sono rotta e accomodata! ». Offro il bene e nessuno ne vuole approfittare. E mi dev'esser negato di fare un lavoro pulito e a regola d'arte.

S'appressa a don Lolò:

Dia ascolto a me. Se questa giara non suona di nuovo come una campana, col solo mastice...

Don Lolò. V'ho detto di no! Io con costui non ci posso combattere!

A Tararà:

Alla grazia! M'hai detto che parlava poco!

A zí Dima:

È inutile che facciate la predica! Se tutti vi comandano i punti, è segno che a giudizio di tutti i punti ci vogliono.

Zí Dima. Che giudizio! È ignoranza!

LA 'GNÀ TANA. Anche a me — sarà ignoranza — ma mi sembra che ci vogliano, zí Dima.

TRISUZZA. Certo, tengono meglio.

ZÍ DIMA. Ma bucano! Ci vuol tanto a capirlo? Ogni punto, due buchi; venti punti, quaranta buchi. Dove col mastice solo...

DON LOLÒ. Càzzica, che testa![35] Neanche un mulo! Bucheranno, ma ce li voglio! Sono io il padrone!

Rivolgendosi alle donne:

Su, su, andiamo: vojaltre, a scaricare nel magazzino;

agli uomini:

e vojaltri, nella dispensa, a levar la botte vecchia; andiamo!

Li spinge verso la cascina.

ZÍ DIMA. Oh, e aspetti!

DON LOLÒ. C'intenderemo[36] a lavoro finito. Non ho tempo da perdere con voi.

ZÍ DIMA. Vuol lasciarmi qua solo? Ho bisogno di qualcuno che m'ajuti a reggere il lembo spaccato. La giara è grossa.

DON LOLÒ. Ah, e allora —

a Tararà:

— rimani qua tu.

a Fillicò:

E tu vieni con me.

Via con Fillicò. Le donne e Nociarello sono già andati via.

Zí Dima si mette subito all'opera, con dispetto. Cava dal cesto il trapano e comincia a fare i buchi alla giara e al lembo spaccato. Nel mentre Tararà gli parlerà:

TARARÀ. Manco male che l'ha presa cosí! Non ci so credere. Ho temuto che dovesse avvenire il finimondo stasera! Non s'amareggi il sangue,[37] zí Dima. Ci vuole i punti? Lei ce li metta. Venti, trenta,

Zí Dima lo guarda:

anche piú? trentacinque?

Zí Dima torna a guardarlo:

E quanti, allora?

Zí Dima. La vedi questa saettella di trapano? Come la muovo
— *fru* e *fru, fru* e *fru* — me ne sento sfruconare[38] il cuore.

Tararà. Mi dica, è vero che l'ebbe in sogno la ricetta del suo
mastice?

Zí Dima (*seguitando a lavorare*). In sogno, sí.

Tararà. E chi le apparve in sogno?

Zí Dima. Mio padre.

Tararà. Ah, suo padre! Le apparve in sogno e le disse come
doveva fabbricarlo?

Zí Dima. Mammalucco!

Tararà. Io? Perché?

Zí Dima. Sai chi è mio padre?

Tararà. Chi è?

Zí Dima. Il diavolo che ti mangia.

Tararà. Ah, lei dunque è figlio del diavolo?

Zí Dima. E questa che ho nella cesta è la pece che v'attaccherà
tutti quanti.

Tararà. Ah, è nera?

Zí Dima. È bianca. E me l'insegnò mio padre a farla bianca.
Riconoscerete la sua potenza quando ci starete a bollire in
mezzo. Ma laggiú è nera. Se accosti due dita non le stacchi
piú; e se t'attacco il labbro col naso, resti abissino per tutta
la vita.[39]

Tararà. E com'è che lei la tocca e non le fa niente?

Zí Dima. Sciocco, quando mai il cane ha morso il suo padrone?

Butta via il trapano e sorge in piedi:

Vieni qua, adesso.

Gli fa reggere il lembo già forato:

Reggi qua.

Cava dalla cesta una scatola di latta, la apre, ne trae una
ditata di mastice e lo mostra:

Guarda. Ti pare un mastice come un altro? Sta' a vedere.

Spalma il mastice prima sull'orlo della spaccatura della giara
poi lungo tutto il lembo.

Con tre o quattro ditate, cosí... appena appena... Reggi bene.
Io mi caccio adesso qua dentro.

Tararà. Ah, da dentro?

Zí Dima. Per forza, asino; se ho a fermare i punti bisogna che
li fermi da dentro. Aspetta.

Cerca nella cesta:

Fil di ferro e tanaglie.

Prende quello e queste e va a cacciarsi dentro la giara.

Oh, tu adesso... — aspetta che mi metta bene — alza
codesto lembo e applicalo a combaciare... piano... bravo...
cosí.

Tararà eseguisce e lo chiude dentro la giara. Poco dopo,
sporgendo il capo dalla bocca della giara:

Ora tira, tira! È ancora senza punti. Tira con tutta la tua
forza. Vedi? vedi se si stacca piú? Neanche dieci paia di
buoi potrebbero piú staccarla! Va', va' a dirlo al tuo padrone!

Tararà. Ma scusi, zí Dima, è sicuro che potrà uscirne, ora?

Zí Dima. Come no? Ne son sempre uscito, da tutte le giare.

Tararà. Ma questa — non so — mi pare un po' stretta di
bocca per lei. Si provi.

Ritorna dal viottolo a destra 'Mpari Pè.

'Mpari Pè. O che non può piú uscirne?

Tararà (*a zí Dima, dentro la giara*). Aspetti. Di lato.

'Mpari Pè. Il braccio, fuori prima un braccio.

Tararà. No, il braccio, che dite?

Zí Dima. Ma insomma, santo diavolo, com'è? Non posso piú
uscirne?

'Mpari Pè. Tanto grossa di pancia e tanto stretta di bocca!

Tararà. Sarebbe da ridere, dopo averla sanata, se non ne potesse piú uscire davvero!

Ride.

Zí Dima. Ah tu ridi? Corpo di Dio, datemi ajuto!

E fa leva infuriato.

'Mpari Pè. Aspettate, non fate cosí! Vediamo se, piegandola...

Zí Dima. No, peggio! Lasciate! L'intoppo è nelle spalle.

Tararà. Già, lei che n'abbonda un pochino da una parte.[40]

Zí Dima. Io? Se hai detto tu stesso che difetta di bocca la giara![41]

'Mpari Pè. E ora come si fa?

Tararà. Ah, questa è da contare! da contare!

Ride e corre verso la cascina, chiamando:

Fillicò! 'gna Tana! Trisuzza! Carminella! Venite, venite qua! Zí Dima non può piú uscire dalla giara!

Arrivano da destra Fillicò, La 'gnà Tana, Trisuzza, Carminnella, Nociarello.

Le Donne e Nociarello (*tutti a coro, ridendo, saltando, battendo le mani*). Dentro la giara? — Oh bella! — E com'è stato? — Non può piú uscirne?

Zí Dima (*nello stesso tempo, come un gatto inferocito*). Fatemi uscire! Prendete il martello da quella cesta!

'Mpari Pè. Che martello! Voi siete pazzo! Deve dirlo il padrone!

Fillicò. Eccolo qua! Eccolo qua!

Sopravviene di corsa dalla destra don Lolò.

Le Donne (*andandogli incontro*). S'è murato dentro la giara! — Da sé! — Non può piú uscirne!

Don Lolò. Dentro la giara?

Zí Dima (*nello stesso tempo*). Ajuto! ajuto!

Don Lolò. E che ajuto posso darvi io, vecchio imbecille, se non avete preso la misura della vostra gobba *tutti ridono*

prima di cacciarvi dentro?

LA 'GNÀ TANA. Ma guardate che gli capita, povero zí Dima!

FILLICÒ. È da cavarne i numeri,[42] per com'è vero Dio!

DON LOLÒ. Aspettate. Piano. Cercate di trar fuori un braccio.

'MPARI PÈ. È inutile! S'è provato in tutti i modi.

ZÍ DIMA (*che ha cavato fuori a stento un braccio*). Ahi! Piano, mi sloga il baccio!

DON LOLÒ. Pazienza! Provate a...

ZÍ DIMA. No! Mi lasci!

DON LOLÒ. Che volete che vi faccia allora?

ZÍ DIMA. Prenda il martello e rompa la giara!

DON LOLÒ. Che? Ora che è sanata?

ZÍ DIMA. O che vorrebbe tenermi qua dentro?

DON LOLÒ. Bisogna prima vedere come s'ha da fare.

ZÍ DIMA. Che vuol vedere? Io voglio uscire! voglio uscire, perdio!

LE DONNE (*a coro*). — Ha ragione! — Non può mica tenerlo lí! — Se non c'è altro rimedio!

DON LOLÒ. Mi fuma la testa! Mi fuma la testa! Calma, calma! Questo è un caso nuovo! Non capitato mai a nessuno!

A Nociarello:

Vieni qua, ragazzo... No, meglio tu, Fillicò: corri là

gl'indica il sentieruolo a destra:

sotto il gelso, c'è l'avvocato; fallo venir subito qua...

E come Fillicò va via, rivolgendosi a zí Dima che si dibatte nella giara:

Fermo, voi!

Agli altri:

Tenetelo fermo! Non è giara, questa! è il diavolo!

Di nuovo a zí Dima che scrolla la giara e vi si dimena dentro.

Fermo, vi dico!

Zí DIMA. O la rompe lei, o a costo di rompermi io la testa, la faccio rotolare e spaccare contro un albero! Voglio uscirne! voglio uscirne!

DON LOLÒ. Aspettate che venga su l'avvocato: risolverà lui questo caso nuovo! Io intanto mi guardo il mio diritto alla giara e comincio col fare il mio dovere.

Cava di tasca un grosso vecchio portafoglio di cuojo legato con io spago e ne trae una carta di dieci lire:

Testimoni tutti, vojaltri: qua dieci lire in compenso del vostro lavoro!

Zí DIMA. Non voglio niente! Voglio uscire!

DON LOLÒ. Uscirete quando lo dirà l'avvocato: io intanto vi pago.

Alza la mano col biglietto di dieci lire e lo cala dentro la giara.

Dal sentieruolo a destra viene l'avvocato Scimè, ridendo, seguito da Fillicò.

DON LOLÒ (*vedendolo*). Ma che c'è da ridere, mi scusi? A lei non brucia,[43] lo so! La giara è mia.

SCIMÈ (*non potendo trattenersi, tra la risate anche degli altri*). Ma che pre... ma che pretendete di tene... di tenerlo là dentro?[44] Ah ah ah, ohi ohi ohi.. Tenerlo là dentro per non perderci la giara?

DON LOLÒ. Ah, secondo lei, dovrei patire io, allora, il danno e lo scorno?

SCIMÈ. Ma sapete come si chiama codesto? Sequestro di persona.[45]

DON LOLÒ. E chi l'ha sequestrato? S'è sequestrato lui da sè! Che colpa n'ho io?

A zi Dima:

Chi vi tiene lí dentro? Uscitene!

Zí DIMA. Si provi lei a farmi uscire, se n'è capace!

DON LOLÒ. Ma non vi ci ho ficcato io costà, da aver quest'obbligo! Vi ci siete ficcato voi: uscitene!

SCIMÈ. Signori miei, permette che parli io?

TARARÀ. Parla l'avvocato! Parla l'avvocato!

SCIMÈ. Son due i casi, statemi a sentire, e dovete mettervi d'accordo.

Rivolgendosi prima a don Lolò:

Da una parte, voi don Lolò, dovete subito liberare zí Dima.

DON LOLÒ (*subito*). E come? rompendo la giara?

SCIMÈ. Aspettate. C'è poi la parte dell'altro. Lasciatemi dire. Non potete farne a meno. Per non rispondere di sequestro di persona.

Rivolgendosi ora a zí Dima:

Dall'altra parte, anche voi zí Dima dovete rispondere del danno che avete cagionato cacciandovi dentro la giara senza badare che non potevate piú uscirne.

ZÍ DIMA. Ma signor avvocato, io non ci ho badato perché, da tant'anni che faccio questo mestiere, di giare ne ho accomodate centinaja, e tutte sempre da dentro, per fermare i punti come l'arte comanda. Non m'era mai avvenuto il caso di non poterne piú uscire. Tocca a lui dunque di prendersela col fornaciajo che gliela fabbricò cosí stretta di bocca. Io non ci ho colpa.

DON LOLÒ. Ma codesta gobba che avete, ve l'ha forse fabbricata il fornaciajo per impedirvi d'uscire dalla mia giara? Se attacchiamo lite per la bocca stretta, signor avvocato, appena si presenterà lui con quella gobba, il meno che potrà fare il pretore[46] è di mettersi a ridere; mi condannerà alle spese e buona notte!

ZÍ DIMA. Non è vero! no! Perché con questa stessa gobba, io, per vostra regola, dalla bocca di tutte le altre giare son sempre entrato e uscito come dalla porta di casa mia!

SCIMÈ. Questa non è ragione, abbiate pazienza, zí Dima. L'obbligo vostro era di prender la misura prima d'entrare, se ne potevate uscire oppur no.

DON LOLÒ. E deve dunque ripagarmi la giara?

ZÍ DIMA. Che?

SCIMÈ. Piano, piano. Ripagarvela come nuova?

DON LOLÒ. Certo. Perché no?

SCIMÈ. Ma perché era già rotta, oh bella!

ZÍ DIMA. Gliel'ho accomodata io!

DON LOLÒ. L'avete accomodata? E dunque ora è sana! Non
     piú rotta. Se io ora la rompo per farne uscir voi, non potrò
     piú farla riaccomodare, e ci avrò perduto la giara per
     sempre, signor avvocato.

SCIMÈ. Ma ho detto perciò che zí Dima dovrà pur rispondere
     per la sua parte! Lasciate parlare a me!

DON LOLÒ. Parli, parli.

SCIMÈ. Caro zí Dima, una delle due: o il vostro mastice serve a
     qualche cosa, o non serve a nulla.

DON LOLÒ (*contentissimo, a quanti stanno a sentire*). Sentite,
     sentite, come lo piglia in trappola adesso. Quando comincia
     cosí...

SCIMÈ. Se il vostro mastice non serve a nulla, voi siete un
     imbroglione qualunque. Se serve a qualche cosa, e allora
     la giara, anche cosí com'è, deve avere il suo valore. Che
     valore? Dite voi. Stimatela.

ZÍ DIMA. Con me qua dentro?

Tutti ridono.

SCIMÈ. Senza scherzare! Cosí com'è.

ZÍ DIMA. Rispondo. Se don Lolò me l'avesse lasciata accomo-
     dare col solo mastice com'io volevo, prima di tutto non mi
     troverei qua dentro, perché avrei potuto accomodarla da
     fuori: e allora la giara sarebbe rimasta come nuova, e avrebbe
     avuto lo stesso valore di prima, né piú né meno. Cosí
     rabberciata come è adesso, e forata come un colabrodo, che
     vuole che valga? Sí e no un terzo di quanto fu pagata.

DON LOLÒ. Un terzo?

SCIMÈ (*subito, a don Lolò, facendo atto di parare*[47]). Un terzo!
     Zitto, voi! Un terzo... vuol dire?

DON LOLÒ. Fu pagata quattr'onze: un'onza e trentatré.[48]

ZÍ DIMA. Meno sí, piú no.

Scimè. Valga la vostra parola. Prendete un'onza e trentatré e datela a don Lolò.

Zí Dima. Chi? Io? Un'onza e trentatré a lui?

Scimè. Perché rompa la giara e vi faccia uscire. Gliela pagherete quanto voi stesso l'avete stimata.

Don Lolò. Liscio come l'olio.

Zí Dima. Pagare, io? Pazzia, signor avvocato! Io ci faccio i vermi, qua dentro.[49] Oh, tu, Tararà, pigliami la pipa, dalla cesta costà.

Tararà (*eseguendo*). Questa?

Zí Dima. Grazie. Dammi un po' di fuoco.

Tararà accende un fiammifero e gliel'accosta alla pipa

Grazie. E bacio le mani a tutti quanti.

Con la pipa che fuma si cela dentro la giara tra le risate generali.

Don Lolò (*restando come un allocco*[50]). E ora come si fa, signor avvocato, se non ne vuole piú uscire?

Scimé (*grattandosi la testa e sorridendo*). Eh, già, veramente finché voleva uscirne, il rimedio c'era; ma se ora non ne vuole piú uscire...

Don Lolò (*andando a parlare a zí Dima dentro la giara*). Oh, che intenzione avete? di domiciliarvi costí?

Zí Dima (*sporgendo il capo*). Ci sto meglio che a casa mia. Fresco, come in paradiso.

Si ricala dentro e ripiglia a fumare a gran boccate.

Don Lolò (*tra le risate di tutti, infuriatissimo*). Finite di ridere, per la Madonna! E siatemi tutti testimoni che è lui, adesso, a non volere piú uscire per non pagare quel che mi deve, mentre io son pronto a rompere la giara.

All'avvocato:

Non potrei citarlo per alloggio abusivo,[51] signor avvocato?

Scimè (*ridendo*). E come no? Mandategli l'usciere per lo sfratto.[52]

DON LOLÒ. Ma scusi, se m'impedisce l'uso della giara?

ZÍ DIMA (*sporgendo di nuovo il capo*). Lei sbaglia. Non sto mica qua per mio piacere. Mi faccia uscire e me n'andrò ballando. Ma quanto a farmi pagare, se lo scordi. Non mi muovo piú di qua dentro.

DON LOLÒ (*abbrancando la giara e scotendola furiosamente*). Ah, non ti muovi piú? non ti muovi piú?

ZÍ DIMA. Vede che mastice? Non ci sono mica i punti, sa?

DON LOLÒ. Pezzo di ladro, laccio di forca,[53] manigoldo, chi l'ha fatto il male, tu o io? E vuoi che lo paghi io?

SCIMÈ (*tirandolo via per un braccio*). Non fate cosí, ch'è peggio! Lasciatelo star lí tutta la notte, e vedrete che domattina ve lo chiederà lui stesso d'uscire. Allora, voi, un'onza e trentatré, o niente. Andiamocene su. Lasciatelo perdere.

> *S'avvia con don Lolò verso la cascina.*

ZÍ DIMA (*sporgendo ancora una volta il capo*). Ohi, don Lolò!

SCIMÈ (*a don Lolò seguitando ad andare*). Non vi voltate. Via, via.

ZÍ DIMA (*prima che i due entrino nella cascina*). Buona notte, signor avvocato! Ho qua dieci lire!

> *E appena i due sono entrati, rivolgendosi agli altri:*

Faremo allegria tra noi, qua tutti quanti! Voglio incignar la casa nuova![54] Tu, Tararà, corri qua da Mosca e compra vino, pane, pesce fritto e peperoni salati: faremo un gran festino!

TUTTI (*battendo le mani, mentre Tararà corre per le compere*). Viva zí Dima! Viva l'allegria!

FILLICÒ. Con questa bella luna! Guardate! È spuntata di là.

> *Indica a sinistra:*

Pare giorno!

ZÍ DIMA. La voglio vedere! la voglio vedere anch'io! Trasportate la giara piú là, pian piano.

> *Tutti ajutano, circondando la giara e spingendola a girar su se stessa, verso il sentieruolo a destra:*

Cosí, piano, ecco... cosí... Ah com'è bella! la vedo, la vedo!
Pare un sole! Chi fa una cantatina?

LA 'GNÀ TANA. Tu, Trisuzza!

TRISUZZA. Io, no! Carminella!

ZÍ DIMA. Cantiamo tutti a coro! Tu Fillicò, suona lo scacciapensieri, e voi tutti, una bella cantata, ballando attorno all
giara!

*Fillicò cava di tasca lo scacciapensieri e si mette a sonarlo; gli
altri, cantando e gridando, si prendono per mano e danzano
scompostamente attorno alla giara, incitati da zí Dima. Ma
poco dopo, la porta della cascina si spalanca di furia e irrompe
don Lolò gridando:*

DON LOLÒ. Corpo di Dio, dove vi par d'essere, alla taverna?
Tenete, vecchio del diavolo: andate a rompervi il collo!

*Allunga un formidabile calcio alla giara che rotola giú per il
sentieruolo tra le grida di tutti. Poi si sente il fracasso della
giara che si spacca urtando contro un albero.*

LA 'GNÀ TANA (*seguitando il grido*). Ah, l'ha ucciso.

FILLICÒ (*guardando con gli altri*). No! Eccolo la! Ne esce! Si
alza! Non s'è fatto nulla!

Le donne battono le mani allegramente.

TUTTI. Viva zí Dima! Viva zí Dima!

*Lo prendono sulle spalle e lo portano via in trionfo verso
sinistra.*

ZÍ DIMA (*agitando le braccia*). L'ho vinta io![55] L'ho vinta io!

TELA

NOTES AND SELECT VOCABULARY

ABBREVIATIONS

IN NOTES AND VOCABULARY

adj.	adjective	*m.*	masculine
adv.	adverb	*mus.*	music
cf.	compare	*n.*	noun
colloq.	colloquial	*P.*	Pirandello
conj.	conjunction	*part.*	participle
dim.	diminutive	*pej.*	pejorative
eccles.	ecclesiastical	*pers.*	person
electr.	electrical	*pl.*	plural
excl.	exclamation	*prep.*	preposition
f.	feminine	*pop.*	popularly
fig.	figuratively	*prn.*	pronoun
impers.	impersonal	*rfl.*	reflexive
inf.	infinitive	*sing.*	singular
intr.	intransitive	*theat.*	theatrical
leg.	legal	*tr.*	transitive
lit.	literally	*v.*	verb

NOTES

1. **la commedia da fare**: *lit.* 'the play to be made'. Frederick May translates, 'the play in the making'.

2. **evocata**: 'summoned into being'; *evocare*, to conjure (spirits, demons, etc.).

3. **direttore-capocomico**: 'producer cum actor-manager'. His function here is that of producer.

4. **teatro di prosa**: theatre as distinct from opera-house.

5. **capo dei personaggi**: the leader of the Characters is the Father.

6. **Troveranno**: P. uses the future tense for all the stage directions in this play, with the result that the reader as well as the theatre audience receives an impression of uncertainty and improvisation.

7. **Giuoco delle parti**: written by P. in 1918, the play *Il giuoco delle parti* is the story of Leone Gala, a man driven by his wife's capriciousness to put on a mask of urbane indifference, behind which he suffers until his moment of revenge.

8. **segnata all'ordine del giorno**: 'scheduled for today'.

9. **qua non ci si vede**: 'one can't see a thing in here!' *ci* is pleonastic.

10. **come se fossimo pochi i cani qua**: 'as if there weren't enough dogs round here already!' *cane* used *fig.* = brute, beast.

11. **Socrate**: Leone Gala's manservant in *Il giuoco delle parti* is nicknamed Socrates.

12. **c.s.**: as a stage direction, *come sopra*.

13. **dalla Francia**: during the early years of this century Italy's theatres relied extensively on imported plays from France. Most of these were based on nineteenth-century dramatic concepts, 'well-made plays' and pieces of social realism.

14. **che chi l'intende è bravo**: certain forms of anacoluthon (grammatical non-sequitur) are legitimate in Italian. The change of subject here would make this an impossible construction in English. It is perhaps best rendered by putting the whole phrase into parenthesis: ' – and you've got to be clever to understand *him* – '.

15. **delle uova che sbatte**: cookery as a pastime plays an important part in Leone Gala's rationally ordered existence.

16. **volutamente il fantoccio di sé stesso**: the producer is explaining to the leading actor that as Leone Gala, in sticking to the rôle he has assigned himself, he will deliberately become his own puppet. The 'puppet' image recurs throughout P.'s works.

17. **si metta di tre quarti**: 'let the audience have a three-quarters' view of you'.

18. **tira una cert'aria**: 'there's rather a draught'.

19. **come**: here, 'as will also'.

20. **Mater dolorosa**: this traditional epithet for the Virgin Mary mourning for the death of Jesus has its origin in the hymn of Iacopone da Todi (d. 1306) which begins:

> *Stabat mater dolorosa*
> *juxta crucem lacrimosa*

21. **Commendatore**: 'commendatore', a title given to members of an Italian order of chivalry.

22. **Se oggi come oggi...**: 'if today as things are now . . .'

23. **E che si nasce anche personaggi**: 'and that you can also be born a character'. The use of the impersonal *si* with a singular verb but with a plural adjective or noun in apposition is a common construction. Cf. *quando si è giovani*, when one is young.

24. **Nel senso... mondo dell'arte**: in his Preface to *Sei personaggi* . . . P. tells how, several years before he came to write the play, his Imagination presented him with the six characters, who begged him to give them permanent expression in literary form. He found them unsuitable for artistic purposes, intractable, too real to pin down; there was no shape or symbolism in their story, and the story itself came in as many versions as there were participants. But the creatures persisted in his imagination as autonomous beings so that finally he decided to let them step up onto the stage and make their own play. The intended result is a presentation of the disconnected elements of life; the tragedy of the characters, that they have been refused and seem to themselves to lack a meaning; and the 'universal meaning' that they lacked, they find on the stage in the torment of their mutual incomprehension and in the hopelessness of their search for the unattainable context of 'form' and 'personality'.

25. **vivere per l'eternità**: P. illustrates this point in his Preface with the example of Francesca who, however many times we may re-read her story in Dante's *Inferno*, will always be found telling her story for the first time with live and spontaneous passion. It is, incidentally, the sentiment of Keats' *Ode to a Grecian Urn*.

26. **concerti**: a play upon words; *concertare* means 'to plot, to hatch, to arrange'.

27. **orfana da appena due mesi**: the Stepdaughter, the Boy, and the Little Girl are the children of the Mother's illicit union with a lover, recently dead. Only the Son, aged 22, is the child of the marriage between the Father and the Mother.

28. **Tchou-Thin-Tschou**: the song here referred to is 'Chu-Chin-Chow', written by the American songwriter Dave Stamper for the Ziegfeld Follies of 1917. It was published in French by François Salabert and in English by Chappell's. The words of the first verse of the English version are:

> In a fairy book a Chinese crook
> Has won such wondrous fame
> That nowadays he appears in plays
> and Chu-Chin-Chow's his name.

The reference in the verse is to the musical comedy *Chu-Chin-Chow*, words by Oscar Asche and music by Frederick Norton, which ran in London from 31 August 1916 until 22 July 1921.

29. **proprio da quello stupido che è**: 'just like the idiot he is'.

30. **non mi par l'ora!**: 'I can't wait for it!'

31. **tomo**: 'creature', 'object'. Cf. *un bel tomo*, a queer fish.

32. **non è una donna; è una madre**: in his Preface P. explains that the Mother represents instinctive life, incapable of self-awareness or self-analysis. He sums her up: '*È insomma, natura. Una natura fissata in una figura di madre.*' She passively suffers her search for an author in the hope that he will write the scene of reconciliation that can never take place between herself and her first-born son.

33. **Me lo diede lui, quell'altro, per forza!**: she is saying that the Father (*lui*) forced her into the arms of her lover (*quell'altro*).

34. **Ce lo danno lor, a noi**: '*they*'re giving *us* the show now'.

35. **Dèmone dell'Esperimento:** *il demone di* is a common expression in Italian deriving from the Greek conception of a daemon as an in-dwelling genius or driving force. Here perhaps 'mania for experimentation'.

36. **una di quelle Madame... buona famiglia:** *atelier*, French for workroom; *di buona famiglia*, of decent family.

37. **lí lí:** *essere lí lí per*, 'be be on the verge of, to be just about to'.

38. **'qui non si narra':** 'this isn't the place for a long rigmarole'.

39. **Ma se è tutto qui il male!:** it is perhaps P.'s insistence on the theme of the impossibility of communication, here briefly and lucidly stated by the Father, that qualifies him above all as the father of the modern theatre. The concept has been avidly appropriated by modern playwrights and many of the plays of the Absurdists, Ionesco, Pinter, Albee, etc., are basically elaborations on it. Cf. also *Enrico IV* Act II notes 22, 30.

40. **la sua intelligenza:** refers to the Father.

41. **Il figlio, è vero?:** he means 'you want to tell him about our son, don't you?'

42. **paglia di Firenze:** 'straw hat', *lit.* 'leghorn straw'.

43. **Ma irrepresentabile!:** this is the principal thesis of the play, that life is not to be formulated and that if moulded to meet the exigencies, not only of art but of speech or even of understanding, it ceases to be itself.

44. **un fatto è come un sacco: vuoto, non si regge:** the same words are found in P.'s short story *La distruzione dell'uomo*; the story of Nicola Petix and his murder of a middle-aged pregnant woman. The fact makes no sense to the external observer until motives and feelings have been filled in.

45. **Il dramma per me è tutto qui:** P. denies the principle of human 'personality'. (See Introduction, page xxii.) The idea of the individual as a succession of personalities is elaborated, sometimes in its most extravagant implications, in various of the plays and stories. Some entertaining variations on this theme may be found in the following short stories: *Il treno ha fischiato, L'avemaria di Bobbio, Un ritratto, Piuma, Servitú, Ho tante cose da dirvi, La camera in attesa, La carriola, La maschera dimenticata, Cinci, Nel gorgo*.

46. **una atroce ingiustizia:** this sense of outrage at being judged on an isolated incident is expressed in almost identical

terms by Donata Genzi in *Trovarsi*, and by the Consul Grotti in *Vestire gli ignudi*.

47. **Lo devo a te, caro, il marciapiedi**: 'it's your fault, dear, that I went on the streets.'

48. **non 'realizzato'**: P. makes clear in his Preface that he is aware that the six characters do not appear to be 'realized' to the same degree. He affirms that they are however *'tutti e sei, allo stesso punto di realizzazione artistica'*. The shadowy Son with his negative responses is a deliberate portrait of a type common among the pages of P., the *'dimissionario della vita'*, to use his own phrase, one who has opted out of society (in the stories, Nicola Petix in *La Distruzione dell'Uomo* or Doctor Mangoni in *Niente*; in the plays Leone Gala, and superlatively, Enrico IV), one who refuses to stiffen the 'sack' of his existence with rational explanations and justifications. These characters are extraordinarily modern in conception and foreshadow the 'outsiders' and 'anti-heroes' of existentialist writing and popular modern fiction.

49. **Oh, ma lui glielo leva subito l'impaccio, sa!**: loosely: 'Don't worry, he won't be a nuisance for long!'

50. **un po' teatrale**: not only does the Father recognize the false note in his own display of feeling, he knows that the feeling is not thereby necessarily invalidated or diminished.

51. **i Comici dell'Arte**: the plays of the *Commedia dell'arte*, a kind of play common in Italy from the sixteenth century onwards in which the actors improvised the dialogue, being provided only with plot and stock characters (*maschere*).

52. **bisogna che ora lei faccia una bravura**: 'you'll have to do a fantastic job here'.

53. **non saprò suggerire, ma la stenografia…**: 'I may not be much of a prompter, but shorthand now . . .' Note the use of the future to convey possibility.

54. **Non s'imagineranno… ridere**: the producer is addressing the characters, 'Surely you don't think *you* can act? You must be joking!'

55. **io veramente non mi ci ritrovo**: 'I honestly don't recognize it'.

56. **dàlli**: an exclamation used to convey surprise or exasperation.

57. **verrà avanti… Madama Pace**: P. explains in his Preface that the spiriting up of Madame Pace is not a piece of

theatrical trickery but a demonstration of the workings of an author's creative faculty. This is how characters are born. She is on the same plane of reality as the six and appears when the situation demands that she should.

58. **c'è la galera:** 'for her it would mean prison'.

59. **Bisogna far la scena:** loosely: 'you've got to put it across'.

60. **le esigenze del teatro:** the theatre provides P. with an illustration for several of his themes. He sees it as an age-old medium of communication and as such its failure has a universal meaning; he sees it as Art, and as such it proves his point about the incompatibility of Life and Form; and here there is a certain fierce feeling to be detected in his dissection of theatrical procedures themselves; this is an attack on 'producer's theatre', the dramatic presentation in which the author's intentions are the last consideration. It is a subject about which P. is known to have been bitter.

61. **Eh, cià, señor, porqué yò no quero aproveciarme... avantaciarme...:** Mme Pace speaks a mixture of Spanish and Italian. She calls herself *Madama* for professional *chic*, just as she sells *Robes et Manteaux* which she has made in her *atelier*. The meaning here is 'Well, yes, sir; since I do not seek to make a profit, to take advantage . . .'

62. **Ah, no me par... señor:** 'it does not seem well-behaved of you to laugh at me when I force myself to speak Italian as best I can'.

63. **Viejito... prudenzia!:** 'Fairly old, yes! Fairly old, my dear; all the better; for if he doesn't please you, at least he'll be discreet.'

64. **Stando insieme... s'anticipa tutto:** 'if they're allowed to be on together the whole story will be given away.'

65. **Ah no, gracie tante!... presente:** 'No thank you very much! I shall do nothing more if your mother is present.'

66. **me voj... seguramente:** 'I go, I go, most certainly I go!'

67. **me n'avrei a male:** 'I should be most upset'; *aversi a male,* 'to be offended, to take amiss'.

68. **va trattata... leggerezza:** 'of course it'll have to be played fairly lightly.' Note the use of *andare* as an auxiliary verb in a passive construction to convey a sense of obligation. Cf. *la cosa andava fatta diversamente,* 'the thing ought to have been done differently'.

69. **Il Primo Attore... fragorosa:** the Stepdaughter's unruly laughter at this point throws light on the whole ethos of Pirandellian *umorismo*. It may be taken both as the comment of life on art and as that of anguish on its own communicability.

70. **Bello! Benissimo!:** the producer is being sarcastic.

71. **di là:** refers to the Producer's room off-stage where he and the Father withdrew to draw up their outline of scenes.

72. **avviene ora, avviene sempre:** the point made in the Preface that in art events take place in an eternal present. See note 25. A paradoxical tenet of P.'s artistic creed is that form can give immortality while it cannot give life.

73. **Lei è qui per cogliermi... vita:** Cf. note 46, also *Enrico IV* Act III note 9.

74. **Purché appaia chiaro il dispetto:** *il dispetto* is the Son's vexation.

75. **Che gusto!:** the meaning is 'what an odd taste', 'what an odd thing to want to do'. F. May translates, 'I can't think why she bothers'.

76. **si faceva un tempo:** probably a reference to the Baroque theatre of the seventeenth and eighteenth centuries in Italy, which staged vast spectacular dramas remarkable for their multiple and elaborate scenic effects.

77. **Soltanto per sapere... illusione domani:** Cf. *Enrico IV*, Henry's two speeches to Belcredi towards the end of Act I, '*Ecco quando non ci rassegniamo...*' and '*Che opinione eh?...*' In his approach to what appears to him as the inconstancy and unreality of life P. seems to have much in common with existentialist writers, but his contribution to their thought or theirs to his is a subject which remains to be studied. See also *Enrico IV* Act II, the later part of note 24.

78. **per codeste tue troppe insistenze, per le tue troppe incontinenze:** 'because you went on at him too much, because you threw reserve to the winds'.

79. **come il pubblico... lo vuole:** a dig at the contemporary theatre's tendency to pander to the box-office.

80. **si dissuga:** *dissugare*, an archaic verb meaning to drain, to exhaust. The conventional producer comments irritably upon her odd choice of word.

81. **'pittoli pittoli':** 'tiny lickle' perhaps? In English baby language the problem presented by the consonants 't' and 'c' seems to be reversed.

82. **spezzato:** 'flat', section of scenery mounted on frame.

83. **vediamo di concretare un po':** 'let's see if we can put this together a bit'.

84. **immagini che cuore può aver lei di mostrare...:** 'imagine how little heart she must have for showing, etc.'.

85. **La mamma non bada a te:** a parallel situation occurs in *Vestire gli ignudi* and is similarly a comment on the emotional egocentricity of adults.

86. **in te:** 'if I had been you'.

87. **davanti a uno specchio:** P. frequently uses the 'mirror' image to elucidate his conception of dramatic crisis. See Introduction, page xxiii f.

ENRICO IV

ACT I

1. **Salone nella villa... Goslar:** 'A large hall in the villa furnished as accurately as possible to reproduce the throne-room of Henry IV in the imperial palace at Goslar.' The set is seen from the start to be the concrete expression of a fantasy. In the opening scene the interplay of modern and mediaeval detail establishes in our minds, before we meet the protagonist and originator of the fiction, that we are witnessing two levels of reality. The Henry IV referred to here is the Holy Roman Emperor born in Goslar in 1050 and crowned King at the age of six, who spent most of his life in fierce conflict with the papacy, and who died deposed by his own son in 1106.

2. **Matilde di Toscana:** the Marchioness Matilda of Tuscany, ally of the pope and traditional enemy of Henry IV. It was outside the castle at Canossa that the Emperor was forced to wait barefoot in the snow for three days in 1077 in order to obtain the absolution of Pope Gregory VII. He had been excommunicated the previous year for declaring the Pope's election invalid. The episode of Canossa has come to be popularly regarded as the central event of Henry's struggle with the papacy on account of its dramatic, almost legendary quality. (For a list of books containing a historical account of this struggle, see Select Bibliography, pages xxxiii, xxxiv.)

3. **'Consiglieri segreti':** 'privy counsellors'.

4. **pigliandoselo a godere:** 'getting a lot of fun out of it'.

5. **Castello dell'Hartz:** the castle of the Harzburg. It was destroyed and rebuilt during the course of Henry's war with the Saxons. See also notes 7 and 16.

6. **Worms:** Worms was the scene of the famous synod of 1076 at which the German bishops and the Emperor declared the Pope's election invalid.

7. **Sassonia:** Henry's castles in Saxony had a stormy history. He strengthened and garrisoned them in 1072. The next year the Saxons rebelled and in 1074 Henry had to withdraw his garrisons and demolish the castles. They were rebuilt after his victory in 1075.

8. **Lombardia:** from the time of the Emperor Otto I the Holy Roman Emperors had also been Kings of the Lombards. Henry IV spent much time in Lombardy, notably in 1091 when he came into Italy to deal with the threatening alliance between Matilda of Tuscany and his one-time enemy Welf of Bavaria. These two allied with a group of Lombard cities, closed the Alpine passes and detained Henry in Verona until 1097.

9. **Sul Reno!:** in the cities of the Rhineland Henry found his most loyal supporters. They provided him with his last stronghold at the end of his life when he was resisting the rebellion of his son, later Henry V.

10. **state pur comodi:** 'relax, take it easy!'

11. **quello di Francia:** the more famous Henry IV of France (1589–1610).

12. **Dinastia dei Salii:** the Salian dynasty. The name given to the line of Holy Roman Emperors: Conrad II (1024–39); Henry III (1039–56); Henry IV (1056–1105); and Henry V (1105–25). Salian from the river Saale, a tributary of the Main.

13. **la spaventosa guerra tra Stato e Chiesa:** the investiture controversy. The papacy saw the power of lay princes to nominate bishops as the chief source of corruption in the Church, and in the name of ecclesiastical reform had pronounced the practice to be simony. Henry IV and his predecessors had relied considerably on the revenues derived from this source and on the political support of the bishops so appointed. The Emperor recognized in the Pope's new attitude a threat to his own position. The controversy flared up at the end of 1075 when Gregory VII threatened to depose Henry, and on 27 January 1076

Henry answered with his own aggressive manifesto delivered at the synod of Worms (see note 6). The Pope replied at the Lenten synod in Rome, excommunicating the Emperor, suspending him from government and freeing his subjects from their oath of fidelity to him. Three times during the summer of 1080 Henry assembled his bishops, at Bamberg, at Mainz and at Brixen, where they decreed the deposition of the pope and nominated his 'successor'. Through these measures Henry lost the support of many bishops and princes and under constraint formally undertook to seek reconciliation with the Pope. There followed the dramatic gesture of Canossa, but his own princes were not satisfied, and elected Rudolf of Swabia as anti-king in his place. In 1080 the Pope formally gave Rudolf his support, but the anti-king died in 1081 after defeat by Henry. Three years later Henry marched on Rome and captured it, and was crowned Emperor by his own anti-pope, whom he now established in the Holy City. Gregory escaped capture thanks to the intervention of the Norman Robert Guiscard who came to his rescue, but Rome was devastated by her rescuers and Gregory died in exile at Salerno. There was a vacancy in the legitimate papacy for a year; Victor III (1086-7) proved ineffective; Henry now came near to restoring his supremacy in North Italy and in Germany. But the reign of Pope Urban II (1088-99) saw the beginning of Henry's downfall. This pope strengthened the position of the papacy by his political astuteness and evident good faith, both of which inspired him, and others, when he launched the First Crusade in 1095. Both he and his successor Paschal II (1099-1118) continued to condemn lay investiture. Henry retained his anti-popes and the breach was kept open. His sons made use of it. Conrad, the eldest, allied himself with the pope's party when plotting against his father in 1093. The future Henry V, bent on the same ploy in 1104, declared that he acknowledged the legitimate pope. But when at last Henry V succeeded his father in 1106 he still refused to surrender investiture and the struggle continued.

In all this far greater issues were at stake than the mere question of whether lay investiture could be condemned as simony. It is true that the bishops formed the framework of the shaky interdependence of Church and State; they exercised extensive political and administrative power, and the right to invest was rightly regarded as the key to political security. But underlying the controversy were the ideological questions of the source and nature of clerical and secular power, and the right relation between them. Pope and Emperor each proclaimed his power to judge and condemn the other while holding himself divinely appointed and above earthly judgement. Each party had pronounced sentence on the other and the struggle became a test to prove which power was really endowed with the divine authority to down the other.

14. **Antipapi contro i papi:** Wibert of Ravenna was elected anti-pope by Henry and his bishops at Brixen on 26 June 1080, and was consecrated as Clement III the following year. From then on Henry was never without a pope of his own, an arrangement felt by the legitimate papacy as a constant threat to its security.

15. **re contro gli antiré:** Rudolf of Rheinfelden, duke of Swabia, was elected anti-king by a body of German princes and bishops at Forchheim on 13 March 1077. In 1080 Henry sent a message to Pope Gregory VII asking him to excommunicate Rudolf. The Pope re-excommunicated Henry instead; it was this measure that led to Henry's election of Clement III as anti-pope. There was civil war in Germany from 1077–80 between king and anti-king.

16. **guerra contro i Sassoni:** Henry frequently found himself at war with the Saxons. They rebelled successfully in 1073 and the following year forced Henry to destroy his own Saxon castles. He returned with a new expedition in 1075 and this time was victorious. He was again spasmodically engaged in hostilities with them during the civil war as it was in Saxony that the anti-king Rudolf made his headquarters. Henry's rule met with a good deal of opposition from this race largely on account of their differing conception of monarchy. Hankering after a federal form of government based on law, they found it hard to accept Henry's theocratic Frankish conception of monarchy which enabled him to feel justified in forcing his kingship upon his subjects.

17. **i principi ribelli:** throughout his reign Henry was troubled by defecting princes, both lay and clerical. Their principal act of rebellion was in 1077 when they deprived Henry of his royal title and elected a rival Emperor (see note 15).

18. **i figli stessi dell'Imperatore:** in 1091 Henry's eldest son Conrad, already King of Germany, was persuaded by

Matilda of Tuscany to rebel against his father. He conspired with the Lombards to trap his father in Italy for several years. Henry's second son, later the Emperor Henry V, revolted against his father in 1104, contesting his diminished kingdom now centred on the region round the Main. He finally defeated his father's armies at Nürnburg in the late autumn of 1105. Henry IV was forced to abdicate, and died a year later in Liège.

19. **ma che mille e cinquecento!**: 'some sixteenth century!'

20. **Oh, Dio... rovina!**: 'Oh, my God! I've gone and done it now!'

21. **Adalberto di Brema**: Adalbert, Archbishop of Bremen from 1043 to 1072, had been Henry's favourite among his advisers during his minority.

22. **i vescovi rivali di Colonia e di Magonza**: Anno, Archbishop of Cologne and Siegfried, Archbishop of Mainz. These two and Adalbert, all preoccupied with the pursuit of personal ambition, had had almost total control over the young king until 1066, when Siegfried and Anno, at a diet which met at Tribur, offered Henry the choice between banishing Adalbert and abdicating the throne. Adalbert fled of his own accord, relieving Henry of the necessity of making this choice. Anno of Cologne in particular is renowned for his unscrupulousness in his search for self-aggrandizement.

23. **Bertoldo**: probably, as Landolfo says, this is just a 'name of the period', but Pirandello's Henry has a far more extensive knowledge of the events he is re-enacting than have those who are employed to humour him. Possibly in demanding Bertoldo he had in mind Bertold I of Zähringen, duke of Carinthia, who with others represented the king in peace negotiations with the Saxons in October 1073.

24. **il Bertoldo della favola**: the protagonist of the popular poem by G. C. Croce 'Bertoldo, Bertoldino and Cacasenno', from which the name has passed into common usage to mean 'simpleton'.

25. **Sfido... libri lui**: 'and well he might, the way *he* was able to mug up his part!'

26. **a uso di quelle che piacciono tanto oggi nei teatri**: until the 1930s the popular playwright's formula for a box-office success in Italy was the poetic costume drama. It received a new infusion of life early in the century from the work of

D'Annunzio and Sem Benelli. In particular the success of D'Annunzio's *'Francesca da Rimini'* and of Sem Benelli's *'Cena delle Beffe'* inspired dozens of imitators.

27. **dir lor qualche parola:** Far more is conveyed by this speech of Landolfo's than the mere frustration experienced by a man paid to act out the fantasy of another. It touches lightly on the central paradox of Pirandellian thought: that man cannot bear to see himself as playing a part, and yet to do so is the only way that he can make life bearable. To do it successfully he must deceive himself, and while this was possible for the privy counsellors of the original Henry IV, it is not so for Landolfo and his friends. There is a hint already here that the difference is only one of degree, that all are puppets whether of other people or of themselves.

28. **ti basterà... ripassatina:** 'you just want to start with a brief re-cap.'

29. **...pensa di ripudiarla:** Henry at the age of six was betrothed by his father to Bertha, daughter of the margrave Odo of Turin and of Adelaide of Susa. With a bad grace he agreed to marry her when he was sixteen, but refused to live with her on the grounds that she inspired him with repugnance. Three years later at the Council of Frankfurt he tried to get a divorce from her, but dropped the idea under pressure both from Peter Damian, acting as papal legate, and from his own bishops and nobles. He conquered his aversion and later came to rely on the comfort and support she gave him. She died in 1087.

30. **Matilde, la marchesa di Toscana:** See note 2.

31. **Papa Gregorio VII:** according to the historian Christopher Brooke (see Select Bibliography, p. xxxiii) 'the most exciting, the most disputed figure of the century'. Gregory VII, Pope from 1073 to 1085, seems to have combined the attributes of visionary, prophet and reformer. Fierce and overbearing in his dealings with men and unsuccessful as a politician, he pursued his life's task with a dynamic, even manic intensity — the liberation of the Church from all forms of secular control. One cannot doubt the integrity of his vision though one may question his methods. In terms of dramatic stature anyway, a fit adversary for Henry. (See Select Bibliography for works of historical reference, pp. xxxiii, xxxiv.)

32. **Messo di Gregorio VII, via!:** Ordulfo wants to tease the

old man, Giovanni, and in the game of 'Henry IV' chooses the worst term of abuse he can find: 'messenger of Gregory VII'.

33. **Mago di Roma:** Gregory's contemporaries were fascinated and awed by the mysterious hidden force that seemed to drive him. His enemies said that he was possessed by a demon.

34. **il contenuto:** a reference to Landolfo's earlier speech 'Peccato veramente... etc.', in which he complains that his job gives him a sense of being all form and no content. Arialdo sees in the arrival of the visitors the opportunity to experience a bit of 'content'.

35. **ce lo lavoreremo, questo signor medico:** *lavorarsi uno*, to win someone over to one's side. F. May translates 'we'll fix the doctor'.

36. **altro che contenuto allora!:** 'we'll get a bit more content than we bargained for, in that case!'

37. **La figliuola... marchese:** Frida, the daughter of the Marchesa Matilde Spina, is engaged to the young marquis Carlo di Nolli.

38. **Perdio, anche con la forza!:** 'Heavens, man! You must use force if necessary!'

39. **Dio, che senso!:** 'God, what an extraordinary feeling!'

40. **Per me, a priori, no!:** an *a priori* argument is one based on deductive reasoning without regard to experimental fact. Belcredi is saying 'I disagree on principle'.

41. **Giustissimo!... tante cose che lí non ci sono:** this remark of the doctor's illuminates the irritability and tension evident in the preceding scene. The portrait inspires in the Marchesa confusing emotions, among them the desire to see in it the likeness of her young and vital daughter, because it functions as a judgement, the permanent fixture of a moment in time, Life, in Pirandellian terms, mortified by Form. For a full exposition of P.'s thought on the relation between art and life see his play *Diana e la Tuda*.

42. **Invece di... in viaggio...:** Di Nolli explains that in order to be here and fulfil the dying wishes of his mother (Henry IV's sister) he has had to postpone his marriage and honeymoon.

43. **Carlo d'Angiò:** Charles I of Anjou (1220–85), King of Naples and Sicily, son of Louis VIII of France, whose rule in Sicily began with his defeat of Manfred at Benevento in 1265 and ended with the Sicilian vespers in 1282. His name is especially familiar to Italians through Dante's *Divina Commedia*.

44. **In una... studente:** the Kaiser Wilhelm II of Germany had been a student at Bonn, where P. himself studied and won his doctorate.

45. **Parato... in costume:** P. had himself attended a carnival at Cologne.

46. **Naturalmente...** « **naturalmente** »: the Marchesa is fierce in her self-justification. She is saying, 'Of course I didn't encourage him, how could I? And especially in those days!' In the scene that follows she shows an awareness that the failure in those days was hers, and now as then she defends herself with mockery.

47. **Io non mi sono mai fatto prendere sul serio:** Belcredi's defence is self-mockery. A sophisticated portrait this, for traditionally the character who ridicules himself is sympathetic.

48. **sono certo che doveva soffrirne:** the idea is found throughout P.'s theatre that to stand back from life and see oneself living it, as in a mirror, is to know anguish, even the verge of madness. To react by bringing conscious 'form', i.e. consistency, reason or pretence into life is to kill it. (See also Act II note 28.) Belcredi's account shows that even as a young man Henry was disturbed by the dilemma to which his madness later became the solution.

49. **facce mascherate:** the image of the mask, like that of the puppet, recurs throughout P.'s work.

50. **si può diventare pazzi:** the medical possibilities following Henry's fall as explained by the doctor are themselves tinged with symbolism. They provide a physical parallel to the metaphysical choice facing all Pirandellian heroes at the moment of crisis: either one fixes oneself in an 'act', or one goes mad.

51. **non c'è male:** 'that's a good one!'

52. **Adelaide:** Adelaide of Susa (in Burgundy), mother-in-law to the Henry IV of history, helped him with his wife and infant son on his winter journey over the Alps to Canossa.

53. **Ugo di Cluny:** Hugh, Abbot of Cluny, was godfather to Henry IV and friend of Pope Gregory VII. It was through his mediation that Henry was conditionally reconciled to his nobles at Tribur in 1076 when he undertook to make his act of submission to the Pope. He also interceded for Henry with the Pope the following year at Canossa.

54. **cluniacense:** Cluniac, or monk of Cluny. The monastery of Cluny in Burgundy was famous in the eleventh century as the centre of a new spirit of religious reform.

55. **Mi dovrebbe... Ugo di Cluny:** 'he ought to be glad to see me, oughtn't he, as Hugh of Cluny'. Henry IV was in fact deeply attached to his godfather. At the end of his life, after his enforced abdication, he wrote to him: 'Would it were possible for me to see thy angelic countenance, to lay my head upon thy bosom . . . and there, bewailing my sins, recount the story of my multitudinous calamities.'

56. **Ricorda... non voleva riceverlo:** while Bertha and the rest of Henry's retinue remained at Reggio, Adelaide herself was present at the meeting at Canossa.

57. **Questa di far da benedettino:** 'this business of dressing up as a Benedictine monk'.

58. **Pietro Damiani:** Peter Damian (1007–72), ascetic, mystic and saint, played an important part in public life as papal legate, as Cardinal Archbishop of Ostia, and as friend and confidant of Hildebrand before he became Pope Gregory VII (see also note 29).

59. **Confesso... l'avrei ripudiata:** see note 29. Alessandro is Pope Alexander II (1061–73) whom Peter Damian represented at the council of Frankfurt.

60. **il vescovo di Magonza:** Siegfried, Archbishop of Mainz, had secretly offered Henry his support in the matter of his divorce in return for the promise of help in some scheme for exacting tithes in Thuringia.

61. **mia madre, Adalberto, Tribur, Goslar:** Henry lists the humiliations of his life: his mother, from whom he was treacherously removed by Anno when only twelve years old (see note 64); Adalbert of whom he was also deprived against his will (see note 22); Tribur was the scene of the enforced choice between banishing Adalbert and losing his throne, also the scene of the nobles' ultimatum which led to Canossa; Goslar was where in 1077 the Pope's ban on Henry was pronounced and Rudolf was proclaimed king; finally, the sackcloth he is wearing represents the humiliation of Canossa.

62. **parentesi di astuzia:** 'lucid interval'.

63. **Enrico d'Augusta:** Henry, Bishop of Augsburg, exercised a formidable influence over Henry IV's mother Agnes during her regency. Their friendship met with gossip and hostility,

and hastened the decision made by Anno of Cologne and others to remove the young king from his mother's side.

64. **sei anni avevo:** in fact Henry was twelve in May 1062 when the Archbishop Anno, accompanied by his fellow-conspirators Otto of Nordheim and Count Ecbert of Brunswick, sailed up the Rhine in a sumptuous barge ostensibly to pay a friendly visit to the King, who was staying with his mother in a palace on the island of St Suitberth. The Archbishop lured Henry on to his boat and made off with him to Cologne, where he became for some years the pawn of the bishops. Agnes made no attempt to get her son back, and not long afterwards became a nun.

65. **Stefano:** the editor can find no mention of a bishop Stephen among the advisers of Henry IV. The three archbishops who rivalled each other for the control of the young king were Anno of Cologne, Siegfried of Mainz and Adalbert of Bremen. Is it possible that *Sigfrido* is intended here?

66. **termini di tempo:** 'the language of time'.

67. **Ma dico, se si nasce e se si muore:** 'But of course we are born and we die.' This use of *se* in which the main verb is suppressed is used to convey emphasis. A telescopic form of *tu mi domandi se si nasce e se si muore!*

68. **ci siamo fissati... noi stessi:** the famous *costruirsi* process, see Introduction page xxiv, also Act II note 28.

69. **come un serpe:** the image of a serpent conveys the quality of Life as P. sees it, unruly, instinctive, *inafferrabile* and a little sinister.

70. **quel tale:** Gregory VII, still Hildebrand in Peter Damian's time.

71. **che opinione ne avevate:** Peter Damian's mixed feelings about the compelling but unscrupulous Hildebrand are summed up in the name he coined for him, 'my Holy Satan'.

72. **sarà cosí domani della nostra vita d'oggi:** Cf. Act II note 31.

73. **Bressanone:** the town of Brixen, where Henry and his bishops announced the deposition of the Pope on 25 June 1080.

74. **Robert Guiscardo:** at the time of Henry IV's march on Rome, some historians think that in withholding help from Gregory VII until the very last minute, Robert Guiscard (see Act I note 13) may have been acting in accordance with some secret agreement with Henry.

75. **Questo... questo sí:** P. suggests that for the sake of pace the passage in brackets be omitted in performance.

76. **sotto la neve:** incorrect. Bertha was not at Canossa (see note 56).

77. **che ci riceva:** 'to grant us an audience'.

ACT II

1. **seggiolini di stile:** 'chairs of the period'.

2. **questo è contagio!:** 'this is catching!'

3. **Permettete che parli io adesso?:** tension mounts as the three participants of this scene struggle each to impose his own interpretation of events upon the others. The doctor, motivated by professional *amour-propre*, emerges as a caricature of the specialist, the 'man who knows'.

4. **Ma se... risposto!:** 'But I've told them exactly where it is!' For this use of *se* see Act I note 67.

5. **c'è poco da dire:** 'there are no two ways about it'.

6. **mi son dovuta succhiare tutta, per entrarci:** 'I had such a squeeze getting into it.'

7. **...dico per vedere...:** P. was ahead of his time in his free use of broken sentences and hesitations. Even on a superficial level his characters struggle in order to communicate, unlike the over-articulate creatures of the so-called 'naturalistic' theatre of his day.

8. **quello del salto... rito massonico:** not it seems in fact a masonic rite, but a parlour game popularly thought to be one in which the victim is blindfolded, led to the edge of a low surface and told to jump 'into space'.

9. **O che scoperta!:** Belcredi seems inordinately pleased with what is really quite a simple idea, based on a play on the word *avanti*, which can mean both 'advanced', i.e. near the front, and 'first', i.e. near the beginning. He is saying that in the context of the whole span of time the old are youngest, *piú avanti* in that they come first.

10. **per una donna qualunque:** 'for an ordinary woman, yes!'

11. **Gliela devo!:** typically Pirandellian is this exchange in which each speaker is intent on preserving the illusion of his own altruism while tearing the mask from the face of the other. See the play *Vestire gli ignudi* for a study in this type of human motivation.

12. **Basterà dire... ricevimento:** Landolfo suggests they reenact the situation at Canossa, that Henry be told that Adelaide of Susa and Hugh of Cluny are about to leave, having succeeded in obtaining for him an audience with the pope.

13. **Ma allora, a meraviglia, cara Marchesa!:** Belcredi is stung into sarcasm by Matilde's sudden stickling for historical accuracy.

14. **Non ce n'è proprio di che:** i.e. *non c'è di che aver paura.*

15. **un buco nell'acqua:** *fare un buco nell'acqua,* 'to make no impression', 'to get nowhere'.

16. **ma che c'entra qua il ragionamento, scusa?:** 'but logic's got nothing to do with it!' Cf. *che c'entro io?,* 'what has that got to do with me?'

17. **No Monsignore! Che dite! Non sembrate affatto!:** when this devastating remark is delivered with sudden deadpan seriousness it can give us our first hint of Henry's stature. The brief exchange preceding it shows us the complexity of Pirandellian irony, experienced here on at least three levels: superficially as traditional 'dramatic' irony, the comedy of the patient running rings round the doctor; emotionally in the clash of personalities, the contrast between the dignity and bitter serenity of the madman and the blustering confidence of the man of science; and intellectually as the supreme philosophic irony, P.'s doctrine of the irrelevance of truth, the principle which underlies the substance of the play.

18. **Bressanone:** see Act I note 73.

19. **vi ossequio... vi riverisco:** formal expressions of farewell, translated by F. May 'Your humble servant' and 'I kiss your hand'.

20. **azzeccato!:** *lit.* 'struck', 'hit', perhaps 'I scored a bull's-eye there!'

21. **quello là:** on Henry's lips this always refers to Belcredi.

22. **parole... a suo modo:** cf. the Father's words in *Sei personaggi* page 21 and note 39.

23. **bollato:** Henry IV and the Father in *Sei personaggi* are both tormented by the injustice of the label.

24. **terribile:** Burckhardt in his *Civilization of the Renaissance in Italy* writes: '*Terribile* cannot be translated by terrible or horrifying; it is a superlative of *fiero* (vehement, proud) and *magnanimo*, and points to a superhuman and heroic greatness of

mind, but sometimes merely indicates an intensive irritability. Contemporary writers referred to Michelangelo's *terribilità* . . .'

25. **Tutti, davanti ai pazzi, si deve stare così**: no joke, but the only tenable position for those who hold the Pirandellian view of personality and recognize madness as the mark of the free man. Cf. the ending of *Uno, nessuno e centomila* and Ciampa's closing speeches in *Il berretto a sonagli*. Henry impresses us with his dignity because he alone is aware of his mask and has, at this point at any rate, the freedom to discard it. One can read more than a hint of existentialism into P.'s view of human freedom although he is not usually named among the precursors of that movement. Umberto Cantoro, in his study *Luigi Pirandello e il problema della personalità*, outlines some points of similarity between P.'s ideas and the existentialism of Heidegger, Kierkegaard and others but concludes that these are the result not of direct influence but of a shared climate of thought.

26. **Tutta la vita... parole**: the theory of the incompatibility of Life and Form applied to language; the function of words is to render stale and dead.

27. **Qua a quattr'occhi**: 'Look me in the eyes.'

28. **la logica di tutte le vostre costruzioni**: the word *costruzione* has for P. a special meaning. (See Introduction, page xxiv.) Henry is here defining the position of the 'mad'. A complementary passage from the short story *La Trappola* defines that of the 'sane' who 'give themselves reality', but with what result? '*Ma che vuol dire, domando io, darsi una realtà, se non fissarsi in un sentimento, rapprendersi, irrigidirsi, incrostarsi in esso? E dunque, arrestare in noi il perpetuo movimento vitale, far di noi tanti piccoli e miseri stagni in attesa di putrefazione, mentra la vita è flusso continuo, incandescente e indistinto.*'

29. **per loro può essere tutto**: because they alone are privileged to live life as it is '*flusso continuo... e indistinto*'.

30. **Guai se vi affondaste... vi tocca**: the importance P. intended to give this now-famous statement of the 'non-communication' concept is made clear by the stage direction which follows.

31. **il piacere della storia, insomma, che è così grande**: P. is attracted to the idea put forward by Kant and others that space and time are purely subjective forms of consciousness. This is the theme of several short stories, outstandingly, *Una Giornata, Pallottoline, Rimedio: la geografia*, and recurs from

time to time in the plays. Here Henry is echoing the sentiments of *il dottor Fileno* in the story *La tragedia di un personaggio* who finds consolation in his *filosofia del lontano*, the art of removing the sense of urgency from life by looking at its events through the wrong end of an imaginary telescope and seeing them as past history.

32. **voglio avere il gusto di schiaffeggiargliene almeno uno:** 'there's one of them at least whose face I mean to have the pleasure of slapping'. *gliene* is pleonastic.

33. **Apportò... ai secondi:** safely enclosed in their fragment of history Henry and Giovanni bring the Act to an end on a note of calm, their serenity and apparent sense of purpose the vindication of Henry's advocacy of the conscious masquerade.

ACT III

1. **E avanti! Di' avanti!:** 'go on, go on!'

2. **Non sarà morta « tua » sorella soltanto!:** Henry is creating deliberate confusion, playing on the fact of Di Nolli's being also dressed as Henry IV.

3. **Ma che delirio... la commedia:** 'madness nothing, doctor! It's a repeat performance!'

4. **come te:** i.e. in modern dress.

5. **punsero a sangue:** 'stabbed till it bled'.

6. **ma questo lo so adesso, io!:** 'I never knew this before!'

7. **ancora non lo vedono come la loro stessa persona:** loosely: 'they do not realize that dress and personality are one and the same thing'.

8. **Ma che vuoi che m'agiti piú ciò che avvenne tra noi:** 'You can't expect me to go on being tormented by what happened between us?'

9. **in un momento:** again the theme of a man being condemned for ever through a momentary aberration which has not touched him, in any essential way, at all. Cf. the story *Cinci*, the play *Non si sa come* and of course *Sei personaggi*. Henry's tragedy is that his masquerade will no longer be a '*caricatura, evidente e volontaria*', but a permanent sentence.

LA GIARA

1. **Don Lolò Zirafa:** *Don* is an abbreviated form of the archaic *donno* = *signore*, from the Latin *dominus*. Formerly used by the nobility, it is still used today in Northern Italy as a title for priests and princes, and in Sicily for all men who enjoy a social status above that of the common people. See note 4.

2. **Zí Dima Licasi:** *Zí* is short for *Zio*, an informal title of respect bestowed on anyone locally well-known and of a certain age (see note 4).

3. **'Mpari Pè:** *'Mpari* is an abbreviated form of the Sicilian *Cumpari, i.e. compare* = neighbour, friend, also godfather (see note 4). *Pè* is an abbreviated form of Giuseppe.

4. **La 'gna Tana:** 'gna is an abbreviated form of donna (doña) used before the Christian names of women of humble condition in Sicily and Calabria. The social groups in Sicily in Pirandello's time can be roughly determined as follows:

1. *nobili:* aristocrats, landowners and *latifondisti* (owners of extensive undercultivated landed estates). These would be addressed as *eccellenza* or as *Don* followed by Christian name, and spoken of as *Don* (followed by Christian name and surname).

2. *galantuomini:* professional men, educated men, small landowners. These again would be addressed as Don.

3. craftsmen, shopkeepers, skilled workmen, addressed as *mastro* or as *zí*.

4. peasants, fishermen, sulphur-miners, etc., addressed as *compare, comare, 'gna, zí,* all of which titles have a connotation of friendliness combined with respect.

5. **un secolare olivo saraceno:** this is a variety of the common olive, *olea europaea*, for which there is no official English botanical name. It is described as follows in the *Dizionario di Agricoltura*, U.T.E.T. 1957: *'questa varietà è conosciuta anche con i nomi di 'Siracusano' o 'Zaiturna'. L'albero è di grandi dimensioni, altissimo, con chioma molto fronzuta; foglie piccole, verde cupo superiormente, verde più pallido inferiormente. Il frutto è cilindrico, di colore nero lucente a maturazione...'* etc. (Raffaele Carlone). Some Sicilians also use the name 'olivo Saraceno' to refer to the oleaster or wild olive. The 'saracen olive' seems to have had a special place in Pirandello's mytho-

logy. His son Stefano writes of him on his death-bed, struggling with thoughts of his last, unfinished, work, the play *I Giganti della Montagna*: '*lo seppi da Lui, quella mattina, soltanto questo: che aveva trovato un olivo saraceno — C'è — mi disse sorridendo — un olivo saraceno, grande, in mezzo alla scena: con cui ho risolto tutto — .*' Sciascia in his study *Pirandello e la Sicilia* suggests that we may take this final vision as symbolizing for Pirandello a possible synthesis of two elements which had become separate in his later work, the poetry and myth of his plays, and the realism of his stories. A fact which perhaps supports this theory is that the 'saracen olive' figures in the scenery of the two early Sicilian peasant comedies *La Giara* (dialect version first performed 1917) and *Liolà* (dialect version first performed 1916), which both evince a solid fusion of the poetic and realistic elements.

6. **toppe senza chiave**: *lit.* 'keyholes without keys'. Perhaps 'clueless idiots!'

7. **corpo di...**: common oaths are *corpo di Bacco! corpo di Dio!*

8. **O che vi piglia...?** 'what's got into you?'

9. **O che si può nemmeno cantare?**: the *che* implies the omission of a main verb, *dici che*, etc. The use of the word 'then' provides an equivalent English colloquialism: 'Can't we even sing then?'

10. **a chi le spara piú grosse**: *spararle grosse*, usually 'to shoot a line', here 'to see who can swear the loudest'.

11. **non la fate piú lunga**: *la* can be used as an *impers. prn.* to mean 'it', 'the matter in hand', so here 'get on with it', 'don't waste any more time'.

12. **o che...**: see note 9.

13. **obbedire, e mosca!**: 'do as you're told and keep your mouth shut!'

14. **palmento**: more usually means 'millstone' but is still used in some regions, as here, to mean wine-press or olive-press, referring to the room in which the pressing is done.

15. **sangue di...**: common oaths are *sangue della Madonna! sangue d'un cane! sangue di Giuda!*

16. **Sant'Aloe**: Aloe appears to be a corrupted form of Eloi.

17. **E io gatte nel sacco non ne ho mai comperate**: *comprare la gatta nel sacco*, 'to buy a pig in a poke'.

18. **a me non la fa piú nessuno**: 'nobody can do me down any more'.

19. **arcolaio:** a winder, a circular revolving frame to hold a skein of wool for winding. The phrase used by Scimè is in common use meaning 'You're making my head spin!'

20. **cestone:** *fare il capo come un cestone a qualcuno*, 'to make someone's head whirl'.

21. **mi mise in croce perché accettassi...:** 'he bullied me unmercifully to accept'. Note how the peasants' language is impregnated with religious imagery.

22. **Santo Stefano di Camastra:** a small town in the province of Messina on the coast road from Messina to Palermo.

23. **quattr'onze:** an *onza* or *oncia* (Sicilian *unza*) is an old Sicilian coin worth about 12.75 lire (before devaluation).

24. **chi lo sentirà...:** *lo* is pleonastic.

25. **Dio ne liberi e scampi!:** 'heaven help us!'

26. **e questa ch'era annata d'olive:** 'and this was a good olive year too!'

27. **mastro:** from Sicilian *mastru* = master. Essentially a title given to a workman, a master of his craft (see Note 4).

28. **dannare:** *fare dannare uno*, 'to drive someone distracted'.

29. **ci posso far la croce:** 'I can say good-bye to that'.

30. **ostia consacrata:** 'the consecrated host' (cf. note 21).

31. **capezza:** for *cavezza*, 'halter'.

32. **messere:** at one time a common title of respect, e.g.: *Messer lo Giudice, Messer lo Re*, even *Messer Gesù*. Don Lolò is saying in effect, 'Do you treat everybody like that?'

33. **che arie di Carlomagno!:** loosely, 'Who the hell does he think he is?' The name of Charlemagne, the first and most famous of the Holy Roman Emperors, passed into Italian folklore and common language as a result of the popularity of the romantic epic. Don Lolò here uses his name as a byword for arrogance, but it has other connotations, as in the expressions *farne quanto Carlo in Francia*, 'to get into a lot of scrapes', or *alla carlona*, 'in a slapdash manner'.

34. **pezzo d'asino:** 'stupid ass!'

35. **Càzzica che testa!:** *cazzica* is dialectal for *caspita!* or *diamine!* = good heavens! So, loosely, 'Just how pig-headed can you get!'

36. **c'intenderemo:** 'we'll settle up'.

37. **non s'amareggi il sangue:** 'don't upset yourself'.

38. **sfruconare:** also *fruconare*, old forms of *frugare* = 'to rummage', also 'to poke hard with a stick'.

39. **resti abissino per tutta la vita:** 'you'll look like a negro for the rest of your life'.

40. **Già, lei che n'abbonda un pochino da una parte:** 'yes, yours do stick out a bit in one direction'; a reference to his hump.

41. **diffetta di bocca la giara:** 'it's the mouth of the jar that's at fault'.

42. **è da cavarne i numeri:** 'you'll have to draw lots on it' or 'you'll have to toss for it'. The lottery was an important feature of Sicilian peasant life.

43. **a lei non brucia:** 'it's not your loss'.

44. **ma che pretendete di... tenerlo là dentro?:** 'do you mean you are honestly hoping to keep him in there?' For force of *che* see note 9.

45. **sequestro di persona:** 'unlawful restraint'.

46. **il pretòre:** *pretore* = local stipendiary magistrate.

47. **facendo atto di parare:** 'making a show of protecting his interests'.

48. **un'onza e trentatré:** a third of an onza = thirty-three tarí.

49. **Io ci faccio i vermi, qua dentro:** 'I'd rather stay in here and rot'.

50. **allocco:** owl; *colloq.* fool; *restare come un allocco*, 'to be left looking like a fool'.

51. **alloggio abusivo:** squatting, unauthorized possession of premises.

52. **Mandategli l'usciere per lo sfratto:** *mandare gli uscieri*, 'to put the bailiffs in'; *sfratto*, eviction.

53. **laccio di forca:** *lit.* noose, *fig.* gallows-bird, bad lot, wretch.

54. **voglio incignar la casa nova:** 'I want to have a house-warming'; *incignare* in Tuscan and Neapolitan usage, 'to inaugurate, to initiate'.

55. **l'ho vinta io:** 'I've won' (cf. note 11).

SELECT VOCABULARY

Unless otherwise stated, nouns ending in -o are masculine, and those ending in -a feminine. To assist the student where accentuation is difficult the stressed syllable has been indicated by an accent, although this does not appear in the text. Words explained in the notes are not usually repeated in this vocabulary.

A

abate *m.*, abbot

abbacchiare, to beat down (fruit, etc.)

abbacchiatore, harvester

abbagliare, to dazzle

abbaruffarsi, to squabble

abbassarsi, to be lowered; (*fig.*) to humiliate oneself

abbàttere *tr.*, to cast down, to dishearten; *rfl.*—**su,** to burst upon

abbozzo, sketch; (*theat.*) run-through

abbracciare, to embrace

abbrancare, to seize

abissino, Abyssinian

abisso, abyss

abnegazione, sacrifice

accadere, to happen

accasciarsi, to sink, to collapse

accecare, to blind

accèndere, to light, to turn on

accennare, to point at, to indicate; — **a** (with *inf.*), to look as if; — **di** (with *inf.*), to make the motion of; (*mus.*) to sing a few notes of

acchiappare, to catch

acchiocciolare, to wind, to coil

accigliato, frowning, sullen

accògliere, to welcome, to receive

accomodarsi, to accommodate oneself; (*3rd pers. only*) to be put right

acconsentire, to agree

accordare, to grant, to allow

accordo, agreement

accòrgersi di, to notice

accòrrere, to come running

accostare, to put together; *rfl.* with **a,** to approach

accréscere, to increase

acquietare *tr.*, to pacify, to calm; *rfl.* to quieten down, to find peace

acquistare, to acquire

adagiamento, slowing down

adagiarsi, to take one's ease

adatto, qualified, well-suited

addensarsi, to thicken, to deepen

addietro *adv.*, back, ago

additare, to point out, at

addobbare, to adorn, to furnish

addosso, on; on one's back

adirato, furious, enraged

adocchiare, to cast one's eye at

adoperarsi (a); to endeavour

afa, stifling boredom, nausea

affacciarsi, to look out; to appear, to show oneself

affannarsi a, to strive to

affascinare, to fascinate

affatto, completely; **non —,** not . . . at all

afferrare, to seize hold of

affettivo, emotional

affetto, affection

afflíggersi, to be upset

afflosciarsi, to grow limp

affogare, to drown

affondare, to sink

afoso, sultry; tedious

agganciare, to hook

agghiacciare, to freeze

aggirarsi, to wander

aggiúngere, to add

aggrappare, to seize; to grasp; **aggrappato a,** clinging to

aggruppare, to group

aggruppato, heaped, hunched

agguantare, to seize

agguato, ambush; **essere in —,** to lie in wait

agitarsi, to be agitated

aizzoso, provocative

alabarda, halberd

alienista *m.,* psychiatrist

allevare, to raise, to bring up

allontanare, to separate, to estrange; *rfl.* to go away

allungare, to lengthen; **— un calcio,** to let fly a kick

alterato, altered; angered

alterígia, arrogance

altro, other; **tutt'altro,** quite the opposite

altrui, of others

ambàscia, anguish, distress

ammaccare, to bruise, to dint

ammazzare, to kill

ammiccare, to wink

ammonimento, warning

àmpio, broad

anatema *m.,* anathema, excommunication

anatrella, duckling

anello, ring

angòscia, anguish

ànimo, mind; heart; intention

annata, year; crop

annegare, to drown

ànsia, anxiety

antefatto, antecedent fact

anticipare, to forestall; *rfl.* to be made known in advance

antipàtico, displeasing

anzi, rather; indeed; on the contrary

apparato, pomp, display; furnishings; **— scenico,** stage set, setting

apparatore *m.,* stage-hand

apparecchiare, to prepare; to lay (a table)

appartarsi, to withdraw

appartato, apart, on one side; withdrawn

appèndere, to hang

appioppare, to give; to foist

applicare, to apply; to set, to put

appoggiarsi, to lean

appòsito, special

apposta, on purpose

appressarsi a, to approach

appresso *adv.*, close by, near; **stare — a,** to stick to; after

appropriazione, appropriation; **— indebita,** misappropriation

appuntare, to sharpen, to point

appunto, precisely, exactly

architettare, to design; to plot

arcoscènico (*theat.*), proscenium arch

ardire *m.*, courage, audacity

argomentare, to deduce

arguire, to infer, to conclude

arguto, pointed, piercing

arrabattarsi, to strive

arrabbiare *intr.* also *rfl.*, to get angry

arredo (often *pl.*), fittings, furnishings

arrèndersi, to yield

arretrare, to retreat

arrossire, to blush

arrotolare, to roll up

ascolto, prestare, dare — a, to listen to

aspirazione (a), longing (for)

asportare, to remove

aspro, harsh

asse *m. and f.*, plank, board

assecondare, to support, to assist

assediare, to besiege

assegnamento, allowance; reliance; **fare — su,** to rely on

assegnare, to assign, to allot

assiderare *intr.* and *rfl.*, to become frozen

assistere a, to be present at

assommare, to sum up

assorbire, to absorb; *past part.* **assorto,** absorbed, preoccupied

assuefarsi, to get accustomed

assúmere, to take on, to take; **— il servizio,** to take up one's duties

astratto, abstract; abstracted

astruseria, abstruseness

astúzia, astuteness

attaccapanni *m.*, clotheshanger, hat-stand

attaccare, to stick; to attack; to start; (*mus.*) to start playing; **— lite,** to start quarrelling

attacco, attack; (*electr.*) connection

atteggiamento, attitude, bearing

atteggiare, to arrange in position

atterrito, terrified

attesa, wait

attestare, to testify

attiguo, adjoining

àttimo, split second

attirare, to attract

atto, act; movement

attorno a, around

attrarre, to attract

attrezzatura, equipment; (*theat.*) property

augurare, to wish

aura, breeze; (*fig.*) spirit, atmosphere

avanzato, late; advanced

avanzi *m.pl.*, remains, leavings

avvalersi di, to avail oneself of; to take advantage of

avvenire, to happen

avventare *tr.,* to hurl, to fling; *intr.* to stand out boldly, to show up well; *rfl.* to hurl oneself

avvertire *tr.,* to warn; to detect, to be aware of

avviare, to send; *rfl.* to leave, to go on one's way

avvilente, degrading

avvilimento, humiliation

avvilirsi, to humiliate oneself

avvisare, to warn

avvoltolare, to roll up

azzeccare, to hit, to strike

B

babele *m.,* babel, chaos

babèlico, chaotic

bacco; per —!, by Jove!

baciare, to kiss

badare *intr.,* to pay attention; **bada!,** mind you!, look out!, take care!

badessa, abbess

baffetti *m.pl.,* moustache

balcone *m.,* balcony

balconcino, *dim.* of **balcone**

baldacchino, baldachin

baldracca, whore

balenare, to flash

bàlia, wet-nurse

ballàbile *m.,* dance-tune

ballare, to dance; to tremble

balzare, to jump, to leap

banchetto, banquet

bardato, caparisoned

bastone *m.,* stick

battuta, line of dialogue

beato, lucky, happy

beffa, joke; **farsi beffe di,** to make fun of

bellino, pretty

bello, beautiful; **rimettere in —,** to do up, to retouch

benedettino, Benedictine monk

beninteso, naturally, of course

bèrcio, screech

berretto, cap; **— da cuoco,** chef's hat

bestemmiare, to swear, to curse

bèstia, beast; fool

bilance *f.pl.* (*theat.*), lighting, vertical booms

bisbigliare, to whisper

bollare, to stamp

bollire, to boil

bonàrio, kindly

borbottare, to grumble

botta, knock

botte *f.,* cask, barrel

botto, blow; **di —,** all at once

braccetto; a — con, arm in arm with

brama, longing

bravura, cleverness, brilliance; brilliant performance

brívido, shiver, shudder

brocca, pitcher

brulicare, to swarm

brusco, sudden

bruto, brute

buca, hole; (*theat.*) (prompter's) box

bucare *tr.,* to make a hole in

buffo, funny

buffone, fool

buio *adj.*, dark; *n.* darkness;
 al —, in darkness
burla, practical joke; **per —,**
 in fun
bússola, inner door
bussolotto, conjurer's box;
 giuoco di bussolotti, con-
 juring trick
busta, envelope
busto, corset
buttare, to throw

C

cacciare, to drive out, to dismiss; *rfl.* to put oneself, to
 hide oneself
caduta, fall
caffè-concerto, *café chantant,*
 cabaret
cagnolino, puppy; lap-dog
calare *tr.*, to lower; *intr.* to
 descend, to fall
calore *m.*, warmth
calvo, bald
calzoni *m.pl.*, trousers
cameriere *m.*, manservant
camerino (*theat.*), dressing-
 room
camicia, shirt; **— di forza,**
 straitjacket
camiciotto, overall, dun-
 garees
campestre, rural
camuffare, disguise, dress up
canàglia, rabble; cad, swine
canna, rod, stick
cantilenare, to sing-song,
 to hum
canto, corner; **da un —,**
 from one point of view

capace, capable
caparbietà, obstinacy
capàrbio, obstinate
capitare, to happen
capocòmico, actor-manager
caporale *m.*, corporal; head,
 leader
caràttere *m.*, character; characteristic
caricato, exaggerated
càrico, burden, weight; load;
 blame; **a — di,** at the expense of
carità, love, charity; **per —,**
 please
carnevalata, carnival cele-
 bration
cartapècora, parchment
cartellino, label, notice
cascare, to fall, **— dalle
 nuvole,** to be taken aback,
 to be dumb with amazement
cascina, peasant farm-house
caso, case; chance; fate; **per
 —,** perhaps, by chance; *pl.*
 events, circumstances
castigo, punishment; **— di
 Dio,** judgement of God
casto, chaste
catena, chain
cautela, caution
cavalcata, cavalcade, pageant
cavare, to dig out, to extract,
 to draw (sword)
cavo *n.*, emptiness, hollow
cèdere, to yield, to hand over
cenno, sign, signal, nod
cera, wax
cerchietto, earring
cervello, brain
cessare, to stop

cesta, cesto, basket
ché (for **perché),** because
chiacchierare, to chatter
chiàcchiere *f.pl.*, chatter, talk
chiarezza, clarity
chiaro, clear; light
chiavetta (della luce), light switch
chièdere, to ask; — **di,** to ask for
chino, bent, bowed
chiúdere, to shut; — **a chiave,** to lock
chiusa, smallholding
chiuso, closed; (*fig.*) reserved, taciturn
cilestrino, light blue
cima, top; **in — a,** on top of
cimentare, to put to the test; to provoke
cíngere, surround; embrace, encircle; *rfl. (prep.* **di)** gird oneself with, put on
cinta, enclosure; **muro di —,** enclosure wall
ciòtola, basin
cipressetto, small cypress tree
círcolo, club
civettare, to flirt
civettería, coquettishness
cocca, corner (of cloth)
coccodrillo, crocodile
còdice *m.*, code; — **civile,** civil code
coerente, coherent
cògliere, pick, catch, grasp
colabrodo, strainer, sieve
collocamento, employment
collocare, to place; *rfl.* to place oneself

colluttare (con), to struggle with
colmo, full, brimful
colorito, colourful
combaciare, to fit exactly
combinare, arrange, fix up
combinazione, combination, arrangement
còmico *n.*, player
comitiva, party, group
commediògrafo, playwright
commèrcio, business
commosso, moved, affected; worked up
commozione, emotion
comparsa, appearance, show
compassato, formal, correct
compatimento, compassion
cómpere *f.pl.*, purchases
competente, expert
compiacenza, kindness; satisfaction
compiacere, please, satisfy
cómpiere, to accomplish
compito *adj.*, accomplished
cómpito *m.*, task
compunto, remorseful
comune *f.*, main entrance
comunque, in whatever manner, anyhow
conca, large earthenware bowl, basin
concertare, to arrange, to organize
concerto, concert, arrangement
concetto, concept, notion
conciabrocche *m.*, tinker
conciare *tr.*, to dress up
concime *m.*, manure
concitato, agitated, excited

concitazione *f.*, agitation

concretare, to make real

condanna, condemnation, punishment

condivídere, to share

confóndersi, to be confused

confronto, confrontation

consigliarsi, to consult, to seek advice

consigliere *m.*, counsellor

consíglio, advice

contadino, peasant

contàgio, contagion

contegno, demeanour, bearing

contenere, to contain; to repress, to restrain; *rfl.* to restrain oneself

contentare, to satisfy, to fulfil the wishes of

contenuto *n.m.*, content; *past part.* contenere, repressed, restrained

contíguo, adjoining

conto, sum, reckoning; **fare il —,** to add it up, to work it out; **tenere — di,** to take into account

contrarietà, difficulty, obstacle

contràrio, contrary; unfavourable

conturbare, to disturb, to trouble

convenienza, decorum

convenire, to agree; *impers.* **conviene,** it is right

convulso, agitated, much moved

copione *m.* (*theat.*), script

còppia, couple

corbellería, foolishness; blunder

corbello, basket

coretto, rostrum

cornice *f.*, frame

corno, un — !, nothing at all, not a damn thing!

coro, chorus

corridóio, corridor; (*theat.*) gangway

corsa; fare una —, to run

corteo, procession

cortile *m.*, courtyard

cosciente, conscious

coscienza, consciousness

cosicché, so that

cosí cosí, so-so

costa, slope; **a mezza —,** half-way up the hill

costernare, to dismay, to throw into consternation

costretto, *past part.* of **costríngere**

costríngere, to compel, to constrain

creare, to create

créscere, to grow

crespo, crape

crítica, criticism

cròcchio, group

crollare, to crumble, **— il capo,** shake or nod head

cucire, to sew

cuòio, leather

cupo, dark, sombre

cupolino (*theat.*), (prompter's) dome

cura, care, attention; responsibility

curarsi di, to worry about

curvo, bent

custodire, to preserve, to keep

D

daccapo, again

dama, lady

danno, damage, harm; **a — di,** at the expense of, to the detriment of

débito *adj.,* dire

dedizione, dedication; submission

degno, worthy

degradante *part. adj.,* sloping down in tiers

delírio, delirium, mania

delitto, crime

delízia, delight

deluso, disappointed

dèmone *m.,* daemon, genius

dentro, within

designare, to appoint

destituzione, dismissal; act of deposition

dettare, to dictate

dettatura, dictation

didascalía (*theat.*), stage directions

difatti, in fact

diffalcare, to deduct

diffidare, to be suspicious of, to distrust

diffidenza, diffidence; **mettere in —,** to shake the confidence of

digrignare, to grind, to gnash

dilaniatore, dilaniatrice as *adj.,* lacerating

diléggio, mockery

dilettante, amateur

dimenarsi, to fidget, to wave one's arms about

dimostrare, to show, to prove

dipíngere, to paint

direttore *m.,* producer; **— di scena,** stage manager

dirígere, to direct, to produce

diritto *m.,* right

discorso, speech, conversation

discosto, distant, apart

discussione *f.,* discussion; argument, row

disgràzia, accident; misfortune

disgraziato *adj.,* unfortunate; *m.* wretch

disparte; in —, apart, to one side

dispensa, store-room

dispetto, scorn; vexation; spite; **per —,** to annoy

disposizione *f.,* disposition; placing

disprezzo, contempt

dissugare, to drain, to exhaust

distaccare, to detach, to free

distornare, to distract

ditata, fingerful

dito, finger; **mostrare a —,** to point out

divano-letto, divan

divertirsi, to enjoy oneself

divincolarsi, to struggle free

dolente, grieving, sorrowful

doloroso, sorrowful

domiciliarsi, to take up one's abode

donde, whence

dondolare, to rock, to sway

dóppio, double

dorato, golden
dote *f.*, gift
dovízie *f.pl.*, riches
dubbio, doubt; **mettere in —,** to doubt
duraturo, enduring
duro, hard; **cappello —,** bowler hat
dúttile, supple, lithe

E

eco *f.*, echo
effetto, effect; **fare —,** to have an effect
effigiare, to portray
emanare, to issue, to proclaim
émpito, rush (of feeling)
entrambi, both
equívoco, equivocal, questionable
esaltarsi, to get excited, to become elated
esaltazione *f.*, excitement
eseguire, to carry out
esigenza, exigency, requirement
esterrefatto, appalled
estivo, summery
estràneo *adj.*, strange, alien; *m.* outsider, stranger
estroso, whimsical, fanciful, imaginative
età, age
evidente, evident; obvious
evocare, to evoke, to call up

F

faccia, face; **— tosta,** cheek, impudence

facciata, façade
fantasía, imagination
fantasma *m.*, phantasm
fantasticare, to imagine; to indulge in fancies
fantòccio, puppet
farfalla, butterfly
farneticare, to rave
fàscia, sash; scarf
fàscino, fascination
fàscio, bundle
fastídio, irritation
favilla, spark
fàvola, fairy story
favorire, to favour, to encourage
fecondo, fertile, fruitful
ferire, to wound; (*fig.*) to hurt
ferita, wound
feròcia, ferocity
ferro, iron
festa, feast; (*fig.*) rejoicing, merrymaking
fiammante, bright, brilliant
fiancata (*theat.*), flat
fianco, side
fidanzato *adj.*, engaged; *m.* fiancé
fido, faithful
fiero, proud; violent
figliastra, step-daughter
figura, figure; shape; appearance, outward form, illustration
figurare *tr.*, to represent; *intr.* to figure, to appear; **— da,** to assume the rôle of
filo, thread, wire; **con un — di voce,** in a tiny voice; **fil di ferro,** wire

fine *f.*, end

fine *m.*, purpose, aim

fíngere, to pretend

finimondo, end of the world

finora, up till now

finta, pretence

finto, *past part.* of **fingere**

finzione *f.*, fiction, pretence

fiorame *m.*, floral design

fiore *m.*, flower; **fior di quattrini**, a lot of money

fissare, to fix; to gaze at

fitto, thick

foga, ardour, passion

fòggia, shape; (of dress) cut

folto, thick

fondale *m.* (*theat.*), backcloth

fondo, bottom, end; **in —**, in the background, (*theat.*) 'back'; **verso il —**, upstage

forare, to pierce, to bore holes in

formato *m.*, size, format

formoso, beautiful, shapely

fornace *f.*, furnace

fornaciàio, furnace owner

forte *adv.*, aloud

forza, force; **per —**, of necessity; by force; **farsi —**, to force oneself

fosco, dark, gloomy

fossa, ditch; grave

fracasso, noise, crash

fragoroso, noisy

frase *f.*, phrase

frastornare, to disturb

freddo, cold; **a —**, in cold blood

frèmere, to tremble; **— di** (with *inf.*) to tremble with the longing to

frèmito, tremor, quiver

frenare, to check, to repress; *refl.* to restrain oneself

frenesía, frenzy

frenètico, frenzied

freno, bit, bridle; (*fig.*) restraint; **rodere il —**, to champ at the bit

fresco, fresh, cool; **stare —**, to be in a mess, in trouble

fronte *f.*, front; forehead

fulminare, to strike by lightning

fulmíneo *adj.*, like lightning

fulvo, reddish, tawny

fuoruscente, protruding

furbesco, sly

furbo, sly

fúria, rage; **montare sulle furie**, to fly into a rage; **di —**, quickly

fustigare, to hit, to beat

G

gaiezza, gaiety

galera, prison

gallonato, braided

gambo, stalk

ganzo, lover

garantire, to guarantee, to vouch for

garzone *m.*, farm boy

gelare, to freeze

gélido, icy, frigid

gelso, mulberry-tree

gèmere, to moan

gèmito, groan, sob

germe *m.*, germ, seed

gesto, gesture

ghermire, to catch hold of

ghirlanda, garland
giacca, jacket
giara, jar
giovare, to help, to be useful
giovinetto, boy
girare, to turn, to wind
giudicare, to judge, to try
giudízio, judgement, verdict
giunta; per —, in addition
giuoco, game; avere buon —, to have a good hand, to be in a good position
giurare, to swear
globo, orb
gloriarsi di, to boast of
gobba, hump
góccia, drop
godere (di), to enjoy
goffo, clumsy
gogna, pillory
gonfiare, to swell; — la voce, to raise one's voice
gonna, skirt
gota, cheek
grado, step; in — di, in a position to
grata, grating
grattare, to scratch
gravare su, to weigh upon
gràzia, grace, favour; alla —, good heavens!
grazioso, pretty
grembiule m., apron
greppina, lounge-chair, sofa
gridare, to cry out
guadagnare, to gain, to earn
guai! excl., woe!
guaio, trouble
guardaroba, wardrobe
guarigione f., recovery
guastare, to spoil

guasto, ruin, damage; pl. ravages
guizzare, to dart, to flash
gusto, taste, pleasure; provare — a, to enjoy, to find pleasant

I

idealità, ideal
idòneo, suitable
ignaro, unaware
ignoto, unknown
imbroglione m., crook, swindler
immàgine f., image
immèmore adj., unmindful
immeritato, undeserved
immischiarsi, to interfere
immutàbile, unchangeable
impacciato, embarrassed
impàccio, embarrassment; nuisance
impagàbile, priceless
impalare, to impale; stare impalato, to stand stiffly
impazzire, to go mad
impedire, to prevent
impennarsi, (of horse) to rear
impíccio, nuisance, trouble; trovarsi in un bell'—, to land oneself in a mess
impietrare, to turn to stone
imporre tr., to impose; rfl. to assume authority, to gain the upper hand
impostarsi, to take up a position
impressionare, to make a deep impression on
improvvisamente, suddenly

impugnare, to grip
inatteso, unexpected
inaudito, unheard of
incalzare, to follow up
incantare, to enchant
incanto, enchantment
incapace, incapable
inchinarsi, to bow
inchiodare, to nail
incitare, to urge on
incolpare, to lay the blame on
incrinato *part. adj.*, cracked, flawed
incrociare, to cross, to fold
íncubo, nightmare
incuriosire *tr.*, to excite the curiosity of; *rfl.* to become curious
indecenza, indecency, disgrace
indicare, to point out
índice *m.*, forefinger
indirizzare, to direct, to send
indossare, to put on
indovinare, to guess
indurre, to induce, to persuade
infàmia, infamy; slander
infamità, infamous deed
infastidire, to annoy
infilzare, to transfix, to pierce
influire, to influence, to act upon
inforcare; — **gli occhiali,** to put on one's spectacles
infuriare *intr.* and *refl.*, to become furious
ingannare, to deceive
inganno, deceit
inginocchiarsi, to kneel
ingombro, encumbrance

ingordo, greedy
ingrato, ungrateful
ingrosso; all'—, wholesale; roughly, vaguely
inguainare, to sheathe
innanzi, before
insaputa; a mia —, without my knowledge
insofferente, intolerant
insòlito, unaccustomed
insomma, in short, to sum up
insórgere, to arise, to rise
insudiciare, to dirty
intanto, meanwhile; yet
intèndere, to intend; to understand; to mean; *rfl.* **intendersela con,** to get on well with, to have an understanding with
intenerire, to move to pity; to touch the heart of
interesse *m.*, interest; **fare i suoi interessi,** to look after one's own interests
interporsi, to intervene
inteso, *past part.* of **intendere;** — **a,** intent on
intestarsi, to get into one's head
intimità, closeness, contact
intontimento, stupefaction, daze
intoppo, obstacle, difficulty
intristire, to sadden
intromettersi, to butt in, to intervene
intruso, intruder
intuire, to realize
invecchiare, to grow old
invece, instead; on the other hand

investire *tr.*, to collide with; to attack; *rfl.* **— in,** to enter thoroughly into

investitura, investiture

involto, parcel

iroso, angry

irrequietezza, restlessness

irriconoscibile, unrecognizable

irrómpere, to rush in

irruzione *f.*, inrush

irsuto, hairy

isbàglio, *see* **sbàglio**

ischerzo; per —, for a joke

istinto, instinct

L

làbile, fleeting, ephemeral

lacrimare, to shed tears

lampadina, electric-light bulb

lampante, clear, obvious

lampeggiare, to flash

lanciare, to fling; **— un' occhiata,** to dart a glance

lato, side

latta, tin; **una scatola di —,** a tin box

laurearsi, to graduate

lavorare, to work; to carve; *rfl.* **lavorarsi uno,** to win someone over

lécito, permissible, right

legame *m.*, tie, liaison

legare, to tie, to bind

lembo, corner, edge, side

lesto, quick

letto, bed; **— a sedere,** sofa, divan

levare, to raise; to take away; **— mano,** to stop work; *rfl.* to get up, to get out of the way

liberare, to free; **Dio liberi!,** heaven forbid

licenza, leave, permission; dismissal

licenziare, to dismiss; *rfl.* to say good-bye

linguaccia, *pejor.* of **lingua,** foul mouth

lisca, fish-bone

líscio, smooth; (*fig.*) easy, straightforward

lite *f.*, quarrel; lawsuit

lívido, ghastly, deathly pale

lotta, struggle

lucente, shining

lúcido, shining

lungo, long; **a —,** for a long time

lusingatore *m.*, **lusingatrice** *f.*, wheedler, flatterer (also as *adj.*)

lutto, mourning; **vestire a —,** to wear mourning

M

macchinista *m.* (*theat.*), scene-shifter

macerarsi, to be tormented

maestà, majesty

magari, even; if only; (*colloq.*) I'll say! And how!

magazzino, store-house

maggese *m.*, fallow field

magía, magic

magro, thin

maldicenza, gossip

maledetto, cursed

maleducato, ill-mannered

malgrado, in spite of; **suo —,** against his will, in spite of himself

malinconía, melancholy, gloom

malincònico *adj.*, melancholy

malincuore; a —, unwillingly

malízia, malice

mammalucco, simpleton, fool

mancare, to be lacking; **sentirsi —,** to feel faint

manco = meno, less; **— male che,** it's lucky that

mandra, herd, flock

mànica, sleeve

manigoldo, ruffian, scoundrel

mannàia, axe, chopper

mano *f.*, hand; **man —,** little by little; **stare con le mani in —,** to twiddle one's thumbs

mantello, coat

manto, cloak

marciapiede *m.*, pavement

marsina, tail-coat

martellata, hammer-blow

martello, hammer

màschera, mask

mascherare, to mask

mascherata, masquerade, pageant

màstice *m.*, glue, cement

matrice *f.*, matrix, womb

maturare *tr.*, to develop

megera, hag

mellifiuo, sweet, gentle; unctuous

ménchero, fool, idiot

mendico, beggar

meno, less; **fare a — di,** to manage not to, to do without

mentire, to lie

mento, chin

meschino, mean, humble

messa (*eccles.*), mass

messo, messenger

mestiere *m.*, trade, profession

mesto, sad

mestolino, spoon

metà, half; **a — (di),** halfway (through, across)

mettere, to put; **— su** (*theat.*) to 'put on', to produce; **— al mondo,** to give birth to

mica; non... —, not . . . at all

míglio, mile

minàccia, threat

minaccioso, threatening

minúzia, small detail

mirare, to gaze at, to admire

misèria, poverty; misery

misericòrdia, mercy

misura, measure, size

moccioso, snivelling

modo, way; **in — da,** in such a way as to

mògano, mahogany

molle, soft; wet

momento, moment; **a momenti,** at any moment

monacello, poor monk, humble monk

mònaco, monk

monello, urchin

mortificarsi, to be mortified

mosca, fly; **—!,** hush!

mossa, movement

mostra, show; **mettere in —,** to put on show
múcchio, heap
mulattiere *m.,* muleteer
murare, to wall, to build; *rfl.* to wall oneself up
mutandine *f.pl.,* knickers
mutarsi, to change

N

narice *f.,* nostril
narrare, to narrate
nàscere, to be born; *(fig.)* to arise
nascóndere, to hide
nascosto, hidden; **di —,** secretly, surreptitiously
natali *m.pl.,* birth
negare, to deny
negazione *f.,* denial
nícchia, niche
noncuranza, indifference
norma, standard, norm; **per sua —,** for your information
notízie *f.pl.,* news; information
nuca, nape, back of the head
nuòcere, to harm
nuotare, to swim

O

obbiettare, to object
òbbligo, obligation
obbròbrio, shame, disgrace
occhiàia, eye-socket
occhiata, glance
occulto, hidden, mysterious
odiare, to hate
òdio, hatred
offèndere, to hurt, to sadden, to offend, to insult

offesa, offence; **fare — a,** to offend
oltrepassare, to go beyond
onta, shame
opportuno, suitable
opprímere, to oppress
orlo, edge, rim
ormai, now; by now; from now on
orrendo, horrifying
osceno, obscene
ospitare, to house, host to
ossequiare, pay respects to
ostinarsi a, to persist in
ottenere, to obtain
ovato, oval, egg-shaped

P

Padreterno; il — *(colloq.),* the Almighty
paglia, straw; straw hat
pagliàccio, clown, buffoon
palcoscènico, stage
pallottòla, pellet, little ball
palmento, wine-press
palmo, hand's breadth
pància, paunch, belly
panconata, long bench
panni *m.pl.,* clothes
parare, to decorate, to furnish; to dress; to protect; *rfl.* to present oneself, to appear
paravento, screen
parèntesi *f.,* parenthesis; digression
parere *m.,* opinion
pari *adj.,* equal, even
parlottare, to mutter
parodía, parody

parrucca, wig

parte *f.*, part; **da —,** on one side

particolare *m.*, detail

passato *m.*, past

pastíccio, mess

patatrac!, crash!, bang!

patito *adj.*, suffering, sickly

patrimònio, fortune

patto, agreement; condition

pazzía, madness; act of madness; crazy business

pazzo, mad

pece *f.*, pitch

pècora, sheep

pedano, trunk (of tree)

peluche *f.*, plush

pendío, slope

penoso, painful

péntola, saucepan

peperone *m.*, pepper, chilli

perciò, therefore

percossa, blow

pèrdere, to lose; **— d'occhio,** to lose sight of

perdio!, by God!

pèrfido, treacherous

perfino, even

permesso *part. adj.*, allowed; **—!,** excuse me!; **—?,** may I come in?

pèrnio, pivot

perorare, to plead, to perorate

perpetuarsi, to become permanent

personàggio (*theat.*), character

pertanto, therefore; **non —,** nevertheless

peso, weight

pestare, to stamp

petto, breast

piacere *m.*, pleasure; **a —,** at will

pianto, weeping; fit of weeping

piatto, plate

picchiare, to hit, to tap

piccino, tiny

piega, fold

piegare, to fold, to bend; *rfl.* **piegarsi sulle gambe,** to drop onto one's knees

pieno *m.*, content, fullness

pietà, compassion, pity

pietoso, compassionate

pietra, stone; tomb-stone

píglio *m.*, look

pilastrino, post, small pillar

piombare *intr.*, to fall heavily; **— nell'oscurità,** to be plunged in darkness

piuma, feather

placare, to placate

podere *m.*, farm

pòggio, hill

poi, then; afterwards

poltrona, armchair; *pl.* (*theat.*) stalls

pomello, cheek-bone

pomposo, pompous, grandiose

pontéfice *m.*, pontiff

pórgere, to offer, to hand

posta, post, mail

postarsi, to take up a position

potente, powerful

potere *m.*, power

pozzo, well

precoce, premature

prèdica, sermon

predisporre, to arrange

preghiera, prayer

prèmere, to press; to be urgent, to be important

prèmio, reward

premuroso, attentive

prendersela con, to find fault with, to be angry with

presa; far —, (of cement) to set

presago (di), foreseeing

presso, near; **press'a poco,** very nearly, more or less

prestare, to lend; *rfl.* to lend oneself to, to countenance, to join in

presuntuoso, presumptuous, impudent

pretèndere, to expect, to require

prevedere, to foresee

prevenire, to forestall

principiare, to start

prodígio, prodigy

profanare, to desecrate

proiettare, to project

proporre, to propose, to propound

propòsito, plan

proposta, proposal, suggestion

propriamente, properly

pròprio *adj.*, proper; own; **— di,** characteristic of; *adv.* really

prorómpere, to burst out

proseguire, to continue

próssimo, near, at hand; imminent

proteso, outstretched, straining

prova, proof, rehearsal

provare, to try; to prove; to rehearse, to fell, to experience

prurito, itch

pudore *m.*, modesty

puerile, childish; childlike

pugno, fist

púngere, to stab

punto, stitch, rivet

pupazzo, puppet

purché, provided that

purtroppo, unfortunately; only too well

Q

quadro, picture; **— plastico,** tableau; **a quadri,** checked

qualunque, any; **una persona —,** an ordinary person

quanto, how much; **per —** (*followed by subj.*), however much

quantunque, although

quinta (*theat.*), wing

R

rabberciare, to patch, to botch

ràbbia, anger

raccapezzarsi, to take in, to grasp, to understand

raccattare, to pick up

raccògliere, to pick up; to take in, to shelter

raccoglimento, recollection

raccoglitrice *f.*, gatherer,

raccomandarsi, to beg; **mi raccomando,** please

raggiante, radiant, beaming

ragguagliare, to inform, to brief

ragionamento, reasoning

ragionare, to reason

ragione *f.*, reason

rallentare, to slacken

rapire, to seize, to tear away

rapitore *n.*, plunderer; *adj.* rapacious

rapporto, relation

rappresentare, to represent; **— una parte,** to play a part

rasoiata, razor-cut, stab

rassegnarsi, to resign oneself

rassettare, to adjust, to arrange

rassomiglianza, resemblance

ravvivare *tr.*, to revive; *rfl.* to revive, to come to life

recare *tr.*, to bring; *rfl.* **recarsi a,** to go to

reciso, decisive, abrupt

rècita, performance; **— di beneficenza,** charity show

recitare, to act

regalare, to give, to present

regale, royal

règgere, to carry, to hold up; *rfl.* to hold oneself up, to stand up

regno, kingdom, realm

rèquie *f.*, rest

resístere *intr.*, to hold out; **— a,** to endure

resto, rest; **del —,** besides

retrobottega *m.*, back of shop

retta; dar — a, to pay attention to

rèvoca, revocation

riacquistare, to recover

rialzarsi, to rise up again

riattaccare, to start again

ribalta, footlights

ribrezzo, disgust

ricacciare, to push back

ricascare, to fall again

ricetta, recipe

ricevimento, reception, audience

richiamare, to call; to recall; to attract the attention of

richiamo, call, warning

richièdere, to ask for

ricíngere, to enclose

ricomparire, to reappear

ricomporre, to put together again

riconoscenza, gratitude

ricordo, memory, souvenir

ridare, to give back, to throw back, to reflect

ridotto, foyer

ridursi a, to be reduced to

riempire, to fill

riequilibrarsi, to regain one's balance

rifiatare, to breathe again

riflettore *m.*, light, floodlight, spotlight

rilassare, to relax

rilievo, relief; **assumere un —,** to stand out in relief

rimandare, to postpone

rimasticare, to chew over

rimboccato *part. adj.*, (of sleeves) rolled up

rimediare, to remedy

rimesso, recovered

riméttere, to put back; **— in bello,** to beautify, to touch up; *rfl.* to put back on; to recover; (with *prep.* **a**) to start again

rimorso, remorse

rimpianto, regret

rincrescimento, regret

ringhiera, balustrade

rinnovarsi, to be renewed

rintracciare, to trace

rintronare, to resound

riparare, to shelter, to protect; to repair

ripassare, to go over, to revise

ripescare, to fish out

ripigliare *tr.*, to take again; *intr.* to resume, to continue

riporre, to put away

riposto, *past part.* of **riporre**

riprèndere *tr.*, to take back, to resume; *intr.* to recover, to resume one's course; *rfl.* to recover, to resume

riprensione, reproof

ripresa; a piú riprese, several times over

ripudiare, to repudiate

ripúdio, repudiation

risata, laugh

risentito, offended

riso, laughter; **prendere in —,** to make light of

risparmiare, to save, to spare; *rfl.* to spare oneself

ritegno, reserve, restraint

ritinto, dyed, raddled

ritirarsi, leave, withdraw

ritrarre *tr.* and *rfl.*, to draw back

ritratto, portrait

ritto, erect, upright

riverire, to revere; to pay one's respects to

rivista, magazine

rivòlgersi, to turn; **rivolto a,** turning to, addressing

rivoltarsi, to turn round

rivoltella, revolver

rizzarsi, to straighten up, to spring erect

roba, stuff

rotolare, to roll

ròtolo, roll

rovina, ruin, calamity

rovinare, to ruin

rubare, to steal

rúvido, rough

S

sacramentare, to swear, to curse

saetta, arrow; **non ne so una —,** I can't make head or tail of it

saettella, bit (of drill)

sàggio, wise

sàio, sajo, religious habit; sackcloth

sala, room; hall; auditorium

salato, salted, preserved

saldatura, welding, join

saldo, solid, stable

saltare, to jump; **fare—,** to blow up, to explode

salto, leap

sanare, to mend; to remedy; *rfl.* to be cured

sano, healthy, sound

sapiente, learned, skilful

sapienza, wisdom

saraceno, saracen

sarta, dressmaker

sartoría, outfitter's, dressmaker's

sasso, stone

sàtiro, satyr

sbàglio, mistake

sbalordimento, bewilderment

sbalordito, amazed

sbarrato, wide open

sbarazzino, free and easy

sbàttere, to beat; to flap

sbigottire, dismay, terrify

sbrigativo, expeditious, businesslike

sbuffare, to puff

scabro, rough, rugged

scacciapensieri *m.,* Jew's harp; pastime, distraction

scacciare, to chase away, to turn out

scala, staircase, ladder

scaletta, small flight of steps

scalino, step, stair

scambiare, to exchange

scannato *n.m.,* down-and-out

scaparsi, to worry, rack one's brains

scappare *intr.,* to escape; **— fuori,** to burst out; *rfl.*

scapparsene, to run away

scaricare, to release, to relieve; to unload

scartabellare, to thumb through, to skim through (a book)

scartare, to discard, to brush aside; to sort

scattare, to burst out

scatto, outburst; **di —** *adv.,* suddenly, at once

scelta, choice

scemo, silly, stupid; **fare lo —,** to play the fool

scena, scene; scenery, set; **essere di —,** (*theat.*) to come on, to be on

scéndere, to go down

sceso, *past part.* of **scéndere**

scettro, sceptre

schernévole, scornful

scherzare, to joke

scherzo, joke

schiacciare, to crush

schiaffeggiare *tr.,* to slap the face of, to slap

schianto, crash; **di —,** suddenly, violently

schiena, spine

schifo, disgust

schioppettata, shot, gunshot

schizzare *intr.,* to spurt; to dash

sciagurato, unfortunate

sciocchezza, foolishness

sciocco, stupid; *n.* idiot, fool

sciolto, relaxed

sciupare, to spoil

scivolare, to slip, to slide

scodella, bowl, soup-plate

scodellare, to ladle out

scolpire, to sculpture

scombinazione, disturbance

scomméttere, to bet

scomparire, to disappear

scompigliare, to ruffle, to throw into disorder

scompíglio, confusion

scomporre, to break up, to disarrange; *rfl.* to be worried, to get het up; to move, to relax one's position

scomposto, *past part.* of **scomporre,** as *adj.,* disorderly

scomúnica, excommunication

sconcertato, disconcerted

scongiurare, entreat, avert

scontroso, morose, sullen; cantankerous

sconvòlgere, to upset, to throw into confusion

sconvolto, *past part.* of **sconvolgere**

scoperta, discovery

scoppiare, to burst

scoprire, to discover; to reveal

scòrgere, to perceive

scorno, disgrace

scorto, *past part.* of **scorgere**

scoscéndere, to slope

scrittóio, study; writing-desk

scrivanía, writing-desk

scrollare, to shake; *rfl.* to shrug

scrollo *m.,* shake

scuòtere, to shake; *rfl.* to shake oneself, to tremble

scuro, dark

scusa, excuse, pretext; **in mia —,** in my defence

sdegnarsi di, to be contemptuous of

sdegnato, indignant

sdegno, scorn

sdraiare *tr.,* to stretch out; *rfl.* to lie down, to loll

seccare, to dry; to annoy; to bore; *rfl.* to be bored, to be irritated

secolare *adj.,* age-old

secondare, to support; to humour, to indulge

R*

secondo, according to; it depends

sedile *m.,* seat

sèggio, seat

segnare, to mark, to show; to make a note (of)

segnatamente, especially

segno, sign; trace; symptom; target

seguitare, to continue

séguito, retinue

sellare, to saddle

sellino, bridge (of spectacles)

seminare, to sow

seno, breast

sentièro, path; (*dim.* **sentieruolo**)

seppellire, to bury

sequestrare, to confiscate, to restrain (unlawfully)

serbare, to keep

serbo; tenere in —, to keep in reserve

sèrio, serious; **prendere sul —,** to take seriously

serrato, close, compact

serratura, lock

servire a, to be useful for

seta, silk

sfacciato, impudent, brazen

sfida, challenge

sfidare *tr.,* to challenge; *intr.* to be sure; **sfido!,** of course! you bet (it is, it isn't, etc.)

sfolgorare, to shine, to blaze

sforzarsi, to force oneself

sforzo, effort

sfratto, eviction

sfuggire, to escape

sfuggita; di —, hastily; stealthily

sfuriata, outburst

sganciare, to unhook

sgarbato, rude

sgargiante, gaudy

sghignazzare, to laugh scornfully

sgombrare *tr.*, to clear; *intr.* to clear off

sgomento *adj.*, alarmed, frightened; *n.* dismay, terror

sguaiato, awkward, ugly; rude, coarse

sguainare, to unsheathe, to draw

sguardo, glance

sguisciare, to slither away

simulacro (*di scena*), stage set

singhiozzare, to sob

sipàrio, curtain

slogare, to dislocate

smània, craving

smaniare, to rave

smanioso, frenzied, desperate

smarrimento, bewilderment

smarrirsi, to be dismayed, to become confused

sméttere, to stop

smilzo, slight, slim

smontato, dismounted

smòrfia, grimace; pose

smorfioso, grimacing

smorire, to turn pale

socchiúdere, to half-close

soffrire, to suffer; to tolerate

soggetto, subject; scena a —, improvised scene

soggiúngere, to add

sogguardare, to glance sideways at

sòglia, threshold

sognare, to dream

sòlito, usual

sollevare, to raise

somigliare, to resemble

sommàrio, brief

sonare, to ring, to resound

sonno, sleep

sonnolento, somnolent

sopperire a, to provide for; to make up for

soppesare, to weigh in one's hand

sopràbito, overcoat

sopraffare, to overwhelm

sopraffazione *f.*, bullying

sopraméttere, to put on top, to superimpose

soprapprèndere, to astonish

sopravvenire, to arrive, to come on the scene

sordina; in —, softly, in a whisper

sordità, deafness

sorellastra, step-sister

sórgere, to rise

sorrèggere, to support

sortilègio, witchcraft, sorcery

sorto, *past part.* of sorgere

sospeso, suspended; uncertain

sospetto, suspicion

sospiro, sigh

sostenere, to support; to maintain; — una parte, to play a part

sostentamento, maintenance

sostituire, to take the place of

sostituzione, substitution

sottana, skirt, petticoat

sottofàscia, (*of printed matter*) posted in wrapper

sottovoce *adv.*, in a whisper

sovèrchio, excessive

sovvenirsi, to remember

spaccare, to split, to crack

spaccatura, break, crack

spacciarsi, to set oneself up

spacco, break, crack

spada, sword

spadaccino, swordsman

spalancare, to throw open

spalla, shoulder; **ridere alle spalle di,** to make fun of

spalliera, back (of chair, etc.)

spalmare, to spread

sparare, to shoot

sparecchiare, clear table

spasimoso, agonizing

spauracchio, scarecrow, *bête noir*

spavaldo, bold, dashing

spaventare, to terrify; *rfl.* to be terrified

spaventévole, terrifying

spavento, fright

spazientito, impatient

specchiarsi, to be reflected

specchiera, long mirror, dressing-table

specioso, specious

spègnere, to put out, to extinguish

spento, *past part.* of **spegnere**

sperduto, lost (also *fig.*)

spettàcolo, play, show; sight

spezzare, break, shatter

spezzato *n.*, (*theat.*) flat

spiare, to peer at

spiazzo, open space

spiccato, marked, distinct

spíccio, quick, easy

spiegazzare, to crease

spietato, pitiless, relentless

spigliatezza, smoothness, slickness

spigliato, free and easy

spina, thorn; **stare sulle spine,** to be on tenterhooks

spíngere, to push; to urge

spinta, push, shove

spiritoso, witty

spòglia, slough; *pl.* clothes, costume

spòrgere *tr.*, to put out; *intr.* to jut out; *rfl.* to lean out

sprezzante, contemptuous

sprezzo, contempt

springare, to rear, to kick

spuntare *tr.*, to blunt; *intr.* to appear, to peep out; (of day) to break; (of sun, moon) to rise

sputare *tr.*, to spit out

squadrare, to stare at, to look up and down

squàllido, wretched

squallore *m.*, dreariness, wretchedness

squàrcio, gash, tear; piece, passage

stabilire, to establish

staccare, to detach; *rfl.* to detach oneself

stanghetta, arm (*of spectacles*)

statuàrio, statuesque

stempiato, thinning at the temples

stèndere, to spread, to stretch; to draft

stenografare, to take down in shorthand

stento, hardship, difficulty; **a —,** with difficulty

stinto, *past part.* of **stingere,** faded

stipendiare, to pay, to employ

stizzire, to get angry

stoffa, material

stolidàggine *f.*, stupidity

stòlido, stupid

stonatura, false note, incongruity

stordire, to stun, to stupefy

strabiliato, astonished

stracciare, to tear

strappare, to wrench, to tear away

strappo *n.*, wrench

strascicare, to drag, to trail

strascicato, (of voice) drawling

stravolto, twisted; troubled, upset

straziante, heart-rending

stràzio, torment

strega, witch

stretto, narrow, strict; *past part.* of **stringere; tenersi — a,** to hold fast to

strídulo, noisy, strident

stríngere, to tighten; to clasp; *rfl.* (with *prep.* **a**) to cling to

stríscia, stripe

strizzare, to squeeze; — **l'occhio,** to wink; — **gli occhi,** to shut one's eyes tight

strofa, verse

stropicciare, to rub

strúggersi, to be distressed, to torment oneself

strumento, instrument

strusciare, to rub against

struzzo, ostrich

su *prep.*, on; *adv.* up; — **per giú,** more or less; —!, come on!

subalterno *n.*, subordinate

subbúglio, confusion

subire, to undergo, to suffer

subitàneo, sudden, instantaneous

súdicio, dirty

sudore *m.*, sweat

suggerire, to suggest; to prompt

suggeritore *m.*, prompter

suòcera, mother-in-law

suolo, ground

suppellèttili *f.pl.*, furnishings; —**da tavola,** china, glass, etc.

súpplice, suppliant

supplichévole, imploring

suscitare, to arouse

sussiego, hauteur, condescension

svagare *tr.*, to amuse, to distract; *rfl.* to amuse oneself; to stray; to waste time

svaporare, to evaporate

svegliare *tr.*, to awaken, to wake; *rfl. intr.* to wake up

svéglio, awake

svelare, to reveal

svenire, to faint

svergognato, shameless, brazen; unabashed

svòlgere, to unfold; — **una scena,** to play a scene; *rfl.* to happen, to unfold

T

tàccia, imputation, bad name

tagliare, to cut

tanàglie *f.pl.*, pliers

tanto as *adj.*, *adv.*, *prn.*, so much; as *conj.* anyhow, in any case

taumaturgo, miracle-worker

tàvola, table; *pl.* (*theat.*) boards

tela, cloth; (*theat.*) curtain; (*painting*) canvas

tèmpie *f.pl.*, temples

temuto, feared; formidable, redoubtable

tendina, curtain

tenerezza, tenderness

tentennare, to shake

tenuto, sustained

tepore *m.*, warmth

tèrmine *m.*, term

terreno, ground

tesa, brim; **a larghe tese**, broad-brimmed

testa, head; **tenere — a**, to resist successfully

testimone *m.*, witness

testimònio, evidence, witness

timore *m.*, fear

tíngere, to dye

tintura, dyeing

tiranneggiare, to tyrannize over

títolo, title, right; **a qual —**, by what right

titubante, hesitant; faltering

toccare *tr.*, to touch; *intr. impers.* **— a qualcuno**, to fall to someone's lot

tògliere, to take away

tomo, volume; (*colloq.*) creature, object

tònaca (*eccles.*), habit

tonfo, thud

tono, tone; **rispondere a —**, to give right answers

toppa, keyhole

tràccia, trace, outline

tradimento, treachery

traduzione *f.*, translation; **— scenica**, production

tralasciare, to leave out

tranne, except; **— che non...**, unless . . .

tràpano, drill

tràppola, trap

trascinare, to drag

trascrívere, to transcribe

trascurare, to neglect

trasecolarsi, to be shocked, to be amazed

trasognato, in a trance, lost in reverie

trasudare, to ooze out, to seep out

trattenere, to restrain, to delay; *rfl.* to stay

tratto; d'un —, suddenly

travàglio, travail, work; torment

travestimento, disguise

travestire, to disguise

tréccia, plait

troncare, to cut short

trovarobe *m.*, property man

truccatura, make-up

trucco, make-up; trick; device

tumultuare, to be in uproar

turchino, dark blue

tutore *m.*, tutor, mentor

tuttavía, all the same

U

ubbía, whim, fad
uccello, bird
ufficio, office, function
úrgere, to urge on
urlo, cry
urtare, bump, hit; annoy
urto, knock, blow
urtone *m.*, violent push
usciere *m.* (*theat.*), commissionaire; (*leg.*) bailiff
úscio, door

V

vacillare, hesitate, totter
valanga, avalanche
valletto, valet, lackey
valutare, to value
vanto, boast
vasca, basin; — **da giardino,** fountain
vedere, to see; **nulla da — con,** nothing to do with
védova, widow
vedovile *adj.*, of a widow; mourning
véglia, wakefulness
velleità, velleity, idle wish
vellicare, to tickle
ventàglio, fan
ventre *m.*, belly
ventura, good fortune
vergogna, shame, cause for shame
verosímile, likely, true to life
vertígine *f.*, giddiness
véscovo, bishop
veste *f.*, dress, clothes; **sotto le**

vesti di, in the guise of, dressed as
vestiàrio, clothing, wardrobe
vestire *tr.*, to clothe; to wear; *intr.* to dress
vetrina, shop-window, glass-fronted cabinet
vetro, glass
vetta, top, summit
vibrare, to vibrate, to shudder
vicenda, happening; **a —,** in turn
vienviene; dove —, anywhere, any old where
vignetta, vignette, picture
villeggiatura, holiday
violàceo, purple
viòttolo, footpath
víscere *f.pl.*, bowels; (*fig.*) heart
visitare, to visit; (of doctor) to examine
vistoso, showy, conspicuous
vita, life; waist
vízio, vice
voce *f.*, voice; rumour; **dare una — a qualcuno,** to call someone
volentieri, willingly
vòlgere, to turn
volo, flight
volta, time; **una — tanto,** for once in a while
voltarsi, to turn
volto, face
volto, *past part.* of **volgere**
volúbile, inconstant; ever-changing
vossignoría, *lit.* your lordship; *pop.* sir
votare, vuotare, to empty

W

walkíria, valkyrie

Z

za!, *excl.* swish!

zampa, hoof
zelante, zealous
zitto, quiet; **stia** —!, shut up!
zòccolo, ledge